U0523252

本书为吉林省社会科学院出版资助成果

李雨桐 ○ 著

近代中国东北
路矿资源流失问题研究

中国社会科学出版社

图书在版编目（CIP）数据

近代中国东北路矿资源流失问题研究/李雨桐著. —北京：中国社会科学出版社，2020.9

ISBN 978-7-5203-6574-1

Ⅰ.①近… Ⅱ.①李… Ⅲ.①东北地区—矿产资源—资源管理—研究—中国—近代 Ⅳ.①F426.71

中国版本图书馆 CIP 数据核字（2020）第 095095 号

出 版 人	赵剑英
责任编辑	安　芳
责任校对	张爱华
责任印制	李寡寡

出　　版	中国社会科学出版社
社　　址	北京鼓楼西大街甲 158 号
邮　　编	100720
网　　址	http://www.csspw.cn
发 行 部	010-84083685
门 市 部	010-84029450
经　　销	新华书店及其他书店
印　　刷	北京明恒达印务有限公司
装　　订	廊坊市广阳区广增装订厂
版　　次	2020 年 9 月第 1 版
印　　次	2020 年 9 月第 1 次印刷
开　　本	710×1000　1/16
印　　张	17.75
插　　页	2
字　　数	265 千字
定　　价	98.00 元

凡购买中国社会科学出版社图书，如有质量问题请与本社营销中心联系调换
电话：010-84083683
版权所有　侵权必究

目　　录

第一章　东北路矿资源概况 …………………………………（1）
　　一　资源的存在环境 …………………………………（1）
　　二　国际资本的觊觎 …………………………………（3）
　　三　日资的扩张与垄断 ………………………………（15）

第二章　"满铁"及其调查机构 ………………………………（30）
　　一　"满铁"的缘起 …………………………………（30）
　　二　"满铁"调查系 …………………………………（33）
　　三　"满铁"王国 ……………………………………（43）

第三章　调查之手　伸入腹地 ………………………………（47）
　　一　铁路 ………………………………………………（47）
　　二　煤炭 ………………………………………………（58）
　　三　铁矿 ………………………………………………（72）
　　四　金矿 ………………………………………………（89）

第四章　掠夺之心　昭然若揭 ………………………………（111）
　　一　铁路 ………………………………………………（111）
　　二　煤炭 ………………………………………………（152）
　　三　铁矿 ………………………………………………（171）
　　四　金矿 ………………………………………………（191）

· 1 ·

第五章　资源劫掠　后患无穷 …………………………………… (198)
　一　铁路——在斗争中求生存 ………………………………… (198)
　二　日本——称霸亚洲扩版图 ………………………………… (215)
　三　中国——资源流失陷深渊 ………………………………… (229)

附录：1931 年日本关于攫取东北矿权的交涉文件 …………… (246)

参考文献 …………………………………………………………… (256)

后记 ………………………………………………………………… (277)

第一章 东北路矿资源概况

一 资源的存在环境

我国东北地域辽阔，富饶美丽，有着丰富的地下资源和无尽的宝藏。东北地区包括松嫩平原、辽河平原和三江平原，土地肥沃、面积广阔，是我国农业资源禀赋最好的地区，也是重要的商品粮和农牧业生产基地。东北地区森林资源丰富，用材林蓄积量约占全国总量的三分之一，是我国目前森林资源最为集中的地区。东北作为清朝的发祥之地，是中国极其重要的组成部分。清朝时期，在东北实行封禁政策，使东北地区保存下大量的矿产、森林等资源。东北矿产资源丰富，曾号称"富甲全国"。其中金矿、煤矿居多，还含有储量不等的铜、银等稀有金属矿。自汉代起，东北地区就有出产金、银、煤、铁的记载。但清政府对东北地区实行封禁政策，其封禁的范围又相当广泛，包括森林、矿山、土地等。矿禁作为其中之一，尤为严厉，它认为从事矿业的人民，是"今日有利聚之甚易，他日利绝，则散之甚难"[①]。清政府的目的在于以此来确保祖宗陵寝的安全，这就使得东北矿业的开发相对滞后。矿禁的逐步放开，则是为了解决人口繁衍带来的柴薪不足问题。

20世纪初，资本主义列强侵入中国，逐步开始大规模掠夺中国的路矿利权。矿产作为仅次于铁路的利源，是列强倍加关注的目标。而因矿所产生的权利，既不定性，也无体系，可统称为矿权。从经济

---

① 俞正燮：《癸巳存稿》，辽宁教育出版社2003年版，第263页。

学角度来看，其中包括矿产资源国家所有权、探矿权和采矿权。学术界对因矿而产生的权利叫法不一，采用矿权的表述则最为合适，也最能概括因矿这一特定物而产生的权利群。晚清维护矿权，多从维护矿产的国家所有权出发，具体到交涉的细节上，则被细化为探矿权和采矿权。

东北矿产资源的初步开发从乾隆年间就已开始。政府批准开采了奉天省辽阳鹞子峪煤窑、复州五湖嘴煤窑以及锦州、本溪湖、义州、热河道喀喇沁等地煤窑。这几处矿区的开采也是采用官办形式，清政府为保护"龙兴之地"而严禁平民私挖煤矿。当时东北金矿极多，作为统治者，他们也认识到，要使国家富强，必须开采金银矿。1853年，为弥补国库空虚，清政府通令各省开采金银矿。对此东北各省官员积极响应，效果却很不理想。然而，官办金银矿业即使收不到好的效果，清政府也决不允许百姓私挖，以免破坏了"龙兴之地"。百姓又总是能突破清政府的限制，所以东北金矿几乎都是在汉族人违禁状态下开发的，如漠河金矿、夹皮沟金矿等。东北的近代工矿业，也正是在这个基础上逐步发展起来的。矿业的发展虽逐渐打破封禁束缚，清政府却并未放弃矿禁政策，这使东北矿业长期得不到较大改观。至光绪年间，清政府对东北矿业尽管限制仍然很多，但总趋势是日益弛禁。至19世纪80年代，随着中国近代工业的出现与发展，东北金属矿业真正兴办起来。先后兴办的金属矿有：热河承德府平泉州铜矿、本溪庙儿沟铁矿、吉林夹皮沟金矿和三姓金矿等。[①]

这一时期，矿业发展的主要特点就是自兴办伊始就面临着重重阻力，普遍存在时办时停的现象。造成东北矿业发展迟缓与不稳定的具体原因诸多，主要体现在以下几个方面：其一，对东北矿业限制苛刻，清政府迷信风水，又害怕矿丁聚众造反，更主要的目的是垄断矿利，致使官办矿业居多。而商人申报采矿时，手续繁、时间长、费用多。开采过程中又需缴纳沉重的课税和额外的报效，致使一些矿因积

---

① 东北三省中国经济史学会、抚顺市社会科学研究所：《东北地区资本主义发展史研究》，黑龙江人民出版社1987年版，第65页。

欠课税而遭封禁。其二，生产技术落后，交通不便。由于资金和条件所限，东北矿业无力购置机器、更新设备，基本沿用土法生产。就天宝山银矿而言，矿丁沿矿苗用锤打钎凿，采出矿的矿石由背毛工背出洞外再进行粉碎提炼。即使购置有限的机器也往往因使用不当，不能发挥应有的效力。各矿又多在荒僻的群山之间，交通不便，转运为艰，如漠河金矿。其三，经营不善。经营管理的半封建化、官僚化情况严重，官员的违法乱纪、贪污受贿，更是办矿一害。对于采炼出的金银等矿，又实行专买专卖政策，进行剥削。此外，东北矿业普遍存在资金不足的问题。由于开发较晚，民间的富商大贾不多，肯向矿业投资者更少。况且东北几经兵燹、土匪四窜，矿商蒙受损失甚巨，资金更显不足。

当时东北地区的矿业组织形式，起初都采用官办形式。官办矿业在经营不利的情况下，也允许商股参入，实行官商合办，如漠河金矿、三姓金矿等。纵观以往东北地区矿业的开发，虽然也积极引进先进技术，谋求自身的快速发展，但落后的经营管理体制，以及制度上的因素，致使某些矿区经营亏损，在列强竞相掠夺东北矿权前，清政府并未改变"使大好富矿荒废于地"的状况。

二 国际资本的觊觎

清政府对东北的"龙兴之地"长期实行封禁政策，直到19世纪60年代，东北地区几乎仍不为世界文明所知。而清政府越是遮蔽和阻拦列强进入长白山龙脉及陵寝重地，就越是引起列强的探险兴趣。在不平等条约提供的保护下，西方人等相继来到中国东北，纷纷插足东北地区，将其变成列强竞相角逐的场所，开展了一系列实地探险、勘查、掠夺。范围广泛，包括河流、森林、矿产等，且尤以矿产为重，致使近代东北矿业的开发道路更加曲折。他们在东北展开激烈的资源掠夺，积极谋求筑路权、矿山开采权、森林开发权、河流航运权等侵略权益。其中英、俄、日三国的考察尤其具有代表性。

随着中国对外资办矿的开放，清政府也对东北进行了勘矿行动。

因自身不具备勘矿的能力，就委以外人。"1896年，英国著名矿商摩赓（Pritchard Morgan）抵华，其先在上海与盛宣怀商议路矿事宜，不久即北去直隶，受李鸿章之命，勘察热河及山东金矿，并派遣同来的美籍矿师绍克莱（Shockley）至奉天勘矿，足迹遍及盛京、辽阳、凤凰城、通化间的广大地区。"①

列强欲实现经济掠夺，必须先要搞清资源情况。况且东北矿业的开发制约因素诸多，土法开采和资本主义国家的先进开采技术无法比拟，连勘矿技术都不具备，何谈更好地开发。列强自发的勘查加上清政府的委托，使列强更加清楚地掌握各主要矿产的地理位置、储藏量、矿产质量等，进一步的掠夺更加不可避免。其实，清政府勘矿委以外人之举虽属无奈，但列强的这种勘查，不难预测矿权的丢失现象。同时这种勘矿行为，引起了东北地方官的普遍不满，他们大声疾呼："俄国矿师络绎来吉，日于深山穷谷中，到处勘寻，专以采觅矿线为事，他如英、德各国托名游历而来者，亦均系留意矿产，险蓄诡谋。"既有如此感言，他们就势必会设法维护东北的路矿利权。

清政府既然允许外资办矿，其他国家当然也谋求染指东北矿业。日本是后起的帝国主义国家，对俄国独占东北的广泛利权非常不满。美国也把东北看作有利的投资场所。1902年，美国国务卿海约翰发表声明指出，美国政府"最为密切地关注"中国向任何企业或公司割让在东北"开发矿山，修筑铁路等工业"，以及"任何其他方式的独占性权利及特权的协议"②。列强对东北矿权争夺的例子很多，据《中外日报》1899年5月11日报道："美、俄二名矿师勘得盖平县属之火盆山煤矿，插旗为识，恰有英国人扣克，也往该处查验矿务，他发现该矿后，遂将美旗拔去，由此引起美英商人的争执。"同时据日本人记载，俄国已获取的矿权有吉林省采矿权、黑龙江省采煤权、中

---

① 关捷等总主编，刘恩格、王珍仁、于耀洲主编：《中日甲午战争全史 第4卷 战后篇》，吉林人民出版社2005年版，第533页。
② 王学良：《美国与中国东北》，吉林文史出版社1991年版，第33页。

东铁路沿线煤矿采掘权、奉天省各地采矿权、尾明山煤矿权和五湖嘴煤矿权。

对此，张之洞主张国际开发东三省路矿事业。清政府亦于1902年3月17日制定的新矿务章程中，开始允许外商直接投资办矿。东北富饶的矿藏使列强垂涎艳羡，争相伸手。这种争夺，用汪敬虞的话说就是"我们用不着提那些人所熟知的矿区的争夺，在那里，各帝国主义者对每一个矿区，都像争食着一支骨头的几只饿犬"。清政府虽然制定了新的矿务章程，但其中对于利用外资的规定，漏洞百出，对洋股洋债不加限制，条文简陋粗糙，根本起不到多少保护自身矿业的作用。而列强争夺矿区的出现，使得矿务纠纷不断，东北最富有的几个煤矿、金矿都遭掠夺，丧失了所有权，华商对投资矿业更加多存疑惧，畏缩不前，严重影响东北自身矿业的发展。

19世纪60年代开始，英国探险家发现中国东北矿藏丰富，他们深入长白山及东北腹地，广泛调查，形成了价值极高的矿产调查记录，从此，东北矿藏的富足广为世界所知。

俄国在东北查勘路矿的活动，相对较晚，但表现最为积极。俄国企图垄断中国东北的矿产开采权，也使列强在内地狂热的掠夺矿产活动由此波及东北，美、日、英等国纷纷涉足东北矿业，试图打破俄国的垄断趋势。1898年1月，俄国照会黑龙江将军恩泽，要求在黑龙江右岸华境十里内勘查煤矿，被恩泽婉拒。俄国驻东北各地区领事请求地方官保护"游历"人员的文件屡见不鲜，并且，俄国国家地理学会也曾计划派员至东北勘查煤矿。华俄道胜银行与俄国采金公司合组中国矿业公司，拟自勘矿入手，以攫取勘得的各矿。"由于地理位置的因素，俄国在攫取东北矿权上占有优势。它夺取矿权的手段有三种：其一，通过不平等条约。1896年6月3日，中俄签订《中俄密约》，条约中规定允许俄国借地建设东三省内铁路，即中东铁路。9月2日，东省铁路公司合同章程中第6款规定，在筑路地段内如发现矿苗，中俄应另议办法。这使中东铁路公司获得开矿优先权。其二，以入股方式获取矿权。如烟台煤矿、抚顺煤矿，沙俄在其中都有股份。其三，强占开采。庚子事变后，俄国进军东三省，将华商著名的几处矿区强行占领，如漠河、三姓、观音山等金矿。"① 俄国又先后与吉林将军长顺、黑龙江将军荫保议定矿务草约，获得在吉林承办全省矿务、在黑龙江承办煤铁各矿的权利。至日俄战争前，俄国在东北的矿业经营权上已占有绝对优势。由于清政府的软弱，俄国不遗余力地修筑中东铁路及其支线。在1904年日俄战争前，俄国的军用火车已经可以直达旅顺、大连。当然，俄国修筑中东铁路不仅仅是出于军事目的，而且是要在铁路沿线攫取煤矿、森林等资源。

20世纪初，日本发展为富有侵略性的军事封建帝国主义国家，尽管它实力不足，但野心勃勃，屡屡同美英争夺亚洲霸权。1931年的"九·一八"事变，是日本向美英的亚洲霸权进行全面较量的起点，它揭开了第二次世界大战的序幕。

面对日本的侵略，面对日本的争霸，以美英为代表的西方帝国主义者没有支持中国人民的抗日战争，惩罚侵略者，反而实行了绥靖政策。"绥靖政策企图用妥协、退让的方式在侵略者面前乞求'安全'；用牺牲中国人民的利益来满足侵略者的贪欲，换取'和平'；用反苏为诱饵，引诱日本进攻苏联，以保持他们在亚洲的霸权。"② 这种绥靖政策是对中国人民的出卖，是对日本侵略者的纵容，它加速了世界大战的爆发，导致了无穷的后患。

在帝国主义的角逐中，由占上风到处于劣势的日本帝国主义，决心投下更大的赌注，"不惜以一场战争重新在中国东北占据优势"③。自1868年明治维新后日本逐渐走向帝国主义道路，特别是"大陆政策"基本形成后，日本便开始有计划地实施侵略活动。所谓的"大陆政策"，就是岛国日本要以朝鲜为跳板侵占中国的东北，进而吞并全中国乃至整个亚洲甚至称霸全世界的一项长期外交策略。为此，日本首先与近邻沙俄展开了激烈的争夺从而导致武装冲突。

日俄战争在1895年结束的中日甲午战争就埋下了伏笔。日本和

---

① 上海市档案馆：《上海档案史料研究 第10辑》，上海三联书店2011年版，第12页。
② 世界现代史研究会：《世界现代史论文集》，第355页。
③ 解学诗、张克良：《鞍钢史1909—1948》，冶金工业出版社1984年版，第9页。

第一章　东北路矿资源概况

沙俄对中国东北觊觎已久。尽管日本赢得战争，据《马关条约》迫使清政府割让辽东半岛，但沙俄联合法、德两国通过外交手段使日本同意清政府以三千万两白银"赎回"辽东半岛，进而借1896年的《中俄密约》、1898年的《旅大租地条约》和1900年的庚子国变占领中国东北大部。"日本通过中国政府赔偿的两亿三千万两白银一夜暴富，大力发展军备，欲重夺中国之东北。英、美等国亦担心沙俄在中国的势力扩张会影响到其在华利益，不但在外交上怂恿日本发动对俄战争，还提供了八亿日元的军费以支持开战。"① 终于，在1904年2月8日，东乡平八郎率领的日本海军舰队用他们惯用的偷袭战术，袭击了停靠在旅顺港的沙俄太平洋分舰队，日俄战争爆发。在整个战争中，旅顺攻围战最为重要也最为惨烈。旅顺港特殊的地理环境和位置使它成为亚洲最好的军港之一，被称为"东方直布罗陀"。港口三面环山，山上原有清政府为御敌入侵而修建的堡垒和炮台，在沙俄占领后又对这些工事进行了加固和改建。狭窄的出海口易守难攻，而且出海口两侧的黄金山和老虎尾也安置了炮台和堡垒。面对这样"固若金汤"的防守，日本军队在军国主义的感召下，由乃木希典大将率领的第三军对旅顺周边（主要是东北方向）的堡垒炮台发起一波又一波的肉弹式袭击，还从大阪紧急调来18门在当时世界上口径最大（280毫米）的岸防炮助阵，最终拿下旅顺地区的制高点203高地（今尔灵山）。借助高地上的广阔视野，日军用巨炮轰炸了旅顺城及旅顺港内的沙俄舰队，迫使沙俄驻防旅顺的司令施特塞尔中将投降。随后日军又进行了奉天会战和对马海战，最终日俄两国在1905年9月1日签订休战书。1905年9月5日，在美国总统罗斯福的斡旋下，日俄两国在美国朴茨茅斯港的五月花号战舰上签署了条约，战争结束。

这是一场彻头彻尾的帝国主义战争，并且是在日本、俄国以外的中国领土上进行的。1905年，俄国失败后，两国签订《朴茨茅斯条约》，日本帝国主义据以获得长春至旅大之间的南满铁路和旅大租借

---

① 徐广宇：《1904—1905，洋镜头里的日俄战争》，福建教育出版社2009年版，第222页。

地。日本帝国主义为迫使清政府承认这一事实，1905年末还与清政府签订了《东三省事宜条约》。从此，日本称霸"南满"，俄国退踞"北满"，形成日、俄南北对峙的局面。

日俄战争的结果，日本作为战胜国从俄国手中夺取了旅顺、大连的租借权和"南满"地区的一切铁路权益。日俄战争无论在政治还是军事上都对当时的世界产生了巨大的影响。在政治上，日本获得了在华的巨大利益，占领了东北大部，巩固了对朝鲜的统治，借俄国在东北留下的一部分铁路，发展成后来的"南满洲铁道株式会社"，大肆从中国掠夺自然资源，为日本三十年后入侵中国做了铺垫，同时也使日本跻身世界强国之列；俄国因军事上的失利而恶化了国内糟糕的政治、经济环境，导致1905年沙俄的第一次资本主义民主革命，加之后来在第一次世界大战的失利，最终爆发了1917年的十月革命，沙皇被推翻，苏联成立；英国虽然在这场战争中只是背后的推手，但是它对日本的一再支持、怂恿和退让，包括第一次世界大战中鼓动日德两国的胶东半岛之争，导致其最后丧失在亚洲的殖民利益；美国作为日俄战争中日本战争贷款的最大债主，获得了巨大的经济利益。"在军事上，主要的几场海战（蔚山海战、对马海战）巩固了战列舰在海战中的核心地位，形成了近代海战的形式，战壕战和肉搏战也成了第一次世界大战的预演，大量新武器得到应用，如马克沁机枪和速射炮，新技术也应用到战争中，比如潜望镜、热气球高空侦察、带电铁丝网等，这些都在以后的战争中被推广。"①

日俄战争对世界影响很大，对中国影响尤其深。有识之士面对这场卑劣、无耻的战争而对清政府失望至极，加快了国内革命的脚步，最终导致1911年辛亥革命爆发，清政府倒台，中华民国建立。战争期间鲁迅先生还在日本学医，他本来打算通过医学增强中国人之体质，然而他看到日本宣传战争的纪录片中，被当作沙俄间谍的中国人将要被砍头，身体健壮但是神情麻木、旁边围着看热闹的中国人，鲁

---

① 徐广宇：《1904—1905，洋镜头里的日俄战争》，福建教育出版社2009年版，第224页。

迅先生深受刺激，决心要唤醒中国人的民族精神，弃医从文，成为一代文学巨匠。他在《呐喊》自序中写道："医学并非一件紧要事，凡是愚弱的国民，即使体格如何健全，如何茁壮，也只能做毫无意义的示众的材料和看客，病死多少是不必以为不幸的。所以我们的第一要著，是在改变他们的精神。"①

战争是政治的延续，是利益集团的博弈。尽管胜利者能获得土地、资源和金钱，但是也必然付出巨大的代价。"日俄战争中俄国投入兵力500000人，有115000人阵亡，146519人负伤，80000人被俘；日本投入兵力400000人，有88000人阵亡，173425人负伤。"②中国人民的生命与财产损失更是无法用数字来统计。

日本人对中国东北的地质调查，始于中日甲午战争。"1895年，巨智部忠承、冲龙雄等对辽东半岛进行了简单的地质矿产调查。日俄战争中，凡是日军所过的地方，日本政府派了很多的矿师跟着部队前进，四处寻觅矿苗。"③战争后期，日本在关东州设立了"满洲产业调查会"。最早进行的矿产调查项目，由京都大学名誉教授小川琢治等十多人参加，分为五个班，对五湖嘴、抚顺和烟台等煤矿开展了调查。

日俄战争后，日本帝国主义在我国东北新设立两个殖民侵略机构。

一是关东都督府，日本管辖关东州和南满铁道附近地区的殖民机构。它是对我国东北实行军事、政治侵略的中枢，其活动不限于关东州即旅大地区，对关东州以外的一些日本殖民机构也拥有监督权。

日俄战争后，日本霸占辽东半岛，于1905年10月18日在辽阳建立"关东总督府"，统辖在东北的日军机关。1906年8月1日，将关东总督府改称关东都督府，迁至旅顺。天皇以196号敕令颁布"关

---

① 徐广宇：《1904—1905，洋镜头里的日俄战争》，福建教育出版社2009年版，第225页。
② 徐广宇：《1904—1905，洋镜头里的日俄战争》，福建教育出版社2009年版，第225页。
③ 李罗力等：《中华历史通鉴·第4部》，国际文化出版公司1997年版，第3752页。

东都督府官制"，设关东都督府，规定都督的权限为统辖日本"在满之兵力"，"保护"南满铁道，并监督南满铁道的业务。都督由陆军大将（上将）或中将担任，首任都督是大岛义昌，都督府内设民政部和陆军部。1919年4月12日撤销。4月13日又改称关东厅，从此军政分离，其陆军部改为关东军司令部，统一指挥日本在中国东北的军队，实际上独揽军政大权；民政部改为关东厅。①

二是"满铁"，即"南满洲铁道株式会社"。"满铁"是日本最大的殖民侵略机构，初建时资本为2亿元，临近垮台时，连同社债，资本达40亿元，拥有职工近50万人。"满铁"，除了铁道经营以外，还设立了矿工业、调查、拓殖、相关公司经营等5个所属部门。它由日本政府直接控制，不仅总裁、理事由日本政府任命，而且诸如攫取鞍山铁矿、设立鞍山制铁所等活动，都受日本政府的指挥。它经营的调查事业，自"满铁"设立之日起一直是一个十分活跃的领域。"满铁"从事调查活动，是为了向日本侵略者提供殖民地建设的"立法和行政上的参考资料"序言。② 因此，"满铁"的调查机构一直充当着日本侵略活动的急先锋。

"满铁"成立后，其职能不断扩大，管辖范围不仅是铁路沿线带状用地，也包括有火车站的沿线城市在内，相当广阔的地区被编入附属地。"满铁"的建立及其侵略势力的发展，造成了日本侵略东北的基础。其势力几乎覆盖东北全境，是日本对东北进行资源调查的综合性机构，并积极配合发动侵华战争。"满铁"通过直接经营、间接经营或认股、贷款、补贴等形式对东北的各项事业进行管理和控制。在铁路方面，"满铁"以附属地的名义侵占东北大量土地，非法行使行政权，实行殖民统治。"满铁"同关东都督府密切配合，对中国东北进行经济、文化殖民侵略，还与日本军方一道对中国的政治进行干预。日本在中国东北设立"满铁"实际是效仿沙皇俄国在东北设立的中东铁道厅。沙皇俄国的中东铁道厅是通过经营铁路实现对东北全

---

① 唐家璇：《中国外交辞典》，世界知识出版社2000年版，第77页。
② 解学诗、张克良：《鞍钢史1909—1948》，冶金工业出版社1984年版，第10页。

面侵略的殖民机构。"满铁"又以英国的东印度公司为模板，其实质是"国策会社"，既要遵从日本政权的指挥，也要实现赢利的目的。

"满铁"在中国做了大量调查工作，其重点始终在矿产地质方面。随着战争的逐渐深入，中国东北逐渐被日本政府纳入殖民体系，阻挠其他国家在中国的矿业活动，有计划有步骤地将东北的矿产资源收入囊中。"满铁"表面上是一家以营利为目的的普通会社，实际上却是战前日本最大的国策会社。为了其侵略扩张，"满铁"成立之初就专门设立了调查部，在中国东北和内蒙古地区开展大规模的社会调查和情报搜集活动。对于内蒙古而言，在"九·一八"事变前，"满铁"调查活动主要集中在内蒙古东部地区，即所谓的"东蒙古"。通过"满铁"调查机构的多年调查，"九·一八"事变前就形成了大量的关于东蒙古的调查资料。这些调查资料不仅是当时日本的种种侵略活动的直接证据，而且对研究当时的东蒙古社会经济状况有比较重要的参考价值。

"满铁"调查机构的创始人是第一任总裁后藤新平。他凭借在台湾担任民政长官多年的经验和在台湾进行"台湾旧惯调查"的成功，十分重视社会调查，认为作为推行日本殖民政策急先锋的"满铁"，需要考察中国特别是东北地区的政治制度、民俗习惯，调查工矿农商及交通等一般经济情况以及与之有关的亚洲和世界政治经济情况，以便为发展"满铁"，同时为日本政府、军部提供制定侵略政策所必需的参考资料。调查部是1907年3月设立的第一个"满铁"调查机构。其任务是"主要对满洲及其附近地区的一般经济及旧惯例的调查"[①]。1908年12月，因"满铁"机构改组，调查部改为调查课，并将其业务修改为检查业务、审查规定、各种调查统计、从事人员的培养训练、营业报告及年报的编纂等，中心业务是进行以中国的中央及地方政权的动态为中心的情报活动。1918年1月，规定调查课的分管业务为各种调查和统计事项。1923年4月，将原来的调查事项内容扩大，增加了铁路、交通和一般情报事项，同时将以"北满"为中心

---

① 苏崇民：《满铁史》，中华书局1990年版，第411页。

的调查事项，移交给新设立的哈尔滨事务所调查课（简称"哈调"）。1927年调查课共设置9个系，调查范围涉及社会、资源、历史、地理、政治、经济、军事、文化等方面。调查课（1908—1932年）在其存在的二十多年间进行了大量的调查，其涉及的范围也极其广泛，成为整个"九·一八"事变前"满铁"调查活动的中枢。另外，与调查部同一时期设立的调查机构有，在东京分社设立的"东亚经济调查局"和"满洲及朝鲜历史地理调查部"。"东亚经济调查局"设立的主要目的是为日本及会社搜集世界各地的经济资料以备参考，并应付其他各方面的咨询。"满洲及朝鲜历史地理调查部"主要以满洲至朝鲜的历史和地理为研究对象，精通东方历史的白鸟库吉博士为负责人。1927年4月1日，"满铁"将调查课情报系扩大为情报课，下设情报系和弘报系。情报课在各地"满铁"公所和办事处遍设情报人员，组成情报网，并与陆军特务机关建立了密切联系。"不过这个情报课只存在了一年多，情报系便被并入交涉部，弘报系被并入总务部庶务课。"[①] 弘报系是"满铁"也是日本在中国正式建立宣传机构的开端，它在"九·一八"事变前后十分活跃，在煽动侵华战争方面起了极大作用。1927年11月，"满铁"设立了临时经济调查委员会，抽调实际业务经验丰富的人员，暂时性地对"满蒙"地区进行大量的调查。其任务是提供对会社事业直接有效的资料，以便改善会社业务，充分发挥各机构的职能。临时经济调查委员会于1930年6月撤销，它的设立无疑与1927年3月日本的经济危机有关。另外，在各地分布的公所、事务所都是带有调查性质的对外派出机关。但"满铁"的调查活动不只限于这些调查机构，除了"满铁"各营业职能部门自设的调查机关外，有时还从各个部门临时抽调调查员或委托"满铁"以外的人进行调查活动。中央实验所、地质调查所、农事试验场等所谓的自然科学研究机关，有时还插足经济社会等调查。总之，"满铁"的调查业务逐渐发展成为庞大的情报调查体系。有关"满铁"的资料中称：近代企业的合理经营，必须进行科学的调查研

---

① 苏崇民：《满铁史》，中华书局1990年版，第418页。

究，特别是所谓的特殊会社，其业务范围广泛，为了会社业务的推行，设置复杂而庞大的调查机构是必然的。

1929—1933 年世界经济危机对国际关系有很大的影响。1931 年日本发动侵略我国东北的"九·一八"事变，标志着远东战争策源地的形成。1935 年法西斯意大利侵略了阿比西尼亚。1935 年德国法西斯在基本上完成了对国内的控制，废除了和约对重新武装的限制，并进兵莱茵非武装区之后也转向对外侵略，1936 年伙同意大利武装干涉西班牙。这样又在欧洲形成了另一个战争策源地。三个法西斯侵略国先后退出了国联，并结成了以反共产国际协定为形式的侵略同盟。1937 年经济危机再次爆发，帝国主义矛盾进一步尖锐化，法西斯国家进一步扩大侵略战争。"面对战云紧迫的严峻形势，英法奉行绥靖政策，纵容了法西斯的侵略，并使苏联对集体安全的努力不能成功。捷克斯洛伐克沦亡之后举行的苏、英、法三国谈判亦告失败。苏联为了自身的安全，同德国签订了互不侵犯条约。这时第二次世界大战已迫在眉睫。"①

"1929 年世界经济危机，使日本的经济下降了三分之一，外贸减少了三分之二。由于日本经济基础薄弱，资源缺乏，危机更带有紧迫性。"② 为了摆脱危机，日本加紧了侵华阴谋的策划，把侵略中国东北作为它的既定方针。这时日本之所以加紧侵略我国东北，还有深刻的原因。

第一，作为侵略中国的准备，日本人对我国东北已经营多年。日本的对外投资除殖民地外，百分之七十集中于东北。东北对日本的贸易也很重要，既是日本工业品的出口市场，又是大豆、粮食的供应地。特别是随着战备工业的发展，东北的煤、铁供应的重要性也增加了。所以日本帝国主义者认为"满蒙是日本的生命线"。然而危机年代，日本对我东北的殖民剥削和掠夺遇到了困难，因为张作霖被炸死

---

① 曾醒时：《简明世界近代现代史（下册）》，广东高等教育出版社 1986 年版，第 221 页。
② 曾醒时：《简明世界近代现代史（下册）》，广东高等教育出版社 1986 年版，第 222 页。

后，少帅张学良在东北升起国民党的旗帜，接受与英美关系密切的南京政府领导，这不啻是对控制东北多年的日本帝国主义的当头一棒。

第二，经济危机时期日本国内局势动荡。在日本的殖民地朝鲜，反日民族运动也正在兴起，学生的反日斗争遍及全国。在中朝边境地区，金日成开始组织反日游击战争。在日本占领下的台湾，中部山岳地带的雾社居民1500人举行暴动，台北基隆等城市工人举行罢工，台南发生甘蔗农骚动。因此，日本军阀希望通过发动侵华战争来转移国内的阶级矛盾，加速推行法西斯独裁统治，压制国外殖民地的反日民族运动。

第三，占领中国东北可使日本处于进攻苏联的重要战略位置。日本军阀一直把苏联视为假想敌国。"田中奏折"表明，日本军阀已准备同苏联决一胜负。而苏联第一个五年计划的成功，使日本军国主义侵略者感到害怕，他们更怕苏联同中朝两国的革命力量联合。因此，日本决心侵占东北以切断这种联系，并以此作为进攻苏联的战略基地。

第四，危机年代，帝国主义国家都自顾不暇；在中国，蒋介石叛变了革命，对苏区发动大规模进攻，这个时机也有利于日本发动侵略东北的战争。同时，日本利用中国内战，以"防止赤色威胁"为幌子，也博得了英美的同情。①

日本在进犯东北之前先后制造了所谓"万宝山事件"（1931.3）和"中村大尉事件"（1931.6）以煽动起侵略舆论。同时制定了《解决满洲问题方案大纲》（1931.6）。接着，便发动了震惊中外的"九·一八"事变。1931年9月18日，日军将南满铁路的一段路轨炸坏，反诬中国驻军破坏。关东军遂以此为借口，向沈阳北大营进攻。同时按预定计划向南满铁路全线进攻，占领沿线的全部城市。不到一周，奉天和吉林两省相继陷落。

此时，蒋介石忙于进攻苏区而对日本的侵略采取不抵抗政策，命

---

① 曾醒时：《简明世界近代现代史（下册）》，广东高等教育出版社1986年版，第223页。

令张学良把军队从东北撤退到山海关以南,要中国人民束手就缚,"以待国际公理之判断"。中国驻国联代表向国联理事会提出申诉,要求国联采取行动。1931年9月22日国联理事会开会,日本代表颠倒黑白,把"九·一八"事变说成是中国的挑衅引起的。理事会作出决议,要日中停止冲突,却不谴责日本的侵略,实际上是纵容日本的侵略。

日本侵占中国东北,对凡尔赛—华盛顿体系是一次猛烈的冲击。但日本的侵略范围开始还局限于东北,还没有同英美在中国的利益发生直接的冲突。日本一再强调反苏反共,也使英美对此抱有幻想。英美领导人一再发表同情日本侵略的谈话。"九·一八"事变前一天,日本驻美大使同美国国务卿达成一项秘密谅解:美国答应"不与闻满洲事变";日本的军事占领应限于锦州以北。但是日本并不受此约束,10月18日轰炸锦州。锦州是东北重镇,一过锦州就要侵入英美利益所在的华北了。于是国联作出了稍为强硬的姿态。10月24日国联通过决议,要日军撤回到南满铁路区域之内。11月初,日军进攻北满,英美以为日本要对付苏联,转而对日本的行动产生兴趣。可是,日本还没有发动反苏战争的迹象,在攻陷齐齐哈尔之后,又将兵力转向东北南部。1922年1月2日占领锦州。至此,东北三省全部陷落。这个消息使西方帝国主义大受震动。①

日本为了给侵略中国东北的行为披上"合法"外衣,便策划成立伪满洲国。1931年底关东军高级参谋板垣征四郎打电报给日本驻华武官田中,嘱他在中国制造事端,以便"把外国的目光引开",使东北容易"独立"。

三 日资的扩张与垄断

1931年9月18日夜,日本军队进攻沈阳,打响了武装占领东北

---

① 曾醒时:《简明世界近代现代史(下册)》,广东高等教育出版社1986年版,第224页。

的第一枪。对于日军的进攻，国民党蒋介石集团采取了屈辱的"不抵抗"政策。张学良奉令把东北军撤退到山海关一线。日军在16个小时内，就侵占了沈阳、长春、鞍山、抚顺等18个城市，不到5天，便占领了辽宁、吉林两省的绝大部分，然后长驱直入，于11月19日进占齐齐哈尔，囊括了黑龙江。1932年1月3日，日军占领了"东北边防军司令长官公署行署"和"辽宁省政府行署"所在地锦州，2月5日，日军进占东北特区哈尔滨。仅仅4个月零18天，日本帝国主义者便席卷了东北全境。3200万东北同胞，从此沦为亡国奴隶。

"九·一八"事变是自1895年中日甲午战争以来，日本侵略者企图占领中国、称霸东亚的帝国主义政策发展的结果。日本帝国主义者处心积虑推行它的"大陆政策"。经营东北，是这个政策的中心环节。它宣告日本对中国的侵略走上了一个新阶段："把中国从列强均沾利益的半殖民地改变为日本独占殖民地的阶段。日本帝国主义者为实现这一目标，已经决心采取暴力手段，消除中国的最后一点政治独立性。"①

东北地区，从1916年4月张作霖被袁世凯任命为奉天盛武将军、督理奉天军务兼奉天巡按使起，到1931年"九·一八"事变止，先后15年被以张作霖为首的奉系军阀所统治。张作霖在日本政府的扶掖下，屡次派兵入关，与其他军阀混战，给东北、华北广大地区的人民带来深重的灾难。日本侵略者通过扶植奉系军阀的封建割据，不断扩张它在东北的势力。

日俄战争后，旅顺、大连成为日本的属地。其实，比这更早，营口已经等于是日本港口。还在民国初年，一个非常熟悉中国内情并在混乱的中国政局中推波助澜的外国人就说，"满洲目前实际上已经不属于中国了"。到"九·一八"事变前夕，日本帝国主义者已经把东北变为它事实上的独占殖民地。

日本发动"九·一八"事变的根本目的，就是要完全霸占东北的

---

① 齐武：《东北工人运动史纲（1866—1949）》，中共中央党校出版社1992年版，第117页。

资源，把东北变为日本的殖民地和扩大侵略战争的战略基地。因此，关东军在制造伪满傀儡政权的同时，便千方百计地掠夺东北的经济命脉，为其奠定经济基础。

（一）攫取东北铁路交通权益

铁路是国民经济的大动脉，"满铁"长期以来梦寐以求要攫取东北全部路权。在"九·一八"事变前，东北铁路可以分为中国、苏联、日本和英国四个系统，与日本相关的铁路分为三种，第一种是日本独资经营的南满铁路和安奉铁路。第二种是日本借款的中国国有铁路，即吉长、吉敦、四洮、洮昂铁路，这部分铁路"满铁"在不同程度上攫取了经营权，但未全部霸占。第三种是中日合办的金福、天图等铁路，实际由"满铁"经营。事变后，"满铁"在关东军的支持下，开始全面攫取东北的铁路、水运等交通权益和设施。

交通是经济发展的基础。修筑铁路，一直是日本在东北所谓"经济权益"的核心。日俄战争后，为进行殖民掠夺，日本夺取了中国东北若干条铁路线，并在东北成立了日本帝国主义侵华的先锋——"满铁"。早在1925年，"满铁"就已制订了一个《满蒙开发铁路网计划》。根据这个"计划"，"日本将于二十年内，在东北修建总长8800公里的35条铁路"[①]。嗣后，日本基本上以此为蓝本，一再向北洋军阀政府索取所谓"满蒙"的铁路修筑权。日本外相田中义一在东方会议上提出的"关于满蒙政治形势的安定及解决悬案问题"的提案，便有一个"关于满蒙铁路问题"的"附件"。其中提出了7条线路的兴筑权。后来，因洮南—索伦及齐—昂两线涉及对苏关系，东方会议没有作出决定，而被推后解决。在日本的高压下，1928年，张作霖终于被迫签订了"新五路合同"。

日本攫取这些铁路的修筑权，有着明显的军事目的。如吉会铁路，以吉林为起点，横贯东北到朝鲜境内的会宁，与清津至釜山的铁路相接。建成以后，日本军队渡过日本海，循此线路可直达东北的心

---

① 董长芝、马东玉：《民国财政经济史》，辽宁师范大学出版社1997年版，第458页。

脏地区。据日本的研究者声称：吉会铁路与日本之间的线路，因有对马、轻津两海峡扼守，安全可靠。"一旦大陆有事需派兵之际，就可以利用该路线，从日本国内各地同时迅速出兵，一举冲入敌腹地断绝其后路，以达到先发制人"且"可以发挥经济铁路的全部机能"①。所以，从1909年清政府时代起，历经北洋军阀政府到国民党政府，日本侵略者一直对此勒索不休。

"九·一八"事变前，东北已建成铁路共6188公里，把中、苏共管的中东路（1788公里）除外，还有4400公里。"其中，日本人占有的南满、安奉及其支线，合计1130公里。名为'合办'，实际由日人控制的，计有金（州）福（城子疃）、溪碱（太子河至牛心台）、天图（图们江岸至老头沟）等线，共228公里，名义上属于中国，因筑路借款来自日本，结果使日人享有各种特权的四（平街）洮（南）、吉（林）长（春）、吉（林）敦（化）、洮昂（郑家屯至昂昂溪）等线，共939公里，三者合计共2297公里。这就是说，东北铁路为日人直接占有和拥有控制权的，共计为全部铁路的52%。"②

1931年10月10日，关东军向"满铁"发出了"关于铁路委托经营及新线建设的指示"，要求"满铁"抓住事变的绝好机会，从速实行下列事项："1.满铁会社拥有借款关系的铁路以及其他中国各铁路之委托经营；2.已经同中国订立合同的铁路及军部希望的铁路之修建。"③ 于是，"满铁"伙同关东军开始攫取东北路权，10月23日，在关东军和"满铁"的筹划下，成立了伪交通委员会，名义上委员长由汉奸丁鉴修担任，实权则掌握在"满铁"理事十河信二、村上义一等日本顾问手中。夺取路权的行动，从事变爆发伊始便已开始。在奉天，事变第二天，关东军就切断了沈阳总站与北宁路的联系。9月21日占领了沈海铁路抚顺站，24日又对沈阳总站实行了军管。10

---

① 齐武：《东北工人运动史纲（1866—1949）》，中共中央党校出版社1992年版，第120页。

② 齐武：《东北工人运动史纲（1866—1949）》，中共中央党校出版社1992年版，第120页。

③ 姜念东等：《伪满洲国史》，吉林人民出版社1980年版，第243页。

月11日，军铁合伙，利用汉奸拼凑起"沈海铁路保安维持会"，实际已攫取了沈海铁路经营权。对于北宁路，因有英国借款关系，关东军未敢轻举妄动，但已处于关东军的监管之下。1932年1月，关东军占领辽西后，操纵伪奉天省政府设立奉山铁路局，接管了北宁铁路关外段山海关至沈阳间的铁路，"满铁"派出700多人控制了奉山铁路。在吉林，11月初，"满铁"与伪吉林省政府签订了《吉长、吉敦铁路借款及经营合同》，规定合并两路，并以50年为期委托"满铁"经营，同时交换了"关于建造吉敦延长线等七铁路的换文"，约定由"满铁"立即建造并委托经营。12月，又签订了《吉海铁路经营合同》和《四洮铁路借款及经营合同》，不仅攫取了两路的经营权，还规定将来四洮铁路之延修需由"满铁"贷款和派遣总工程师。在黑龙江省，由关东军的板垣征四郎出面勾结汉奸张景惠，于12月签订了有关协定，将洮昂和齐克铁路合并委托"满铁"经营，不久又将洮索路并于洮昂路，统由"满铁"经营。1932年1月"满铁"与张景惠签订《呼海铁路经营合同》。至此"满铁"攫取了黑龙江省全部中国所有铁路的经营权。到伪满政权出现之前，"满铁"伙同关东军，通过地方伪政权，陆续将东北境内的中国国有和省有铁路全部置于"满铁"的控制之下。

（二）垄断经济命脉

为独占中国东北的经济利益，进一步强化日本的殖民统治，日本侵占东北后，开始夺取伪满的经济命脉。日本侵略者控制了东北的经济命脉，从各方面完成了经济上的占领。"到1930年，日本在东北的投资为161900万日元。单是满铁公司便拥有资金44000万日元，拥有职工17万人。即占全东北工业资本的27%，职工人数的59%。"[①]

煤矿是事变前东北仅有的基础工业，从几个简单的数字中，我们可以看到日本人在这个部门占据着一种怎样的优势：1930年，东北煤的生产总量为966万吨，其中720万吨是"满铁"控制的抚顺煤矿

---

① 李蓉：《中华民族抗日战争史》，中央文献出版社2005年版，第5页。

生产的。"满铁"控制的另外两个煤矿——烟台煤矿和本溪湖煤矿，在这一年的产量分别为17万吨和40万吨。三者合计，共占东北煤产量的80%以上，并且独占了东北最重要的焦炭生产。①

1932年3月，日本在东北设立了一个傀儡政权——"满洲国"，将已退位的清帝溥仪扶植为傀儡皇帝，实际一切听命于日本关东军。1933年日军又侵占了与东北毗邻的热河省，将其并入"满洲国"。"九·一八"事变后，日本迅速强占了中国东北的金融、交通、通信机关以及国家经济门户——海关，通过建立各种日本独资或控股的会社（公司），打着"日满经济一体化"的旗号，对东北实行全面的经济统制和垄断，东北经济完全沦为日本经济的附庸。"九·一八"事变后，东北被日本武装占领，沦为日本的殖民地。占全国三分之一份额的东北的对外贸易从中国对外贸易中被分离出去，成为殖民地性的对外贸易。

1932年8月5日，日本公布《满洲经济统制根本方策案》，提出"日满经济一元化"的纲领，规定关东军和"满铁"（总裁内田康哉）为统制东北经济的支配机构。"九·一八"事变时，日军就占领了东北的主要金融机构东三省官银号，掠夺库存黄金8万公斤。后来相继占领边业银行、永衡官银号、黑龙江官银号三大金融机构。"1932年3月，合并各银号银行成立伪满中央银行，发行满元，并与日元挂钩，实行日满货币一元化。日本在东北成立了煤矿、石油、电力等各种株式会社，到1937年多达369个，垄断了东北的经济命脉。"②

1933年3月1日，伪满洲国政府公布《满洲国经济建设纲要》（以下简称《纲要》）。《纲要》由关东军特务部和"满铁"经调会共同制定，共分10部分，涉及交通、农业、矿工、金融、商业和所谓"私经济"等各个方面。《纲要》规定："伪满对重要经济部门施以'国家统制'即对具有国防或公共公益性质的重要事业，原则上实行

---

① 齐武：《东北工人运动史纲（1866—1949）》，中共中央党校出版社1992年版，第119页。
② 张天社：《中国抗战纪略》，西北大学出版社2014年版，第31页。

公营或交由特殊会社经营；引进外国资本和技术；加强与日本的经济'协调'，使相互'扶助'关系愈益紧密达到东亚经济'融合与合理化'的目标。"① 其实质是加强对伪满的经济统制，在"日满共存""日满一体"的口号下，使伪满彻底沦为日本帝国主义的经济附庸。

1933年3月24日由日本陆军省和参谋本部制定的《满洲国指导方针要纲》（后文简称《要纲》），于同年8月8日日本内阁会议决议通过，亦称"八八决议"。《要纲》共分14部分，它规定了日本帝国主义对伪满政策的基调。指出伪满洲国的性质是"与大日本帝国有着不可分关系的独立国家"。所谓"不可分关系"，实际上就是彻底从属，沦为日本帝国主义的附属国、殖民地。它明确规定了日本对伪满的政府、军队、经济、财政等各方面的控制政策，关于控制伪满政权的政治体制，《要纲》规定："在现行体制下，在关东军司令官兼驻满全权大使的内部统辖下，主要通过日本官吏实际进行。""为便于其统制，使之维持以总务厅为中心的现行体制。"② 据此，日本侵略者实际上成了伪满的"太上皇"。

1935年，"满洲国"从苏联购买了"北满"铁路，俄国势力退出东北，东北地区的政治、经济完全为日本控制，经济迅速殖民地化。"一方面，东北成了日本的销售市场和原料供应地，另一方面，为将东北作为其进一步侵华进而占领整个东南亚的军事基地，日本在东北积极投资兴建军事工业，开发矿藏，修建铁路，发展电力、钢铁冶炼及化学工业等，拼命积蓄战争能量，同时极力限制其他国家及当地中国人的经济活动。"③ 1937年"七七"事变后，日本对东北经济实行严格的军事管理，加剧了东北经济的畸形化。

"1932—1945年，日本在东北投资达214220万美元。主要投向

---

① 中国第二历史档案馆，《中国抗日战争大辞典》编写组，万仁元、方庆秋、王奇生编：《中国抗日战争大辞典》，湖北教育出版社1995年版，第694页。
② 中国第二历史档案馆，《中国抗日战争大辞典》编写组，万仁元、方庆秋、王奇生编：《中国抗日战争大辞典》，湖北教育出版社1995年版，第695页。
③ 孙玉琴：《中国对外贸易史（第2册）》，对外经济贸易大学出版社2004年版，第280页。

铁路和工矿业,到1940年,短短八年间,东北铁路里程增加近一倍,大体相当于关内铁路里程的总和。'七七'事变后,日本加速东北的工矿业建设,绝大部分的新投资是由政府控制的机构进行。13年间,重要工矿产品生产总值增加4.5倍。"① 而与此同时,与战争没有直接关系的产业发展迟缓,甚至出现了下降。如在国际市场有比较优势的榨油、皮毛加工、纺织、食品及大豆种植等行业发展速度均大大落后于与战争相关的产业。

日本对东北的经济掠夺以煤炭、钢铁等战略物资为重点。"从1932年到1944年,日本从东北掠夺了22300万吨煤、1100万吨生铁、580万吨钢。日本从抚顺煤矿每掠夺走800吨煤,就要留下1具中国矿工的尸体;而从阜新煤矿每掠夺走200吨煤,就要留下1具中国矿工的尸体。"② 日本还大肆掠夺东北土地,向东北移民。1935年12月,日本专门设立了"满洲拓殖株式会社",安置日本移民。到1936年7月,移入东北的日本人71万,朝鲜人85万。"为了掠夺东北的农产品,日本以低廉的价格强迫农民出售粮食,规定中国居民每月口粮4—6公斤。每到秋收,日伪就强制摊派,搜索粮谷。东北地区近二分之一的豆类及其制品、近三分之二的粮食被日寇夺走,使东北人民生活在死亡线上。"③

日本帝国主义侵占我国东北的罪恶目的在于把东北变成其扩大侵略战争的物资供应基地及商品销售和资本输出并获取高额垄断利润的场所,以大肆掠夺战略物资、工业原料、农产品及各种资源,满足其扩大侵略战争的需要。

"九·一八"事变前,日本帝国主义通过发动日俄战争,取代了沙俄在我国东北的权益,将侵略魔掌伸向东北的铁路、交通、金融、矿产等各个方面。1906年,日本在东北的旅顺设置"满铁",以经营铁路为名进行侵略和掠夺活动。

---

① 孙玉琴:《中国对外贸易史(第2册)》,对外经济贸易大学出版社2004年版,第280页。
② 张天社:《中国抗战纪略》,西北大学出版社2014年版,第31页。
③ 张天社:《中国抗战纪略》,西北大学出版社2014年版,第31页。

第一章　东北路矿资源概况

"九·一八"事变后，日本侵略者为了操纵东北的经济命脉，首先通过各种手段控制了具有决定力量的东北金融界的东三省官银号、吉林永衡官银号、黑龙江省官银号和边业银行。伪满洲国成立不久，就开始积极策划设立伪满中央银行。1932年3月15日，日本关东军统治部长兼伪满第一任总务厅长驹井德三代表伪满国务总理宣布合并东北各官银号及边业银行，成立伪"满洲中央银行"，旧官僚资本的银行全部被吞并。7月1日，伪满中央银行总行及各支行正式营业。伪满中央银行完全是依附于日本帝国主义的殖民地银行，是日本侵略者掠夺我国财富的一个重要工具，它受制于关东军，代表着日本帝国主义金融寡头的利益。

与此同时，日本侵略者为适应其军事侵略，建立殖民统治以及掠夺资源的急需，通过军事强占、接管，签订条约、合同、协定等各种手段，取得了除早已为日本所有的南满铁路及其支线以外原东北全部铁路的所有权和经营权，并索取了新铁路的修筑权。从而便利了日本对东北的侵略与掠夺。伪满洲国建立后，将东北所有经营与新建的全部铁路委托"满铁"办理，为"满铁"的侵略披上了合法化的外衣。

日本帝国主义侵占东北后，认为"把握满洲国的通讯，在推行我国的国策上是绝对必要的"。因此，关东军伙同"满铁"立即武装占领了中国东北的通信设施，1932年4月，关东军命令"满铁"拟制《满洲电信及广播事业"统制"方案》后，关东军司令部又提出了所谓《对满洲国通讯政策》，它规定了日本直接控制伪满通信事业的原则和方法。1933年3月26日，日本政府与伪满政府签订了《关于设立日满合办通讯公司的协定》，成立了"满洲电信电话株式会社"，经营关东州、"满铁"附属地和伪满行政管辖区的有线、无线通信事业。1935年，日伪接管中东铁路时，伪电信电话股份有限公司又强占了铁路沿线的通信设施，实现了对东北通讯事业的垄断。

为了方便资源掠夺，日本侵略者又迫不及待地以武力夺取作为国家经济门户的海关。"1932年6月26日，关东军首先抢占了占东北海关税收总额三分之一的大连海关。至6月30日，日军已先后夺取了滨江、营口、安东、珲春、延吉等关卡。1933年1月，日军抢占了东北的全部海关，并强行改海关为税关。"① 日本侵略者夺取海关，是为了控制东北对外经济贸易，制定有利于日本向东北进行商品倾销和掠夺东北物资的政策，从而使东北的经济变为日本帝国主义经济的附庸。

为了掠夺战略物资，"满铁"这一日本国家的垄断资本在关东军的支持下，加紧了对工矿企业的操纵与掠夺。"早在日俄战争后不久，日本就凭借武力占领了抚顺煤矿，之后又相继侵占了奉天本溪湖煤矿、吉林五道口煤矿、老头沟煤矿等矿区。日本占领东北后，又相继占领了复州煤矿、八道壕煤矿、孙家湾煤矿、北票煤矿、西安（辽源）煤矿、蛟河煤矿、鹤岗煤矿等28处大小不等的矿区。"② 1932年9月9日，日满签订了《关于规定国防上必需的矿业权协定》，日本由此攫取了我国东北的矿产开采权。为了加强对矿产的统制，日伪于1935年设立了垄断与掠夺煤炭的专门机构"满洲炭矿株式会社"。

东北的铁矿和炼铁业在"九·一八"事变前就操纵在日本人手中。他们以"中日合办"的名义，获取了本溪的鞍山铁矿与冶铁业。"这两家企业生产的生铁几乎占当时全中国生铁产量的97.3%。日伪于1933年将鞍山制铁所改组为昭和制钢所，在侵略与掠夺政策的指导下，竭力扩充生产规模，为其侵略战争服务。昭和制钢所从成立至1935年，每年可生产与掠夺生铁40余万吨和钢坯钢材30余万吨。"③此外，日伪还设置了"鞍山钢材株式会社""日伪钢材工业会社""满洲住友金属工业株式会社""满洲久保田铸铁管株式会社"等机构，垄断了东北的钢铁冶炼业。

东北其他的丰富矿产，诸如：金、铜、铅、铝、锌等金属，都成了日本侵略者掠夺的对象。日伪先后成立起"满洲采金株式会社""满洲矿业开发株式会社""满洲金矿株式会社""满洲铅矿株式会社"

---

① 吉林省文化厅伪皇宫陈列馆：《勿忘"九·一八"》，吉林美术出版社1992年版，第83页。

② 吉林省文化厅伪皇宫陈列馆：《勿忘"九·一八"》，吉林美术出版社1992年版，第83页。

③ 吉林省文化厅伪皇宫陈列馆：《勿忘"九·一八"》，吉林美术出版社1992年版，第84页。

"延和金矿株式会社""岫岩矿业株式会社""满洲轻金属制造株式会社"等机构,对东北工业实行统治,完全掌握了东北矿产的开采权。

此外,日本在东北的炼油工业、电力工业及汽车、水泥、棉纱、棉线、棉布、面粉等行业都取得了垄断地位。

日本帝国主义侵占东北,其目的是使之成为日本垄断的商品和资本输出地并获取高额利润的战略物资和工业原料以及粮食的稳定产地,残酷压榨群众和获取巨额财政收入的来源,借以弥补日本资源、财力的不足,使之成为日本独占的殖民地和进一步扩大侵略的战略基地。

(三) 资源调查

日本帝国主义在甲午战争后的台湾和"九·一八"事变后对东北的调查情况十分相似。此一时期的特点是,日本在自己的殖民地进行地质矿产调查,可以说是横行无忌,完全服务于日本本国经济、军事和政治的需要。伪满洲国成立后,东北在形式上虽然和台湾的情况有某些不同,但实质上是一样的,日本在这里的活动,具有殖民地统治性质,居于绝对的支配地位。

表1.1　　　　　　　　伪满时期东北四省面积统计表①

省别	面积（方里）	统计时间	备考
辽宁	1154073	1930年8月	辽宁各县政府两复数目,根据十八年各县调查报告。
吉林	1318650	1930年9月	吉林民政厅两复数目,根据十八年视察员调查报告。
黑龙江	2292135	1932年	内务部调查数目。及十九年向各县直接调查所得比较数目。
热河	590000	1928年	与地新学社调查数目,并参照十九年各县调查数目。
总计	5354858	—	—

---

① 孔经纬:《东北经济史》,四川人民出版社1986年版,第377页。

表 1.2　　　　　　伪满时期东北耕地荒地面积统计表① 　　　　单位：亩

省别	耕地亩数	荒地亩数
辽宁	93144260	34721646
吉林	57233438	45328867
黑龙江	75779762	131655597
热河	12539247	5399247
总计	238696707	217105357

表 1.3　　　　　　　　伪满时期东北人口普查　　　　　　　　单位：人

省别＼类别	1918—1919 年中华续办委员会之调查	1928 年中国邮政局之统计调查	1928 年采用各种比较近真数目
辽宁	12488000	13775000	14995000
吉林	5511000	6764000	6764000
黑龙江	2040000	3501000	3501000
热河	8318000	4515000	4515000
总计	28357000	28555000	29775000

表 1.4　　　　　　　伪满时期东北人口统计表　　　　　　单位：户、人

省别	户数	男人数	女人数	共计
辽宁	2264027	9877095	6489080	16366175
吉林	1062849	4143597	3196347	7339944
黑龙江	649072	2130846	1524744	3655990
热河	584539	2166146	1329332	3495478
总计	4560487	18317684	12539503	30857187

---

① 孔经纬：《东北经济史》，四川人民出版社 1986 年版，第 377 页。

表 1.5　　　　　　　　　伪满时期东北行政区划表

省别	一等县	二等县	三等县	设治局
辽宁	沈阳、新民、锦县、昌图、海城、盖平、铁岭、海龙、营口、复县、安东、金县、辽阳、洮南（14）	新宾、西安、凤城、法库、庄河、义县、黑山、辽源、梨树、开原、本溪、宽甸、怀德、西丰、绥中、兴城、长白、抚顺、北镇、东丰（20）	锦西、盘山、岫岩、康平、桓仁、彰武、辑安、临江、辽中、通化、柳河、开通、洮安、安广、辉南、抚松、镇东、台安、双山、突泉、清原、金川、瞻榆、通辽、安图（25）	—
吉林	永吉、长春、延吉、宁安、双城、扶余（6）	德惠、珲春、磐石、滨江、宽县、榆树、延寿、依兰（8）	伊通、农安、长岭、舒兰、桦甸、珠河、盖河、和龙、汪清、东宁、濛江、双阳、五常、阿城、抚远、敦化、穆棱、桦川、富锦、宝清、方正、额穆、密山、同江、饶河、虎林、勃利（27）	乾安（1）
黑龙江	龙江、呼兰、海伦、巴彦、萝北、漠北、呼玛、呼伦、奇乾、绥化、胪滨、瑷珲、拜泉、室韦、克山（15）	大赉、肇州、肇东、泰来、兰西、讷河、青冈、安达、木兰、望奎、庆城（11）	嫩江、林甸、景星、乌云、绥滨、佛山、龙镇、绥棱、汤原、通河、通北、明水、依安、雅鲁、奇克、欧浦（16）	铁骊、东兴、逊河、克东、甘南、泰来、凤山、德都、富裕、布西、索伦（11）
热河	承德、朝阳、赤峰（3）	滦平、平泉、凌源、开鲁、林西、经棚、围场、阜新（8）	隆化、丰宁、建平、绥东（4）	林东、鲁北、天山（3）
总计	38	47	72	15

注：根据 1930 年 8 月民政厅资料统计。

中国东北地域辽阔，物产丰富。日本实行军事占领之后，为了迅速而有效地攫取各种资源，既满足侵略战争和继续扩张的需要，又使日本从其本国的经济危机中摆脱出来并为其长远的经济发展服务，日本侵略者为适应其军事侵略、建立殖民统治秩序，以及商品运输和掠夺原料的急切需要，在"九·一八"事变后不久，便急不可待地采取军事强占、接管、"谈判"签订新合同、协定等各种手段，攫取了除早已为日本所有的南满铁路及其支线安泰、大营、奉抚铁路外，全部东北原有各条铁路，包括沈海、沈山、吉长、吉敦、吉海、四洮、洮昂、齐克、洮索、呼海等铁路的所有权与经营权，还获得了它久已渴望的大量新铁路，包括沈海、吉五、拉滨和齐克路与呼海路连接线、齐克路延长至黑河的铁路等的修筑权。后来又获得了图佳、凌承、叶赤等铁路的修筑权。

"满铁"这一日本国家垄断资本和私人资本集团，在日俄战争后便强行夺取了抚顺、烟台（今辽阳华子矿）等煤矿开采权并控制了新邱（今阜新）煤矿本溪和西安（今辽源）煤矿的矿权。"九·一八"事变后，"满铁"除扩大抚顺等煤矿外又兼并了原为中国民族资本的蛟河煤矿，并以"委托"名义取得延吉老头沟等煤矿的开采权。1934年5月6日"满洲炭矿株式会社"（简称"满炭"）成立，可以说，它是日本帝国主义发动"九·一八"事变武装侵占中国东北的直接产物。1932年9月15日，伪满洲国与日本签订的所谓《日满议定书》附有一系列秘密协定，其中之一就是《关于确定国防上所需矿业权的协定》，其中不仅规定了"满洲国政府尊重在自国领土内的日本帝国臣民（包括法人）取得的一切矿业权，并且约定适应实现国防上目的的需要，既有的协议或契约应加以改正，前项权利中的采掘权均为无限期"。还规定"满洲国政府将另表各矿山的矿业权许与日满两国政府协商指定的日满合办法人"[①]。这里的"日满合办法人"就是后来的"满炭"，"另表各矿山"大部分成为"满炭"所属的矿山。就像关东军把武装占领的铁路以"委托经营"名义交与"满铁"经营，把武装占领的通信设施交与"满洲电电株式会社"经营一样，把占领的煤矿交与刚刚创办的"满炭"经营。当然上述协定所列矿山，不只是煤矿，还有石油、轻金属、铁、油页岩、铝等矿，对这些

---

① 姜念东等：《伪满洲国史》，吉林人民出版社1980年版，第298页。

矿山也采取与煤矿大致相同的办法进行控制与掠夺。至1935年以日本资本为主的"满铁"与"满炭"这两大垄断资本集团,"将年产1000余万吨煤中的351.6万吨"① 运往日本。

---

① 《东北抗日联军史》编写组:《东北抗日联军史(上)》,中共党史出版社2015年版,第259页。

第二章 "满铁"及其调查机构

一 "满铁"的缘起

明治维新以后，日本走上了发展资本主义的道路。1905年9月，在日俄战争中获胜的日本，与俄国签订了《朴茨茅斯条约》，取得了在中国旅大的租借地及中东铁路（沙俄为了掠夺、控制远东而在我国领土上修建的铁路，以哈尔滨为中心，西至满洲里，东至绥芬河，南至大连）长春至大连段的"所有权"（《朴茨茅斯条约》规定以长春宽城子站为界以南的铁路交给日本），1905年日俄改称其为"南满铁路"。1906年6月7日，日本天皇发布第142号敕令，公布了《南满洲铁道株式会社成立之件》，11月26日在东京正式成立"南满洲铁道株式会社"（简称"满铁"），首任总裁为后藤新平。1907年，会社总部从东京迁往大连，1907年4月"南满洲铁道株式会社"正式开业。后藤新平在《就职情由书》中提出："殖民政策，归根结底就是'文装的武备'，以王道之旗行霸道之实。"日本政府以"满铁"为主体机构，从经济、军事、文化等方面对中国东北进行殖民统治与掠夺。

"满铁"是20世纪上半期日本帝国主义设在中国的殖民侵略机构，是日本政府推行侵华大陆政策的重要工具。同时，它又是在华以经营铁路和煤炭为中心还兼管其他各项事业的经济垄断组织。该公司的组织体系极其庞大，公司设置总裁、副总裁、理事和监事（总裁、副总裁任期为五年），在总裁下设有总裁室、经理部、用度部、铁道总局、产业部、抚顺炭矿、地方部、中央试验所、东京支社、新京事务局、天津事务所、上海事务所、参与、监察役、经济调查会、技术委员会。① 由此，"满铁"作为日本政府推行大陆政策的"国策会社"，开始了在中国东北的建立与发展，同时也开始了其在中国东北的疯狂掠夺。时任陆军大将的儿玉源太郎举荐后藤新平出任"满铁"首任总裁。后藤在任期间提出"文装的武备"的殖民主义统治政策，使"满铁"的经营扩张一步步发展起来。此后，"满铁"在中国疯狂掠夺矿产资源，奠定了"以战养战"的物资基础。

"满铁"以铁路经营为主。该公司将其经营的铁路延伸，修建了安奉铁路、抚顺铁路、牛庄铁路等支线，从奉天向东延至中朝边境的丹东，将朝鲜半岛与西伯利亚的铁路系统连接起来。另外，还成立了"满洲航空株式会社"，承办从中国东北到朝鲜半岛的空运服务。同时"满铁"还拥有大连商港，从事船舶航运。

但"满铁"并未局限于经营铁路，而是涉及"满铁"附属地的经营管理、矿产开发、情报搜集、社会调查、屯田移民、文化教育、参加战争等，以配合日本军国主义的侵略扩张政策。因此，"满铁"组织机构庞大，人员众多，截至垮台前，"满铁"共有40多个部局的400个课、所，近百家"子公司"，从业人员达39.8万人。②

"满铁"总裁、副总裁各一名，由天皇亲自决定，由政府任命，任期为五年；理事为四名以上，从持有五十股以上的股东当中选出，由政府任命，任期为四年；监事由股东总会从股东中选任，其任期为三年。总裁、副总裁及理事的报酬津贴，由政府定之。由天皇裁决、政府任命的"满铁"总裁、副总裁的出任，基本上反映了日本政府内部政治势力的变化。③

---

① 《南满洲铁道株式会社三十年略史》，满洲日日新闻社印刷所1937年版，吉林省社会科学院满铁资料馆藏，资料号：10234，第29页。
② 郭铁椿、关伟等编著，张宪文主编，关捷、苏智良、沈强等副主编：《日本侵华图志 第4卷 侵占大连四十年（1906—1945）》，山东画报出版社2015年版，第70页。
③ 刘功成、王彦静：《20世纪大连工人运动史》，辽宁人民出版社2001年版，第36页。

表 2.1　　　　　　　　　历届"满铁"总裁任期统计表①

任期	姓名	时间
第一届	后藤新平	1906年11月13日—1908年7月14日
第二届	中村是公	1908年12月19日—1913年12月18日
第三届	野村龙太郎	1913年12月19日—1914年7月15日
第四届	中村雄次郎	1914年7月15日—1917年7月31日
第五届	国泽新兵卫	1917年7月31日—1919年4月12日
第六届	野村龙太郎	1919年4月12日—1921年5月31日
第七届	早川千吉郎	1921年5月31日—1922年10月14日
第八届	川村竹治	1922年10月24日—1924年6月22日
第九届	安广伴一郎	1924年6月22日—1927年7月19日
第十届	山本条太郎	1927年7月19日—1929年8月14日
第十一届	仙石贡	1929年8月14日—1931年6月13日
第十二届	内田康哉	1931年6月13日—1932年7月6日
第十三届	林博太郎	1932年7月26日—1935年8月2日
第十四届	松冈洋右	1935年8月2日—1939年3月24日
第十五届	大村卓一	1939年3月24日—1943年7月14日
第十六届	小日山直登	1943年7月14日—1945年4月11日
第十七届	山崎元干	1945年5月5日—1945年9月30日

平均任期两年三个月，在这样短的任期内，根本不会制订出什么长期计划，同职员之间也不可能建立起什么亲切感情。每逢总裁辞职，就有一半以上的理事随之辞去职务。

"满铁"经营的南满铁路及其沿线附属地，既是日本向外侵略扩张的据点，又是事实上的"满铁"独立王国。随着"满铁"不断劫掠中国铁路和自修铁路，"满铁"附属地也在不断扩大，侵占中国东北的框架搭建完毕，为关东军发动"九·一八"事变、轻而易举占领东北提供了便利条件。此外，"满铁"还直接参与日本政府和军部

---

① 郭铁椿、关伟等编著，张宪文主编，关捷、苏智良、沈强等副主编：《日本侵华图志　第4卷　侵占大连四十年（1906—1945）》，山东画报出版社2015年版，第75页。

发动的侵略战争。1937年7月，日本发动全面侵华战争后，"满铁"作为日本军队的运输机构和后勤供给部门之一，利用自身的人力、物力、财力，发挥了侵华日军"补给线""后方大本营"的作用。总之，"满铁"是日本帝国主义设立的对中国东北进行殖民侵略的机构，是近代日本侵华政策的产物和工具。

明治四十一年（1908）日本开始经营"满铁"到昭和四年（1928）为止，东北人口约为3400万人。其中，日本人和朝鲜人共占2%，蒙古族人占15%，汉族人占83%。到昭和二年（1926）年底，共进行1.6亿日元的社会"投资"，耕地面积扩大到500万公顷（其中"满铁"占350万公顷）。"九·一八"事变之前的日本"对满投资额"已超过17亿日元，这相当于国外投资额的60%；它对日本整个经济，逐渐显示出巨大的影响。

在日本政府的侵略活动中有一支非军方势力在侵略中充当着急先锋的角色，这就是"满铁"。在日本侵华期间"满铁"参与了大量的侵略活动，如军事运输、文化宣传、资金提供、情报支持等。"满铁"是在"代替政府经营南满洲"方针的指导下，全方位推行日本"帝国殖民政策"的重要综合性侵华机构。它的使命就是"经营满洲"，即在中国东北实行政治上的侵略和经济上的掠夺。

"满铁"在中国东北地区，作为日本政府的代言人，是全方位推行日本"帝国殖民政策"的重要综合性侵华机构。它以"经营满洲"为目的，通过调查中国东北战略资源，积极配合日本军方武装侵华，在中国东北实行经济掠夺，是日寇掠夺东北资源的头号帮凶。

二 "满铁"调查系

"满铁"自1906年成立之后，便成为日本推行其大陆政策的重要殖民机构，后期更是成为日本侵略中国东北的主要机关。这一时期，日本政府潜心谋划的"经营满洲"政策，自然落到了"满铁"的肩上，在东北的一切资源调查行动都以"满铁"为中心展开。对中国东北铁路与矿产资源的调查是"满铁"工作的重中之重。"满铁"前期调查的筹备工作详细至极,从调查机构的设立到调查方案的实施,至每一部调查报告的形成,在精密的计划背后反映出的是日本对中国东北路矿资源掠夺的野心。

(一)"满铁"调查部的设立

"满铁"是日本政府在中国东北进行一切活动的大本营,资源调查的工作自然由"满铁"承担。"满铁"的调查机构隶属于"满铁"总部。对东北路矿资源的调查主要由经济调查会承担。经济调查会在形式上是"满铁"机构,但实质上是关东军的机关,和关东军特务部一起构成经济参谋总部,它不受"满铁"定员制和预算制的约束。经济调查会发展十分迅速,成立之初不到百人,到1936年秋时已膨胀近四倍,工作人员达到了350名。"其活动经费由关东军向满铁伸手,要多少就给多少。"[①] 1936年10月1日,"满铁"实行机构改革,将原经济调查会划归到产业部。1938年3月,"满铁"决定撤销产业部,新设调查部,掌管经济、交通及其他调查研究。这个新设立的调查部是较产业部大大缩小了的调查部。"调查部内设庶务课、资料课及调查役,还管辖大连图书馆、满洲资源馆、北满经济调查所、地质调查所、兽疫研究所和农事试验场。"[②] "满铁"调查部从成立到1932年撤销的25年间共出版《满铁调查资料》162种,资料汇存12种,交涉资料20种,调查资料11种,调查报告书26种,各种小册子75种。同时出版发行《调查时报》《调查汇报》《满铁调查月报》等,为日本对中国的侵略,特别是对矿产资源的掠夺提供了大量可靠的情报。[③] 从经济调查会到产业部再到调查部,有关东北矿产资源的调查则贯穿这一机构发展的始终。其具体工作执行部门有"南满洲铁道株式会社调查部""北满经济调查所""南满洲铁道株式会社地质调查所""南满洲铁道株式会社矿业部矿业课"等。除"抚顺炭矿"相对

---

① 苏崇民:《满铁史》,中华书局1990年版,第771页。
② 苏崇民:《满铁史》,中华书局1990年版,第778页。
③ 《南满洲铁道株式会社三十年略史》,满洲日日新闻社印刷所1937年版,吉林省社会科学院满铁资料馆藏,资料号:10234,第596页。

第二章 "满铁"及其调查机构

独立外,其他对矿产资源的调查机构归属产业部统一监管。

在"满铁"的机构设置中,我们可以看到抚顺煤炭是"满铁"侵吞东北矿产资源的重点。抚顺煤矿是当时东北最大的煤炭矿藏,产量丰富,日本觊觎已久。"满铁"在经营铁路的同时,首先着手开发的就是抚顺煤矿。抚顺煤矿作为"满铁"掠夺资源的重要对象之一,"满铁"为其成立了独立的管理机构——抚顺炭矿,并于1907年为测量抚顺煤矿和鞍山铁矿专门设立了地质调查所。地质调查所派主力对这一矿区进行详细勘察,对抚顺炭矿的地质概况、煤层及油母页岩的贮存状况有了详细的了解,然后制订采煤计划。抚顺炭矿在开采初期,煤矿建设简陋,在开凿了几处大竖井后,"满铁"投入资本,逐渐增加设备。"日俄战争后,日本为了长期掠夺抚顺煤矿,在勘测的基础上分别进行了1907年和1912年两次开发建设,预计总投资920万日元。"[①]"满铁"为了更多地攫取抚顺的煤炭资源,在经营抚顺炭矿过程中,也尽量采用了当时世界发达国家的新技术、新装备和新工艺,各项技术在当时的东亚地区堪称一流。

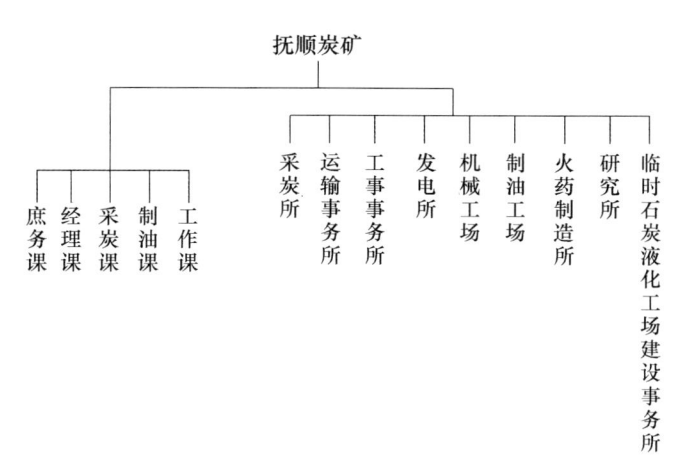

图2.1 抚顺炭矿的机构设置图[②]

---

① 《抚顺市志·工业卷》,辽宁民族出版社2003年版,第87页。
② 《南满洲铁道株式会社三十年略史》,满洲日日新闻社印刷所1937年版,吉林省社会科学院满铁资料馆藏,资料号:10234,第37页。

近代中国东北路矿资源流失问题研究

我们需要明确的是,"满铁"的调查机构只是其庞大系统中的一个分支,其中有关矿产资源的调查机构更是其中的一小部分。明确这一点有助于我们宏观地审视"满铁"在东北地区的活动概貌。

表 2.2   "满铁"调查部机构变迁表①

时间	机构变迁及主要分工
1907 年 3 月	"满铁"创设调查部,以冈松参太郎为领导,进行满蒙调查。
1907 年 4 月	"满铁"设立地质课,调查抚顺煤田和鞍山铁矿。
1908 年 11 月	设立东京支社东亚经济调查局。
1908 年 12 月	"满铁"调查部改称调查课;设立东京支社满洲朝鲜历史地理调查部。
1910 年	"满铁"接管关东都督府的中央试验所。
1914 年	"满铁"调查课隶属于"满铁"总务部事务局。
1918 年 1 月	"满铁"废除事务局,调查课隶属于总务部。
1922 年 1 月	调查课直属"满铁"社长室。
1923 年 4 月	改称庶务部调查课;设哈尔滨事务所调查课。
1927 年 7 月	山本条太郎于调查课之外设立临时经济调查委员会。
1930 年 6 月	改称总务部调查课。
1932 年 1 月	设立经济调查委员会。
1935 年 10 月	设立上海事务所调查课。
1935 年 11 月	设立天津事务所调查课。
1936 年 10 月	"满铁"调查机关改制为产业部。
1937 年 4 月	解散产业部,重设调查部。
1939 年 4 月	成立大调查部、统辖"满铁"各调查机关。
1943 年	改设调查局,调查活动基本难以进行。
1945 年	随着日本战败投降而寿终正寝。

在日本侵占东北 40 余年的历史长河中,这些调查机构的名字及隶属关系也几经更改和变革,其各部门的职能也略有交叉。在 1931 年之

---

① 丁宗皓:《中国东北角之文化抗战(1895—1945)》,辽宁人民出版社 2015 年版,第 33 页。

前，这些调查机构主要从事一般性的地质调查和地质图测绘等工作。"九·一八"事变后，这些机构的工作宗旨是一切为战争服务，有了军方的支持，他们的活动更为"明目张胆"，本质上为侵略机构的"满铁"在其发展中也逐渐暴露出本性。它们通过一系列不正当手段，将东北宝贵的资源据为己有，给东北人民乃至全中国都造成了无法弥补的巨大损失。

（二）立案调查的实施

"满铁"成立后，调查机构随之建立并全部投入工作。各调查机构首先设定立案调查计划，然后确定路矿权利设定关系并明确权益归属，调查工作随之逐步展开。在矿产资源方面，它们的首要任务是明确该地区矿产地质、矿物类型、矿层及矿质，然后进行矿产量统计并确定采掘方法，为接下来的掠夺做好最充足的准备。各机构的调查人员遍布东北各地，立案调查地区大到东北所有矿产，小到某村某矿，主要根据其具体需求，方便资源掠夺而确定调查目标。

"满铁"地质调查所是"满铁"在东北从事调查活动的重要机关。历任所长有木户忠太郎、村上坂藏和木村六郎等。"在1905年至1931年间经过调查取证，发现了鞍山铁矿床，页岩油、菱镁矿和矾土页岩储量也极其丰富，还对主要的矿产地近1700多个矿点进行了勘测。"[①] 为了更好地了解矿产资源埋藏情况，1923年"满铁"详细统计了1918—1922年大连、奉天、抚顺、本溪湖、鞍山等城市的各项矿产，内容囊括了各矿区面积、矿区数量、矿产价值、矿工数量（包括日本人数和中国人数）等，各项调查毫分缕析，所得数据价值极高。就抚顺煤矿而言，日本对其势在必得。所以在1909年前就将其全部情况勘测清楚并出版成册，大到营业状况，小到各工种人数，皆悉数通晓。抚顺煤矿于1901年开始由王承尧承办的"华兴利公司"和翁寿建立的"抚顺煤矿公司"进行正式开采。1905年日俄战争后，抚顺煤田即被日军占领。初期主要利用王承尧和翁寿等人开采的千金

---

① 梁波、冯炜：《满铁地质调查所》，《科学学研究》2002年第3期。

寨、杨柏堡、老虎台几处旧坑开采出煤，日产煤 360 吨左右。1910 年后，逐渐开采新井并大肆扩建，以满足制油工业原料的供应。"当时的主要矿井有第一露天堀、第二露天堀、第三露天堀、千金寨坑、大山坑、东乡坑、杨柏堡坑、老虎台坑、万达屋坑、新屯坑、龙凤坑等。"① 在日本侵占抚顺煤田的 40 余年中，总计掠夺抚顺煤炭资源达 2.02 亿吨，获取利润 26.8 亿日元。

"满铁"在黑龙江省及吉林省北部调查的矿产主要有金、银、铅、铁、水铅等，发现的产矿区有漠河、太平沟、库玛尔河、余庆沟、三姓、梧桐河等。煤矿发现地主要有甘河、大青山、穆棱、鹤立岗、密山等。对吉林全省的矿藏情况，"满铁"调查机构亦了如指掌，甚至比当时中国政府掌握的资料更为详细。吉林省的矿产分为官营矿和民营矿。经过"满铁"调查，官营矿有桦川金矿、依兰金矿、磐石两处铜矿。调查还包括各矿所在地、方向、公里数、矿区面积等。吉林省民营矿区有 36 处，调查除矿别、所在地、方向、公里数、矿区面积外，还有代表人姓名及矿区登记年月。调查还涉及小矿业民营矿、试掘采掘许可取消矿区、实业厅设置后申请为许可的矿区、实业厅设置前申请未许可及发现未申请矿区等，各项数据调查十分详细。

其他立案调查还包括"煤炭全部种类和东北地区煤炭内部用途及外销去向""1914—1924 年各年份东北内部用煤量和满铁内部用煤及外销煤炭量""金、铁、铜、铅、锌、硫化铁、煤炭在东北地区的分布情况""烟台炭矿和蛟河炭矿的储藏量、产量等基本属性""珲春县金矿地点及开采者和开采年月"等。此外，"满铁"还对 1907—1926 年各年份矿产总收入、支出及所得利润进行了总体统计。由此可见，经过"满铁"各调查执行部门纷繁复杂的立案调查，日本方面已经全面掌握了我国东北地区矿产的详细情况，这为日本进一步侵占和掠夺东北矿产做了充分的准备。

经济基础决定上层建筑。日本侵略者在我国进行的所有调查活动都是为其政治及军事目的服务，对东北路矿资源的调查也无一例外。

---

① 《抚顺市志·工业卷》，辽宁民族出版社 2003 年版，第 95 页。

仅"满铁"地质调查所在1907—1942年止全所职工总数为107人，其中51.4%主要从事研究工作，预算经费1907年为2万日元，到1937年增加到17万日元。① 其活动范围遍布东北各处，一切活动以经济调查为基础，但实质上更是为日本政府的战争计划服务。起初偷偷进行小范围调查，后来随着"满铁"的发展壮大，调查活动也更加肆无忌惮。它们的触角在东北无孔不入，在"满铁"公司的掩护下大肆勘探测量，最后形成的调查报告如地质地形图等，有些更直接被日军拿来作为军事地图，也更为直接地成为战争资源。

（三）调查报告的形成

各调查机构在严密的组织下展开各项调查，从而形成详细的调查报告。调查报告的内容一般包括矿区的地理位置、交通、面积及矿藏量等基本属性，有的还涉及矿产销售去向及权利所属关系等。这些调查报告以手稿、图表、书籍等形式保存下来。最后形成的报告有的作为内部资料，有的被公开出版。

在"满铁"成立后，"满铁"地质调查所便开始了包括抚顺在内的全东北的地质矿产资源调查，并绘制了1∶1000000的地质图和矿产图。1918年出版的《南满洲地质图》上，在抚顺地区标出了太古代层、前寒武利亚纪层和寒武利亚纪层（即元古代层和早古生代层）以及中、晚古生代层、中生代层、新生代层。火成岩类划分出花岗岩、硅长岩、闪长岩、英云岩、玢岩、闪绿岩、玄武岩、粗面岩等。1924年出版的《南满洲矿产分布图》，在抚顺地区标出了（1）小瓢儿屯——阿金沟及石门寨、营盘、董木匠沟一带的煤田；（2）石门岭、南杂木、王家大沟、董木匠沟、老虎林子、黑石木、大金厂、八家子、沙河子、湾甸子、石嘴子、五凤楼、平顶山、杉木场、大梨树沟、响水河子、香炉碗子、通天沟、金厂沟等地的岩金、砂金矿；（3）西川岭、小夹河、杨木林子等地的铁矿。② 日本人在进行区域性

---

① 梁波、冯炜：《满铁地质调查所》，《科学学研究》2002年第3期。
② 《抚顺市志·工业卷》，辽宁民族出版社2003年版，第315页。

调查的同时，还进行了对矿产资源的专项勘察。

由"满铁北满经济调查所"负责的"滨江省铁骊县神树附近黑铅矿调查报告"为"北经调查特第十六号"。此调查报告分为七个部分：总括、位置及交通、地形及地质、赋存状态、品质及矿量、意见和附图。调查的区域为北纬46°55′，东经128°23′，滨江省铁骊县绥神线神树驿西南方约1.5平方公里。属丘陵性山地，因调查时地面尚有一尺左右积雪，所以仅在废坑处尝试采掘一部分，初探矿藏程度。黑铅矿床属于古生代，在丘陵山地的北侧，海拔300米左右，矿区面积约为1.2万平方米。神树附近的黑铅矿属于土状黑铅，呈粉状或颗粒状，有金属光泽，品质上乘。"预测矿量为892.50吨，依照当时采掘水平估计可采率80%，可采矿量为720吨左右。"①

煤炭是东北重要的矿产物之一，矿产储量巨大。"满铁"在调查后对东北煤炭的种类进行了细分，按炭种分为抚顺炭、烟台炭、本溪湖炭、牛心台炭、裕信炭、古城子炭、淄川炭、抚顺二号炭、瓢尔屯炭、新邱炭等。

表2.3　　1930年"满铁"立案调查东北南部重要炭田统计表②

产地	地质时代	骸炭性	炭种	炭量（千吨）
抚　顺	第三纪	弱粘结	沥青	915700
本溪湖	二叠石炭纪	粘结	高度沥青	103201
烟　台	二叠石炭纪	不粘结	高度无烟、半无烟	40000
大疙疸	侏罗纪	粘结、弱粘结	沥青	18230
牛心台	二叠石炭纪	不粘结	高度无烟、无烟	11000
田师付沟	二叠石炭纪	不粘结、粘结	高度无烟、无烟、半无烟	19600
缸　窑	第三纪	不粘结	褐炭	10000
五湖嘴	二叠石炭纪	不粘结	高度无烟、无烟、半无烟	7200

---

① 北满经济调查所：《滨江省铁骊县神树附近黑铅矿调查报告》，1939年版，吉林省社会科学院满铁资料馆藏，资料号：17341，第8页。
② 中沟新一：《满蒙の石炭と我国燃料问题》，中日文化协会1930年版，吉林省社会科学院满铁资料馆藏，资料号：14663，第26页。

续表

产地	地质时代	骸炭性	炭种	炭量（千吨）
石门寨	第三纪	弱粘结	沥青	6423
寨马集	侏罗纪	粘结	无烟、高度沥青	6000
二佛庙	二叠石炭纪	弱粘结	无烟	3500
红螺岘	二叠石炭纪	不粘结	半无烟	3500
掏鹿	侏罗纪	粘结、不粘结	高度沥青 无烟沥青	3000
奶子山	侏罗纪	不粘结	沥青	2252
五龙屯	侏罗纪	弱粘结	沥青	2252
小市	二叠石炭纪	粘结、不粘结	高度无烟 高度沥青	2000
火石岭	侏罗纪	不粘结	沥青	2000
铁厂	二叠石炭纪	粘结、不粘结	高度沥青	1221
宽城子	侏罗纪	不粘结	沥青	1192
衫松岗	二叠石炭纪	粘结	高度沥青、沥青	1000
大窖沟	二叠石炭纪	粘结	沥青	1000
其他	—	—	—	4973
总计	—	—	—	1195066

内蒙古东部及东北南部的矿产丰富多样，主要矿产物有金矿与砂金、铁矿、铜矿、银矿、铅矿与亚铅矿、硫化铁、煤炭、油母页岩、白云石及菱苦土矿、滑石、石棉及硬玉、重晶石及萤石、耐火黏土、长石及陶土、石灰岩及硅岩等。在《满洲ノ矿业》中对各地质时代埋炭总量也有所统计："二叠石炭纪43900万吨，侏罗纪地质时代298200万吨，第三纪129300万吨，合计471400万吨。"[①] 报告中还对东北各省总体的矿区数量及矿区面积进行了统计。

虞和寅的手稿：《吉林火石岭子裕东煤矿（第8帙）》，此调查报告有该矿位置及地势、矿地近状与交通、地质、煤层、煤质、矿区、

---

① 经济调查会第一部：《满洲ノ矿业》，1933年版，吉林省社会科学院满铁资料馆藏，资料号：14460，第8页。

沿革、资本、公司组织、各坑情形、采煤法、包工法、采煤工数与采煤量、工人用品、工人死伤数及抚恤金支出数、产煤量、矿场营城子车站间运输状况、成本、税捐、销路、煤价及销煤额、矿上设施、公司经费及盈亏情形、将来计划等。火石岭子煤矿在吉林尚礼镇，位于吉林省西北部，附近交通便利，是吉林省较大的产煤矿区之一。"该矿仅1928年共产煤64941.50吨，每日平均产煤额为185.02吨。"①自1929年6月第三矿坑发生水灾后，产煤量大幅减少。该手稿中还记载有1928年每月该矿销售煤炭数量及价值的数据，足见调查的详细程度。

1924年，"满铁"调查机构对旅顺大连地区开发矿业情况做了立案调查，形成了"大正十二年关东厅第十八统计书"，此报告对该地区的矿业开发情况做了详细地记载。

表2.4　　　　1923年"满铁"对关东州内矿业分类统计表②

矿物	铁		煤炭		苦灰石		石棉		铅	
	矿区	4	矿区	6	矿区	9	矿区	1	矿区	1
	价值（日元）		价值（日元）		价值（日元）		价值（日元）		价值（日元）	
	1239121		49157902		72470		10210		72000	
土石类	花岗岩			石灰			其他			
	面积（坪）	6398		面积（坪）	36724		面积（坪）	65071		
	价值（日元）	14941		价值（日元）	192991		价值（日元）	118802		

以上各类矿产总价值50878237日元。该报告中不仅记载了矿产储备的相关情况，"满铁"还调查了该地区各类矿产的服役矿工人数，包括中国工人数量和日本工人数量。该报告中都是以表格形式将各类数据呈现出来，并且数据非常精确。

---

① 虞和寅：《吉林火石岭子裕东煤矿（第8帙）》，载自《东北矿业记手稿》，1929年版，吉林省社会科学院满铁资料馆藏，资料号：22254，第23页。
② 关东长官官房文书课：《関東廳第十八統計書》，1924年11月，吉林省社会科学院满铁资料馆藏，资料号：09946。

1918—1927年"满铁"地质调查所对东北南部蕴藏的各类矿产的位置、矿石种类、品质、矿量、权利关系等进行了详细调查，形成了调查报告——"南满洲矿产地及矿产统计"。调查报告中将该地区矿产分为金属矿物和非金属矿物两类。金属矿物有铁、金、铜、铅及亚铅、硫化铁、锰。非金属矿物有煤、菱苦土矿、苦灰石、石灰石、方解石、硅石、黏土、石棉、萤石、滑石、长石、石墨、页岩油。根据"满铁"的调查，当时东北南部煤炭的生产量占所有矿产的第一位，年产量约920万吨，而这其中大部分源于抚顺煤矿。①

从以上列举的各调查报告我们可以窥见，"满铁"的调查报告内容呈现多样化，有的是手稿，有的刊印作为内部资料，还有一些报告出版成册。而且从报告中我们可以看到，"满铁"对东北矿产的调查对象或是单一矿区，或是东北全部矿产。这样的调查报告不仅针对性强，而且便于使用。如今，这些报告已经成为不可多得的珍贵史料，为我们从事各项研究工作提供了十分重要的参考。

三 "满铁"王国

英国历史学家E. H. 卡尔（Edward Hallett Carr）说："所谓探索历史就是用现代的观点分析过去，用过去的成败作为现在的借鉴。"这对探索历史的人是最正确的指针。

一是"权力和调查的关系"。本来"满铁"公司自身就是政治的产物，在观察政治生态方面是极好的材料。使用"帝国主义经营殖民地的机关"这样一个单色光去观察也是可能的。但如果追溯"满铁"独自的发展和分裂的过程，在那里就可以看到政治上的种种发展和变化的形势；如果在政治领域里还允许有政治生态学这一范畴，那么"满铁"可以说是最好的历史材料。"满铁"调查部相当于这个政治集团的大脑。"它不仅是搜集情报和随时可以提供情报的大脑，它还

---

① 满铁地质调查所：《南满洲矿产地及矿产统计一览》，1929年8月，吉林省社会科学院满铁资料馆藏，资料号：04457。

是能为满铁创造继续存在和发展条件的大脑。"① "调查部"尽管是"满铁"内部的一个机构,但它还是一方面受"满铁"领导,同时又支配着"满铁"的机构,是处于这样一种相互作用的地位。因而也就产生了"权力和调查的关系"。

为了维护或扩大权力,有时需要进行调查,可是由于"满铁"调查部的基本工作是实地调查,所以调查的结果也就成为"让事实说法成为发言的根据"。在这种情况下,从事实中酿成的新的理性认识和权力方面的旧意识,也就发生了矛盾。受权力驱使的调查机关则另当别论。在理念上和财政上,从权力取得相对独立性的调查机关,以什么内容,什么样的方法论,它和权力之间的关系产生了什么变化,这种变化是否达到质变的程度,要了解这些关系,"满铁"调查部也是极好的材料。从结论来说,这是非常困难的工作。

二是理念和调查的关系。"满铁"调查部的历史,也可以说是一部痛苦史。初期的调查部是在后藤新平的"文治军备"的方针下,孜孜不倦地致力于"满洲的文明的开化";中期的"满铁调查部"又为"满洲国的诞生"全力以赴。这是确实的。可是他们却无法熄灭不断来自外部的"放弃满蒙论"(吉田茂和石桥湛山)的呼声,以及来自内部的那种"我们的工作不是正在寻求经营殖民地的合理性吗?"的想法。他们的历史,也可以说是寻求扬弃理念和调查的哲学旅行。调查部的核心力量是三十五岁左右的年轻人,这也是使这个旅行容易遇到重重困难的原因。

三是和中国的社会关系。在日本有"入乡建乡"这句俗语。可是中国却说"随乡入乡"。这两句话表达的行为顺序恰恰相反。调查部也的确做了一些工作,它由实地调查入手,把在"满洲"原野上搜集的事实加以组织,并使其发展为"政策",来推动东北的工作。但是,在"事实"升华为"政策"的过程中,就有和乡土旧观念的理论开始背离的情况;注意到这种背离情况的人,就参加到地方政治工

---

① 东北沦陷十四年史总编室:《东北沦陷十四年史研究》,辽宁人民出版社1991年版,第75页。

作中去。

战后的"经济成长",从世界的角度来看也是无与伦比的,分析其成长原因的报告也很多。如从人的资源角度来看,说是过去调查部的人员描绘了"经济成长"的蓝图也不过分。就是说,日本在战败的同时,虽然把"满铁"以及很多硬设备留在了中国,可是,所谓"大脑"的软设备却全部撤回来了。至于用什么方式继承和发扬这些软设备,这是今后的课题。这关系到国家的要求(特别是资源问题)、国民的价值观、教育制度和方法等。

"满铁"总公司有600台打字机,在不停地工作着;电话装有自动拨号盘,不用接或可以立刻通话;大豆的收购数量、运输里程、运费等均以美国国际商用机器公司制造部电子计算机的穿孔卡片系统来处理;特快列车"亚细亚号"由14节车厢编成,其营业速度时速超过130公里,并且有冷气和暖气设备。[①]

这个从质到量配备齐全的"满铁",不用说,它是日本经营殖民地的一个机构。"满铁"于1906年以2亿元资本创立,次年开始营业。其中1亿元由日本政府投资,余下的1亿元由清朝政府及日清两国民间公开募集。由于每年可确保按6%(后来增至8%)分红,所以股票多半被皇族和贵族所占有。

"满铁"最初只经营铁路和煤矿。后来根据日俄战争结束后所缔结的《朴茨茅斯条约》,日本接收了俄国铺设的东清铁路大连—宽城子间的线路,并获得了抚顺、烟台煤矿的经营权。此外,把铁路附近可以行使一般行政权的地区,划为铁路附属地,同时,获得每10公里驻军15名的驻军权。

以上是"满铁"的起点,而后四十年间,"满铁"建立了70个有关公司及旁系机构,战败时,全部财产按当时的价格计算,已达26.7亿美元(据在外财产调查会的估价)。

现在的年轻人常常问道:"所谓'满铁',究竟是什么铁呀?"如

[①] 刘振华:《远东大阴谋——日本侵华谍战》,江西人民出版社1998年版,第57页。

果说是铁，那可以说是一带尚未成锭的，含有各种杂质的生铁。在日本国内保持着以天皇一家为至高无上的绝对主义体制，对每个日本人的评价，首先要看他对天皇的感情如何；但是，在"满铁"，个人的抱负、能力和政治力量以及人事的交往等，可以说是自由的。"满铁"本身不单是一个股份有限公司，它还具有类似日本政府的职能。它是一个最初对东北，其次对中国，继而对列强制定有效策略与行使权力的据点。而调查部就是这个机构的一个细胞。并不是有一副近视眼镜、具备文献和外语能力就能够在这里工作的。他们还要参与国家大事，或者给国家提出可供咨询的各种资料，为此需要搜集"情报"。他们自己或者他们的"化身"，就要奔走于洒满"火红阳"的光辉的东北平原上。由此可见，"满铁"并不是一个单纯以营利为目的的铁路公司，它具有按照国家的要求锐敏地进行活动的机能。尽管如此，"满铁"既不单纯是一个唯命是从的机构，也不是一个"知识分子的大杂烩"。它的领导机关有时能够左右国家的方针政策。

第三章　调查之手　伸入腹地

一　铁路

(一) 沙俄权利的丧失

光绪二十二年（1896），沙俄通过清俄密约，在"中俄对日军事同盟"的名义下，攫取了修筑东清铁路（满洲里—绥芬河）的特权。该路由沙俄的后贝加尔州赤塔起，穿经旧黑龙江省的西南部和吉林省东北部，与乌苏里路线衔接，此路线长1408公里，凡54站。到光绪二十四年（1898），沙俄在东北强占旅顺、大连，逼清政府续订合同七款，攫取了修筑东清铁路支线（哈尔滨—大连）的行政权、采矿权。1898年清廷开始修筑山海关到新民的铁路。1900年，又修筑了沟帮子至营口的铁路。因这两段铁路借英款较多，所以被英国所操纵。光绪二十九年（1903），由哈尔滨南至大连湾修建铁路支线开通，910公里，凡38站。① 该路名义上是中俄共管，实际为帝俄独占。

表3.1　　　　　　　　　英国资本修筑的铁路②

	区间	里程（公里）	通车时间（年）
河北线	沟帮子—河北	91.1	1900
奉榆线	新民—山海关	359.8	1903

---

① 李振泉、石庆武：《东北经济区经济地理总论》，东北师范大学出版社1988年版，第149页。
② 张福全：《辽宁近代经济史（1840—1949）》，中国财政经济出版社1989年版，第249页。

续表

区间	里程（公里）	通车时间（年）
奉榆线	奉天—新民	59.8	1905
皇姑屯联络线	皇姑屯—奉天	2.8	1911
葫芦岛线	锦西—葫芦岛	12.1	1911
北票线	锦县—北票	112.6	1924
大通线	大虎山—通辽	251.7	1927

日俄战后，据《朴茨茅斯条约》，长春以南至大连铁路让于日本。南满支线（哈尔滨—大连）从开原腹地通过，并在小孙台设站。在筑路时，俄国人强占强买大片土地，沿线田园墓地遭到严重破坏，茂盛的禾苗被平毁，铁路公司和"护路"俄军对沿线居民更是不断骚扰欺凌。

"修筑中东铁路南满支线时，沙俄从山东、河北和辽宁等地招骗大批中国劳力。工资微薄，每天只付10戈比，按当时官价，只能买2斤粮。不用说养家，连本人糊口也难。民工的人身权利也被剥夺，如果害病，就硬拉出去，灌石灰水，促其早亡；扔入山涧、喂野狗，致使大连一带的野狗吃红了眼，竟然在路上拦劫上学的小孩。"①

据开原新县志记载，1901年，沙俄在今货物处的北侧（即今孙台路的西端），修筑了简易的火车站。光绪二十九年（1903），俄国人修筑的南满支线（单线窄轨）通车，沙俄强行圈定的附属地，也归沙俄军队管辖。1904年2月，日俄战争爆发。战争历时一年零七个月，沙俄战败。

（二）"满铁"的插足

日俄战后，日本根据日俄签订的《朴茨茅斯条约》从沙俄手中夺得中东铁路南线长春（宽城子）至大连间704.3公里的干线及其一切支线，共5条线路，全长842公里。

---

① 高清林：《开原简史》，辽宁人民出版社2014年版，第225页。

第三章 调查之手 伸入腹地

日本自制定"大陆政策"后，发动了一系列侵华战争。最初攫取了长大路及其附属权利，并索取了安奉、新奉路权。1906年，日本政府创立"满洲经营调查委员会"，并筹建和建立了"满铁"。"满铁"不仅掌握着东北的铁路、公路、水运、航空等交通事业，还控制了东北的经济命脉。东北的港口、工厂、矿山、制铁、电气、农业、教育、卫生以及地方行政等都归"满铁"管制。同时，它还拥有武装和特务机构，广泛搜集中国的政治、经济、军事情报。而"满铁"控制下的铁路网，更是日寇"统治集中""资源开发""军事运输"以及把掠夺的物资运往日本的生命线。

"满铁"首先完成了大连港工程，打通了鸭绿江桥与朝鲜铁路通向东北的第二条通道。之后，改订"吉长铁路借款合同"，承揽四郑铁路工程，其势力逐渐伸向东北。1918年以后，日本重新制订"满蒙铁路网"计划，并与东北地方军阀勾结，先后签订"满蒙五路"和"满蒙新五路"承造合同，"扼制中东铁路，并向东北实行资本输出，投资达17.5亿多日元"①。此时，"满铁"已成为"大陆政策"的生命线。

日俄战争期间，为输送军火，日本强占中国土地敷设了安（东）奉（天）轻便铁路。宣统二年（1910）改建正式铁路，并建鸭绿江桥与朝鲜新义州相接。关于中国政府借款所建京奉、吉长铁路。京奉路始修于光绪三年（1877），至三十三年（1907），历经30年而成。由山海关至沈阳400余公里，由沟帮子至营口80公里为支线。吉长铁路，兴建筹划于光绪二十八年（1902），至民国元年（1912）通车，全长120公里。沈海线（沈阳—抚顺—海龙朝阳镇）长251.2公里，民国十六年（1927）完工。吉海线（永吉—磐石—朝阳镇）185公里，民国十六年开工，十八年（1929）竣工。吉会路（永吉—朝鲜会宁）的永吉至敦化段210.4公里，民国十五年（1926）测定，十七年（1928）完工。平梅路（四平—梅河口）全长156.7公里。

---

① 徐士昭、曹立前、林吉玲：《史学研究新视野》，山东大学出版社1997年版，第120页。

其中西安（今辽源市）以东段 73.6 公里，系原开海路之一段，民国十六年（1927）通车。此外，锦北（锦县—古北口）路中的锦朝（锦州—朝阳）段 135 公里，为北宁路支线，民国十年（1921）已筑成。滨黑路（哈尔滨—瑷珲黑河屯）长 651.2 公里，系官商合办。民国十七年（1928），呼海段（呼兰—海伦）通车。洮昂路（洮南—昂昂溪）长 224.2 公里，民国十四年（1925）兴工，十五年（1926）全线通车。四洮（四平—洮南）路 312.1 公里，附郑通（郑家屯—通辽）支线 114.1 公里。民国六年（1917），四平至郑家屯段告成。民国十年（1921），郑通支线通车。民国十二年（1923）郑洮段竣工，同年 12 月通车，等等。①

1924 年 4 月，东三省保安总司令张作霖设立东北交通委员会，主持筹划自主修建铁路，谋求摆脱南满、中东等铁路的控制。该委员会先后建成奉海、吉海、呼海、洮昂、齐克、洮索等铁路。正如《呼海铁路纪略》所说的："完全以本国资本办本国之铁路，是不独事实已告成功，而精神之进步尤为铁路史中有记载之价值者也。"它指出了修建这些铁路的重大意义所在，至于其所带来的收益自不待言了。

表 3.2　　　　　　　　　日本从沙俄手中夺取的铁路②

	区间	里程（公里）	施工时间（年）	竣工时间（年）
长大线	大连码头—长春	704.3	1898	1903
旅顺线	南关岭—旅顺	47.7	1898	1903
抚顺线	苏家屯—抚顺	52.9	1898	1903
烟台煤矿线	烟台—烟台煤矿	15.6	1898	1903
营口线	大石桥—营口	21.5	—	1903

---

① 李振泉、石庆武：《东北经济区经济地理总论》，东北师范大学出版社 1988 年版，第 150 页。
② 张福全：《辽宁近代经济史（1840—1949）》，中国财政经济出版社 1989 年版，第 249 页。

奉天省倡议兴建一条从省城到海龙的铁路，不料此事却遭到"满铁"的横加干涉，声称这条线路与南满铁路平行，将会妨害"满铁"营业，有违条约。后来"满铁"又提出若让它垫款代筑洮昂铁路，则日方不干涉中国自修奉海铁路。不得已，中方做出让步。1927年，这条官商合股的铁路全线通车，一度引起欧美各国的重视，证明了中国人在东北不用外国的资金和技术也能修建铁路。"该路投入运营即与'满铁'展开竞争，由'满铁'独揽的开原县以东60万吨的货物运输量一下子就被吸引过来40万吨。"①

"九·一八"事变后，"满铁"发动了攫取东北铁路权益的新高潮。首先，夺取奉天省路权。日本关东军强占沈阳总站、沈海线以北抚顺等车站后，造成停运事实，然后发布文告，掌管沈海线业务。接着，关东军又设立奉山铁路局，立阆锋为伪局长。从此，沈海、奉山两铁路受制于日本之手。其次，夺取吉林省路权。日本关东军按日奉"缔结承造合同"，取得了吉敦延长线、长大线及支线等七铁路修建权，并以此获取吉长、吉敦、吉海和四洮线的委托经营合同。②从此，吉林省路权落入日本之手。再次，夺取黑龙江省路权。日本关东军与张景惠签订了"铁路协定"，取得了齐克延长线、洮昂、齐克连接，以及洮索延长线、呼海、扶哈连接修建及管理权。从此，黑龙江省路权落入日本之手。

1932年，日本政府与伪满洲国签订一系列委托经营合同，实行日满合作，公布《铁道法》。"1935年3月23日，日本、伪满洲国、苏联三方背着中国中央政府在日本东京签订《关于北满铁路（中东铁路）之苏维埃社会主义共和国联邦（盟）权利为让渡于满洲国及苏维埃社会主义共和国联邦（盟）间缔结之协定》，日伪以1.7亿日元的代价，获得了中东铁路及其附属财产。同月末，该铁路由'满铁'接收，更名为北满铁路。"③至此，中国东北全部铁路都被日本

---

① 铁道部档案史志中心：《中国铁路历史钩沉》，红旗出版社2002年版，第435页。
② 徐士昭、曹立前、林吉玲：《史学研究新视野》，山东大学出版社1997年版，第120页。
③ 徐士昭、曹立前、林吉玲：《史学研究新视野》，山东大学出版社1997年版，第120页。

帝国主义所霸占。

（三）东北铁路的改轨

早期的东北铁路轨距参差不一。"关内外铁路山海关至绥中段于1897年6月通车时采用标准轨，轨距1435毫米；沙俄修建的东清铁路（中东铁路）于1903年全线通车时按沙俄标准建为宽轨，轨距1524毫米；以后又出现过1067毫米和762毫米两种不同轨距的铁路。"[1]

日本帝国主义和苏联政府从各自需要出发，曾先后对东北铁路做过多次改轨，直到1946年后，整个东北铁路才被稳定地统一到标准轨距上来。

第一次改轨：1904年2月，日、俄两帝在我国东北开战。4月，日本大本营就对一旦占领中东铁路以后如何利用它的问题作了精心的研讨：

第一种意见是原封不动。问题是，一旦俄军撤走机车车辆，该路必然无法利用。

第二种意见是将宽轨改为标准轨。这需要花费大量资金到外国购买机车、车辆，费时也较长。

第三种意见是将宽轨改为日本国内通行的1067毫米轨距，从本土调运机车、车辆供其使用；也有人提出保留宽轨不动，将本土机车、车辆放宽轮距以供使用。[2]

"最后，明治天皇主持御前会议，决定将宽轨改成1067毫米轨。当由大本营运输通信长官陆军少将大泽界雄作出在本土征集机车140台、无盖货车2000辆的计划，其首批机车2台、货车50辆被装上'鹿儿岛号'轮船运往我国东北。"[3]

5月30日，日军占领大连。7月15日，帝国铁道提理部（即铁

---

[1] 铁道部档案史志中心：《中国铁路历史钩沉》，红旗出版社2002年版，第417页。
[2] 铁道部档案史志中心：《中国铁路历史钩沉》，红旗出版社2002年版，第417页。
[3] 铁道部档案史志中心：《中国铁路历史钩沉》，红旗出版社2002年版，第418页。

第三章　调查之手　伸入腹地

道兵）将旅顺线大连—革镇堡22.8公里宽轨改为1067毫米轨，组装机车2台、货车18辆试运转。日军一路得胜，以大山岩大将为首的总司令部进入烟台（今灯塔）与俄军对峙。10月27日，改轨工程进展至烟台。"此时已有1067毫米轨距的机车21台、客车10辆、有盖货车18辆、无盖货车19辆通到辽阳。"① 1905年1月1日，旅顺俄军投降，改轨工程也于24日进展至旅顺，4月24日又推进到奉天，7月7日抵达昌图。

在此期间，日军擅自从安东（今丹东）向奉天修筑了一条军用窄轨铁路，轨距为762毫米，又强行修筑了新民—奉天的军用铁路，轨距为1067毫米。在美国调停下，1905年8月，日、俄开始和谈，日本帝国主义对东北铁路的改轨方始告一段落。

第二次改轨：1906年，刚成立的"满铁"从铁道提理部所接收的我国东北铁路的轨距基本上都是1067毫米，只有安奉铁路是762毫米。为使"满铁"的列车能与朝鲜铁路和中国关内的铁路相通，日本政府决定改"满铁"所属铁路为标准轨距。

1907年4月1日，"满铁"正式营业，6月其改轨工作便展开了。为使两种轨距的列车暂时都可运行，改轨采用了两种方式：一是在一侧加根钢轨使轨距成1435毫米，而原来的1067毫米轨距仍然保留，形成"三轨式"；二是在两侧各加钢轨使成1435毫米轨距，而里面两轨的轨距仍为1067毫米，形成"四轨式"。配合此项改轨，"满铁"在各大站设置标准轨停车线，将在大连组装的标准轨机车、车辆北调，将1067毫米轨距的机车、车辆调大连集中。②

1907年12月1日，旅顺线改轨完毕。1908年5月下旬，大连—长春标准轨运行，抚顺支线苏家屯至抚顺段也于7月改为标准轨。1909年8月，日本动工改造安奉铁路，于1911年11月将其改建成标准轨铁路。"被调往大连集中的1067毫米机车、车辆都停放在从金洲到周水子的一段窄轨线上，长达20余英里，共有机车217台、客车

---

① 铁道部档案史志中心：《中国铁路历史钩沉》，红旗出版社2002年版，第418页。
② 铁道部档案史志中心：《中国铁路历史钩沉》，红旗出版社2002年版，第419页。

281辆、货车3659辆。"① 1908年5月31日,"满铁"为这些机车、车辆举行了送还国内的告别仪式。有3000多名日本人士参加仪式,与会代表给两台代表机车献了花圈。

"满铁"理事国泽新兵卫致告别词。他宣称,这些"功臣"曾运送270万士兵往来,搬送260余万吨军需品,"一树之荫,尚值五大夫之封,况尔等之伟功甚大乎"②。在这里,他借用秦始皇登泰山避雨松下而封松树为"五大夫"的传说来炫耀日本军国主义的"功绩",也算是铁路史上的一大奇闻。

第三次改轨:1935年3月23日,日本经过1年交涉,从苏联单方面收买了中东铁路(该路本为中、苏两国所共有)哈尔滨至长春,哈尔滨至满洲里以及哈尔滨至绥芬河共长1732.8公里的铁路。早在日、俄两国交涉过程中,"满铁"就对这些铁路的宽轨改标准轨作了充分的准备。8月31日拂晓,苏联宽轨机车、车辆于长滨线向哈尔滨方向退出,"满铁"立即集中2500人同时作业,仅3个小时就完成了全线242公里的改轨工程。次日,原在大连至长春间运行的标准轨特别快车"亚细亚号"就延长运行到了哈尔滨。③

1936年7月30日至8月2日,滨洲线的改轨作业完成。当最后一趟宽轨列车退出该线时,其最后一节车厢的端梁中部挂出了一架黑底白字的"终"字方灯。

1937年6月15日至18日,滨绥线的改轨作业完成。至此,东北境内的铁路全部统一为标准轨。

苏联的改轨:1945年8月,苏联红军向我国东北进军。红军从军事和运回所谓"战利物资"的需要出发,按苏联铁路的1524毫米轨距将滨洲、滨绥两线改为宽轨。

中国政权的改轨:

1946年4月,苏联红军撤出东北,逐步接管滨洲、滨绥两线的中

---

① 铁道部档案史志中心:《中国铁路历史钩沉》,红旗出版社2002年版,第419页。
② 铁道部档案史志中心:《中国铁路历史钩沉》,红旗出版社2002年版,第419页。
③ 铁道部档案史志中心:《中国铁路历史钩沉》,红旗出版社2002年版,第420页。

国共产党领导的人民政权从支援解放战争和统一全国的轨距出发,再次将两路从宽轨改为标准轨。

上述几次改轨,从一个角度折射了东北铁路从饱经磨难到获得新生的历程。

综上所述,1931年"九·一八"事变前,东北地区已建成铁路总长度6522公里。横贯东西的滨洲、滨绥线,纵贯南北的哈大线,连接关内外的京奉线(沈山)等均已建成。其他重要干线安奉、沈海、吉长、吉海、吉敦、锦朝、洮昂、四洮、郑通等也已建成通车。此时期东北地区的铁路交通运输网虽未完善,但其框架已经初步具备。

东北地区的铁路有中外合资修筑的,有列强独修的,有的则为中国政府借款修建,或官商合筑的,因而在不同时期其作用是不相同的。总的来说,对改变东北地区的交通地理面貌,加强内外经济联系以及促进经济区的形成是具有重大作用的。同时也加速了东北地区的移民活动,掀起了北满移民高潮。"据不完全统计,光绪十三年(1887)黑龙江全省编定户约5万余,人口约25万余。光绪三十三年(1907),全省户骤增至18.2万余,人口达127万。时隔2年,宣统元年(1909),全省户竟增至26.9万余,人口达185万(《黑龙江志稿》卷八,经政志)。光绪十七年(1891)吉林户约12万,人口80余万,至宣统元年(1909)编户达73万余,人口增至373.5万余(《清史稿》)。奉天省宣统三年(1911)编户为165万余,人口达1069万余(《清史稿》)。"[1]

铁路的兴建,也加速了帝国主义对东北资源的掠夺,使东北经济与世界发生了联系。在资源掠夺方面,首先是森林木材,煤铁和农产大豆等。铁路所需枕木、汽炉木桦、建房、架桥,以及薪炭等,无不以向森林索取。初期私采不计。光绪二十九年(1903)还由黑龙江省铁路交涉局总办周冕私与东清铁路公司签订合同,指定"自成吉思

---

[1] 李振泉、石庆武:《东北经济区经济地理总论》,东北师范大学出版社1988年版,第150页。

汗至雅克山站铁路两旁，长300公里，宽30公里。水陆两段，一为呼兰、纳敏两河各至水源为止，长150公里，宽50余公里。一为权林、浓浓两河各至水源为止，长85公里，宽35公里，界内山林，统归铁路公司采伐，后未得中国政府准许。又于光绪三十四年（1908）重立合同，划定吉林石头河子，高岭子长85公里，一面坡宽广不过25里。黑龙江省地段火燎沟，皮洛各长不过15公里，宽不过5公里。沿权林河由河口溯流而上，长25公里，左岸宽10公里，右岸宽7.5公里。将周擅订合同作废。"① 自此后有关森林资源的掠夺，由公开的官方授予，渐变为私人授予。采伐区由铁路近旁，渐向山林深处，只伐不植，只采不育，使我国天然森林宝库遭到空前浩劫。在东北南部奉天省，光绪末年则有鸭绿江木植公司的兴办。名义上为"中日合办"，实为日方独有。"事始光绪三十一年（1905）冬，三十四年（1908）遂成决议：划定鸭绿江右岸，自帽儿山（临江附近）起至二十四道沟止。距鸭绿江干流30公里界内为采伐区，任日人随意采掠。据《中东铁道调查课调查》1913年北满木材生产量为490万石，仅东铁使用量即达435万石。1921年采伐量960万石，东铁使用840万石。"② 到1931年前夕（1929）东北的林业采伐、木业经营几乎全为日本人掌握。大的有驻安东的鸭绿江采木公司（名义上"中日合办"），驻哈尔滨的中东海林实业公司（名义上"中日合办"）。还有札免采木公司（驻哈尔滨市）为中俄合办。

　　铁路的兴建也加速了煤炭工业的发展，光绪二十二年（1896）以前，东北煤炭工业只有少量零星生产。如奉天的本溪，烟台、五湖嘴，吉林的石碑岭、陶家屯、缸窑、泥鳅沟、锅盔顶子，柳树河子等。开采均以手工小规模开采为主，1903年东清铁路及南满支线建成后，沿线的扎赉诺尔、陶家屯、石碑岭、抚顺、烟台、砟子、北票、穆棱、鹤岗等矿均得到不同程度的开发。其中以抚顺、北票、

---

① 李振泉、石庆武：《东北经济区经济地理总论》，东北师范大学出版社1988年版，第151页。
② 李振泉、石庆武：《东北经济区经济地理总论》，东北师范大学出版社1988年版，第151页。

穆棱、鹤岗等开采规模最大。抚顺矿，位于奉天省抚顺城南浑河左岸。光绪二十七年（1901）曾有华商王承尧主办开采。后因参入华俄道胜银行股。1905年日俄战后，日本人谬称该矿为俄人独立经营，因以霸占。1907年建立"南满洲铁道株式会社抚顺炭矿"（简称"抚顺炭矿"），是"满铁"经营的重点。"民国十九年（1930）产量达720余万吨，其中仅南满路用量即达142万余吨，余则本地消耗164万吨，销往日本170万吨，以及南洋、朝鲜和我国华南、华北等地。"① 北票煤矿旧属热河朝阳境（今属辽宁），有北宁路锦朝支线相连，煤矿公司由商办。民国十九年（1930）销量共60.43万吨。其中北宁路用18万吨。穆棱煤矿原属吉林，为中俄合办。矿区在穆棱县梨树镇，去中东路下城子车站65公里。民国十四年（1925）开采，至民国二十年（1931）年产煤33.8万余吨。据民国十八年（1929）销路，东省铁路用17.5万余吨。"鹤岗煤矿，位于黑龙江省汤源县北百余里，南至松花江岸莲江口（佳木斯对岸）56公里有铁路相通。民国三年至四年（1914—1915）为商办（华兴公司）开采。民国十九年（1930）产量为187574吨。"② 以上四矿，为"九·一八"事变前东北地区四大著名煤矿。不但在东北地区占重要地位，在世界市场上亦颇有影响。扎赉诺尔煤矿，位于黑龙江胪滨县（今属满洲里市）扎赉诺尔车站西4公里。煤田跨铁路两旁。自1903年由中东铁路局经营开采甚盛，年产曾达40万余吨。"九·一八"事变前东北地区的重要矿业组织，还有"东北矿务总局"（驻沈阳），为股份有限公司，矿区分布在黑山、八道壕、西安、复州、兴城、阜新等地；本溪湖煤矿公司（驻本溪），为"中日合办"；金沟煤矿公司（抚顺金沟）官商合办；天利煤矿公司（辽阳尾明山）官办；奶子山煤矿公司（蛟河）民办；老头沟煤矿公司（延吉）中国与日商合办；等等。

---

① 李振泉、石庆武：《东北经济区经济地理总论》，东北师范大学出版社1988年版，第152页。
② 李振泉、石庆武：《东北经济区经济地理总论》，东北师范大学出版社1988年版，第152页。

总之，因铁路的兴建，加速了东北地区的移民过程，曾为帝国主义掠夺东北资源的工具。客观上也促进了该地区经济的一定发展。特别是对改变东北的交通地理面貌，沟通内外经济联系起了重要作用。

二 煤炭

（一）列强资本的入侵

在日本势力进驻东北之前，清政府的煤矿企业已有所发展。因受国力、技术、资金等限制，华商开办的煤矿公司盈利极少，而日本方面又有大仓财阀做后盾，清政府根本无法与日本企业抗衡。日本人为了达到侵吞的目的，起初也戴上扶植华企的面具与华商谈判，但是所有的面具都掩盖不了他们的真实目的。这种情况下的协商已不是"谈判"而是"掠夺"。华商辛苦经营的企业，当然不能轻易地拱手相让，于是日本便采取武力夺取东北的煤矿公司。日本帝国主义对华的资本输出是和军事紧密结合在一起的。

鸦片战争结束后，俄、日帝国主义将吉林省煤炭资源列入掠夺的重点。1901年，沙俄帝国通过《改订吉林开采煤斤合同》12条，攫取了吉林省铁路沿线14公里内煤炭资源开采权，占领了陶家屯、石碑岭煤矿。日俄战争后，日本帝国主义取代了俄国，陆续强占宽城子、石碑岭、陶家屯煤矿。1909年，日本帝国主义通过签订《中日条约》攫取了吉林省铁路沿线煤炭资源开采权。帝国主义的侵略和资金渗透，严重打击了民族煤炭工业的发展。

1905年3月10日，日本以武力占领了抚顺煤矿，开始对矿山实行军事经营，对矿工严加管制。抚顺煤矿原是1901年由王承尧集资4万两，翁寿与颜之乐集资2.3万两筹建的。8月17日开始试采，出煤量极高。1902年被俄国人占有。1905年10月日军占领抚顺，欲夺抚顺煤矿，王承尧及中国政府多次交涉，日本方面蛮横坚持不让。"1906年清政府两次要求日本交还所占该商矿产照，日本置之不理，并于7月在辽阳和烟台派兵至大榆沟、大窑、张家沟等处，限二十天将房屋、煤堆一并交由日本办理。"① 日本人在矿上建立了由日本警察、宪兵、特务组成的"劳务系",成立了严格监视工人的"特务委员会",从政治上对矿工进行残酷镇压。"在日本统治期间矿工的安全也无法保证,仅在1909年至1915年的七年间,抚顺煤矿就发生13174次事故,平均每年发生事故约1882次。"②

1915年日本强占了吉林五道口煤矿。

1920年日本自导自演制造了"珲春事件",武力占领了延吉、珲春、和龙等煤矿。

在武力夺取煤矿后,日本侵略者也不放过已经被榨干的矿夫。日本从河北、山东等地招来一些破产的农民充当矿工,把这些人圈在"大房子"里,几十人甚至上百人住在一个"大房子"里。每天上工派人监视,矿工采煤时是在这些日本监工的皮鞭下工作,稍有懈怠就要受到严刑拷打。他们把原有的中国矿工称为"苦力",后来因受到中国人的抵制,改称为"华工"。

表3.3　　　　辽阳、本溪湖、抚顺三地征用矿工数量统计表

地方 \ 矿夫数	中国人	日本人
辽阳	217856	11547
本溪湖	345136	27226
抚顺	11275844	744829
合计	11838836	783602

共计:12622438人。根据"满铁"历年公布的数字,"1922年,中国人10025226人,日本人863161人,共计10888387人。1921年,中国人7273507人,日本人928192人,共计8201699人。1920年,中国人8938896人,日本人1451991人,共计10390887人。1919年,中国人10707889人,日本人1250761人,共计11958650人。1918年,中国人90115630人,日本人9455035人,共计99570665人。"③

---

① 苏崇民:《满铁史》,中华书局1990年版,第188页。
② 《抚顺市志·工业卷》,辽宁民族出版社2003年版,第112页。
③ 关东长官官房文书课:《関東廳第十八統計書》,1924年11月,吉林省社会科学院满铁资料馆藏,资料号:09946。

仅辽阳、本溪湖和抚顺三地服役的中国矿工达数千万人，亦有数十万日本人移民至此。由此可见，为从煤炭中获利，他们投入了巨大的人力和物力。

日本侵略者对东北煤炭资源的掠夺是典型的殖民掠夺，日本侵略者不仅是靠经济实力，更重要的是通过军事威胁、武装占领和不平等条约来达到占有资源的目的。此时日本在中国的一切行动也与日本的外交政策密切相关。日本资本主义为了弥补自身经济和技术的不足，需要通过战争手段在中国寻找投资点，外交政策和战争导向不谋而合。于是，日本侵略者在中国实施各种暴力行为均有政党和军部为其开脱，中国人民便陷入了水深火热之中。

（二）"中日合办"始末

日本采取武力的形式强占华商企业，一方面受到当地民众的强烈抵抗，另一方面还有中国政府及国际舆论的谴责，这种掠夺的形式阻力较大，也不便日后发展。于是日本人开始寻求更隐秘的方式来达到侵吞东北煤矿企业的目的——"中日合办"。"日本资本输出有两个方式：一个是'借贷资本'，即借款给中国政府地方机关、银行。一个是'生产资本'，即在中国经营工、矿、铁路等的企业。"[①] 事实证明，中日合办事业是日本帝国主义对华资本输出的一个重要环节，是日本在中国进行经济渗透的最佳形式。

中日合办事业主要集中在东北。1905年之前，东北地区还没有中日合办事业，全中国也只有少数几家集中在上海、安徽、重庆等地。日俄战争后，中日合办事业扩张到东北，主要出资者为"满铁"和日本大仓财阀。

1905年大仓财阀对本溪湖煤矿进行"独立开采"。1909年中国政府索回无果。1910年由奉天交涉司韩国钧和日本总领事小池张造及大仓喜八郎签订《中日合办本溪湖煤矿合同》，至此本溪湖的煤矿被

---

① 张雁深：《日本利用所谓"合办事业"侵华的历史》，生活·读书·新知三联书店1958年版，第7页。

日本收入囊中。1921年,日本又与中国政府签订了"附加条款",攫取了距本溪湖50公里内地区经营铁矿的版权。于是,中日合办本溪湖煤铁公司成立,且双方约定,不许第三国出资,日本从此侵占了本溪煤、铁两矿。

1914年3月31日,中日合办企业大兴煤矿有限公司(日本称为"塔莲炭矿")在奉天省成立,经营抚顺县塔莲嘴子的煤矿。"满铁出资四万元,中国人出资六万元。日本方面的契约法人是三好龟吉、高木陆郎、饭田义一和东洋炭矿株式会社。这个公司实际上不采掘煤矿,而是由日方合办的当事者对采掘进行包揽。"①

1914年3月,日本大仓财阀将资本侵入东北南部的阜新县苇子沟,这是东北一处重要的煤矿产地——新邱煤矿,也就是如今的阜新煤矿。阜新煤矿区位于京奉铁路厉家窝铺站西北约97公里,地处东土默特王领地内,煤田由新邱至清门河,呈东北—西南走向,全长大约60公里。1908年2月,满铁地质调查所所长木户忠太郎和抚顺煤矿矿务课长田岛犹吉二人,曾到该地做了实地调查并写成了报告书,从此日本开始知道这里有处大煤田,并由大仓财阀在进行了详细调查之后,决定将新邱煤矿收入囊中。②但他们没有想到的是,他们的行动受到了当地民众的激烈抵抗。1914年6月,大仓财阀派工学博士大日方一辅、职员百濑义慧及另外一人冒充皮毛商去阜新调查。中途遭土匪袭击,大日方中弹身亡。这就形成了所谓"大日方事件"。大仓财阀通过日本大使馆要求中国政府给予补偿,双方本已议妥由中国赔偿3.5万元了结此事,但日本外务省当局查明"满铁"有获得该矿的愿望,于是改口以日方负有调查新邱煤矿的使命为由,强硬主张这次事件应由该煤矿解决赔偿损失问题,迫使北洋政府同意以该矿的矿业权作为赔偿。"当时在阜新已有煤窑19个,开矿16个,正在开采的有斜井16个、竖井75个,从事开采的工人约1700人,每日采煤量约为300吨。"③

---

① 张雁深:《日本利用所谓"合办事业"侵华的历史》,生活·读书·新知三联书店1958年版,第56页。
② 苏崇民:《满铁史》,中华书局1990年版,第210页。
③ 苏崇民:《满铁史》,中华书局1990年版,第211页。

日本外务省在决定以取得矿业权作为赔偿的原则后，就指令大仓财阀出面办理。大仓财阀根据"满铁"提供的地图，呈请 11 个矿区的探矿权。但由于矿区过大，农商部提议减为 3 个矿区。而日本公使代办小幡酉吉制造种种理由，每交涉一次逼迫中国方面同意增加一个矿区，直至增加到 6 个矿区。经过反复交涉，北洋政府批准大仓财阀以"中日合办"的名义开采该矿。10 月 20 日"大新公司"成立，资本 150 万元，后又成立"大兴公司"，资本 80 万元。① 两个公司各领 3 个矿区。"大新公司"和"大兴公司"名义上为"中日合办"且为两个公司，但实际上是一个公司，公司内部主要投资者都是日本人，因此大仓财阀达到了侵吞该矿的目的。后来它们未经中国政府同意，将新邱矿产权私自转给了"满铁"。"中日合办"表面上是中日双方共同投资，但实际上是日方垫付中方出资的款项，中方只是挂名而已，实为日本独资，所有实权皆为日本人把持。

1915 年 7 月，在奉天省本溪县成立了"日华合办彩合公司"，经营牛心台（红脸沟及大小南沟）无烟煤采掘、销售及其附属事业。资本 10 万元，名为石本贯太郎与中国人周自新合办，实际上主要出资者是石本，周自新只是挂空名而已，此合办形式与日方独办并无差异。

1915 年 11 月 14 日，在奉天省成立了"杉松岗煤矿公司"，经营奉天省辉南县杉松岗煤矿。该公司没有确定资本总额，属于中日合办，日方由片山万三郎出资一部分，中国人佟豫章提供进宝窑的采掘权作为"出资"，实际上同为日本独办。

1918 年 4 月 27 日，"中日合办大顺大有煤矿公司"在奉天省成立，公司主要开采本溪县的雷霹碇子及八盘岭的煤矿。"日方出资者为石本贯太郎，中方出资者为王殿神、张英芳、丙文溪等三人。中方负责对事业的监督及与官宪的交涉，日方则专门处理内部事务与营业。"② 这样，公司实际经营权力仍掌握在日本人手中。

---

① 王广军：《论近代日本对阜新煤炭资源开发权的攫取》，《辽宁大学学报》2008 年第 5 期。
② 张雁深：《日本利用所谓"合办事业"侵华的历史》，生活・读书・新知三联书店 1958 年版，第 75 页。

第三章 调查之手 伸入腹地

1918年6月，在奉天省成立了"中日合办天顺煤矿有限公司"，主要经营抚顺县石门寨煤矿。资本金由日本人峯八十一和中国人张顺堂各出一半，行政上两人平等，共同经营管理。

1918年9月21日，吉林省实业厅长陶昌善代表吉林实业厅和"南满洲泰兴株式会社"社长饭田延太郎订立合同，在吉林省延吉县成立了中日合办老头沟煤矿公司。资本金20万日元，中日各出一半。但这个公司因交通不便，直到1921年仍未开采。

1918年12月，"德兴煤矿公司"在奉天成立，经营锦西县沙锅屯的采煤业。日方出资者是安川敬一郎，中方为李润身。此后安川敬一郎追加投资两万元奉天大洋作为试锥及其他费用。27日，安川在奉天又成立了三个由中国人挂名的"合办"企业：泰信煤矿公司、健兆煤矿公司和健元煤矿公司。

1919年3月16日，在奉天省本溪县成立了"田师付沟中日商办煤矿公司"，资本60万日元，日方代表为深川喜次郎，中方是富华公司代表孟凌华，双方各出资30万日元，开设期限为25年。

1919年4月9日，"天兴煤矿公司"在奉天成立，由日本人峯八十一和中国人姚铭勋各出大洋两万元，经营抚顺县的古吉子煤矿，开设期限20年。同年6月，"抚溪煤矿有限公司"成立，资金为小洋5万元，由合资会社昌平组南聪行和依祥各出一半，经营本溪县李家窝棚高台子河字堡子煤田，开设期限30年。4月18日，成立了"中日官商合办福泉煤矿公司"，经营本溪县寨黎寨至泉水河子的矿山，资本金20万日元，日本人冈部三郎出资11万元，奉天电灯厂厂长孙祖昌代表奉天省公署出资9万元，开设期限30年。10月20日，在本溪县成立了东杉松河随家堡子等地方煤矿厂，资本金只有小洋2万元，中日各半，属于小资本中日合办企业，日方代表是中野升，中方代表为李聘三，期限20年，1921年仍未获得开采许可。12月1日，在奉天省抚顺县成立了"中日合办永顺煤矿厂"，经营抚顺县石门寨煤矿，资本额同样为小洋2万元，日本人峯八十一和中国人王兰亭各出一半，开设期限20年，1921年仍在申请开采许可中。27日，成立同义公司，经营同县小夹邦煤矿，资本金小洋4万元，日本人见仪平太和中国人张在南各出 2 万元，开设期限 20 年，1921 年也仍在申请许可中。① 1919 年还有两家煤矿小企业"大利煤矿有限公司"和"大中煤矿厂"成立，大利煤矿公司经营抚顺县营盘沟煤矿，资本小洋 6 万元，由日本人朱股迁和中国人李筱田各出一半，开设期限 30 年，1921 年也仍在申请许可中。"大中煤矿厂"经营同县下章党煤矿，资本为小洋 3 万元，由日本人牧野实四郎和中国人关海清共同出资，开设期限 20 年。

1921 年 6 月，在奉天省成立了"中日合办华兴煤矿股份有限公司"，经营本溪县红脸沟关家坑南山、北山及大深沟子等处矿山，资本金为小洋 20 万元，日本人渡边传市和中国人朱清阁各出一半，开设期限 30 年。②

1917 年至 1921 年间，是日本利用中日合办事业向东北输出资本进行侵略最猖獗的时期。通过以上叙述我们可知，中日合办企业双方出资比例一般的情况是中日各半，但实际并不尽然。1931 年前，东北地区中日合办的煤矿企业资本金在 300 万日元以上的主要有本溪湖的本溪湖煤铁公司（资本 700 万日元）和大窑沟的锦西煤矿（资本 300 万日元）。还有一些资本金在 50 万日元以上的企业，表面上是中日合办，实为日本独办。"1926 年，东北地区中日合办的企业中日本资本总数为 36390000 日元，中国资本总数为 4222000 日元，占日本资本的八分之一有余，资本的不平衡也直接导致权利的不平衡。"③ 通过这种股份的比例进而分配权益的多少，而在实际操作中，日方占有的权利和资源远远超过了约定的比例。一个企业，如果有日本资本的侵入，但在实际的经营中就会受到日本部分或全部地操控。这样的"中日合办"实则是日本控制中国铁矿企业的一种十分卑劣的手段。

---

① 张雁深：《日本利用所谓"合办事业"侵华的历史》，生活·读书·新知三联书店 1958 年版，第 104 页。
② 张雁深：《日本利用所谓"合办事业"侵华的历史》，生活·读书·新知三联书店 1958 年版，第 110 页。
③ 张雁深：《日本利用所谓"合办事业"侵华的历史》，生活·读书·新知三联书店 1958 年版，第 13 页。

日本帝国主义也通过"中日合办"的关系干预了中国的政治，中国的统治阶级也借此与日勾结，激起了中国人民的强烈愤慨。中日合办事业是日本帝国主义灭亡中国的手段之一，中国人民的强烈反抗最终导致了它的失败。

（三）东北煤炭业的兴衰

20世纪早期，日本在东北的侵略活动还不敢大张旗鼓，在具体情况没有调查清楚前，侵略者们仍有所忌惮。日俄战争后，日本以"满铁"为中心加紧调查东北煤矿的各种情况，争取在最短的时间内掌握东北煤矿的地质状况、储量、位置、开采情况等全部信息。在武力夺取了抚顺煤矿后，"满铁"并不满足，又陆续占有了瓦房店煤矿、辽阳烟台煤矿和吉林宽城子煤矿的经营权。

虞和寅在《东北矿产物之分布》中关于煤炭的调查有如下描述："煤炭为东三省矿产物之大宗。现时年产额达九百万吨以上的占全国产额的十分之四，如抚顺、本溪湖、烟台、大疙瘩、新邱等大炭田，不下数十，抚顺炭田尤为世界稀有。今就东北煤田地理的分布之状态观之，则辽宁、吉林、黑龙江等省所属各县几无不产煤炭。大致辽宁中部及吉林东南部储藏较多。若黑龙江省内，则因调查未详，就现时所知，煤田之大者，不过扎赉诺尔汤原数处而已。"[1] 可见东北的煤炭资源储量是十分惊人的。究其缘由，我们可以从地质学角度窥见一斑。"就煤存在状况，自地质时代观之，则属于二叠石炭纪及侏罗纪之煤田最多，属于第三纪层者颇少。属于二叠石炭纪之煤，多发达于辽宁南方太子河之流域，为无烟炭或高度沥青煤，而有粘结性。属于侏罗纪者，则辽吉北部处处见之。多为沥青煤及褐煤，至属于第三纪层者，则仅发达于浑河之流域，彼有名之抚顺大煤田，其储藏量及经济的价值，直驾前者各煤田而上之。"[2]

---

[1] 虞和寅：《东北矿产物之分布》，载自《东北矿业记手稿》，1928年，吉林省社会科学院满铁资料馆藏，资料号：23594。
[2] 虞和寅：《东北矿产物之分布》，载自《东北矿业记手稿》，1928年，吉林省社会科学院满铁资料馆藏，资料号：23594。

据"满铁"关东州统计：1923 年煤炭矿区 6 个，共 35741212 坪，停产矿区 1 个，180 万坪，产额：49157902 日元。"1912 年，中日合办的彩合公司经营牛心台煤矿，日方出资者为'满洲炭矿株式会社'。大仓组并于 1912 年开采奉天庙儿沟铁矿。"①

产自本溪湖地区的煤炭煤质上乘，是当时满铁调查部调查的主要目标之一。据调查显示，本溪湖煤矿自 1910 年至 1920 年底共采煤 3164370 吨。1910 年平均每日产煤量不足 200 吨，至 1920 年每日平均产量已达 1300 余吨，此十一年间增加产煤量约达八倍，逐年详细产量如下：1910 年 58000 吨，1911 年 100352 吨，1912 年 149463 吨，1913 年 270782 吨，1914 年 301014 吨，1915 年 275777 吨，1916 年 322626 吨，1917 年 438009 吨，1918 年 374964.88 吨，1919 年 416994 吨，1920 年 456388.90 吨。② 这些煤炭资源当时全部被日本人控制。

"吉林火石岭子裕东煤矿于 1928 年共出煤 64941.50 吨，它的日平均产煤额为 185.02 吨，1929 年自六月三坑水灾后，出煤锐减。现仅第四坑出煤，每日平均不过数十吨而已。"③

表 3.4　　　　　　　　吉林省官营矿产调查统计表④　　　　　单位：里、亩

地方	所在地	方向	里数	公司名称	矿区面积
吉林	马家沟	西北	140	东原煤矿公司	754
	火石岭子	西北	140	裕吉煤矿公司	610
	石人山	东北	110	—	540
	前窑屯大主岭	东北	120	—	4105.53

---

① 杜恂诚：《日本在旧中国的投资》，上海社会科学院出版社 1986 年版，第 146 页。
② 虞和寅：《奉天本溪湖煤矿调查报告书》，载自《矿业报告手稿》，1928 年，吉林省社会科学院满铁资料馆藏，资料号：22260。
③ 虞和寅：《吉林火石岭子裕东煤矿》（第 8 帙），载自《东北矿业记手稿》，1929 年，吉林省社会科学院满铁资料馆藏，资料号：22254。
④ 陶昌善：《吉林省の矿产》，满蒙文化协会，1922 年 6 月，吉林省社会科学院满铁资料馆藏，资料号：24161。

续表

地方	所在地	方向	里数	公司名称	矿区面积
桦甸	苏密沟	南	20	源兴煤矿公司	315
磐石	五道沟	东南	120	大亨煤矿公司	962.5
磐石	四道沟	东南	110	天成煤矿公司	1603.3
磐石	三道沟	东南	110	—	2695
东宁	大佛爷沟	西南	25	—	1080
额穆	望宝山	西	280	吉林煤矿公司	5380.033
额穆	奶子山	西南	285	—	1028.7
额穆	滥泥沟	西南	220	—	1495
密山	滴道沟	西	180	—	5287.5
密山	黄泥河北山	西南	140	—	5400
双阳	大顶子	西北	70	—	1060
宾县	虎头山	东北	80	—	549.45
和龙	二道沟里黑瞎子沟土山子沟	南	150	—	5250

表3.5　　　　　　　舒兰小矿业民营各矿调查统计表①

地方	所在地	方向	里数	矿区面积（亩）
舒兰	韩家沟	西南	30	29
舒兰	二道河子	西南	25	49
舒兰	小顶子	南	30	35
舒兰	地局子	西南	35	49
舒兰	棒棰沟	东南	90	246

为攫取更大的利益，日本通过一系列的行政措施和法令确保日本在东北煤炭资源的特殊权益。1911年5月，清政府与日本签订了《关于抚顺烟台两炭坑细则》的会议报告书，内容如下：

---

① 陶昌善：《吉林省の矿产》，满蒙文化协会，1922年6月，吉林省社会科学院满铁资料馆藏，资料号：24161。

协约正文：清日两国委员各奉本国政府委任，按照宣统元年七月二十日（明治四十二年九月四日）大清国政府与大日本国政府在北京所订满洲案件协约第三条，议定关于抚顺烟台两煤矿之细则如下：第一条，南满洲铁道株式会社（以下单称会社）对于抚顺烟台两煤矿（以下单称两煤矿）所出之煤，允以出井原价百分之五计算之出口税缴纳于清国政府。但出井原价在每日煤未满三千吨（英吨以下同），期内每吨定为库平银一两。又每日出煤过三千吨时，每吨定为日本金币一元以此计算税额。第二条，会社对于由海口运出两煤矿之煤，允每吨以海关银十分之一两即一钱计算之出口税缴纳于清国海关。对于由陆路运往朝鲜或俄国两煤矿之煤，其出口税后日另行协定。第三条，前两条载明所纳之税，适用于载北京所订满洲案件协约成立日即宣统元年七月二十日（明治四十二年九月四日）以后之煤，会社对于同日以后采煤之出井税缴纳清国政府。又会社同日以后向清国海关多纳每吨二钱之出口税，由清国政府交还会社。将来之出井税会社允每年分四次于日历一月、四月、七月、十月将前三月分之税额缴与清国所指定之收税委员，至出口税每月一次将前一月之税从速缴于所在地清国海关。第四条，两煤矿之煤如舰船因自己消费而装载出口时按照海关章程办理。第五条，会社自用之煤免纳出井税，但其数量每日定为七百吨。第六条，两煤矿之煤除按照第一条、第二条征税外，所有内地税赋钞课厘金杂派一概豁免。但对于他处之煤有较该煤矿减轻课税时亦允会社一律均沾。前项厘金等既经豁免，会社对清国政府每年当缴纳日本金币五万元以为报偿，照第三条第二项分四期缴纳。清国官宪将对两煤矿煤斤豁免厘金等之意通知各省俾使周知。第七条，两煤矿之矿界以两国委员会同勘定之附图为准。第八条，清国政府允两煤矿矿界以内煤，除会社外不论何人均不许其试掘或采掘，其已许可者即当取消。第九条，在矿界内遇有不受会社之许可或允许而采掘煤或拟采掘煤者，由会社即行通知清国官宪严行禁止。第十条，关于两煤矿采煤运

第三章 调查之手 伸入腹地

煤或雇佣矿夫等事，清国官宪允竭力照料。第十一条，会社如在矿界内因矿上必须收买民地或延长铁道时，当通知清国官宪双方协定后决定。会社如采煤完竣时，当将矿业上所使用之土地交还清国政府。第十二条，会社承允在矿业用地内遇有坟墓或房屋必须迁移时，当与所有主协商酌给迁移费。又此等物件如因矿业生损害时，亦应酌给赔偿金。第十三条，会社承允关于矿夫之取缔及救济等事必设相当之规定。第十四条，此细则自成立之日起以六十年为限，如至期限煤尚不能采尽再行延期。本细则缮就中日文各四份，两国委员署名签印，两国政府份、东三省总督、南满洲铁道株式会社各存中日一份为凭。宣统三年四月十四日 明治四十四年五月十二日 奉天交涉使：韩国钧。候选道：祁祖彝。奉天日本总领事：小池张造。抚顺炭坑次长：阪口新圃。①

1915年，日本提出"二十一条"，强迫中国政府同意日本取得更多的在华矿权。涉及的煤矿主要有：奉天本溪湖田师付沟煤矿、奉天锦县南池塘煤矿、通化县铁厂山煤矿、吉林和龙县杉松关煤铁矿、本溪湖牛心台煤矿、奉天海龙县杉松关煤矿、吉林附近的缸窑煤矿等。从1905年到1925年二十余年间，东北地区许多煤矿都被日本掠入囊中，抚顺、烟台、本溪湖等储量丰富的煤矿地更被日本人深入开采，为其提供的大量的资源及财富，所以，这一时期日本在中国东北奠定了在华矿业的投资基础。

受北伐战争及人民的反帝爱国运动影响，日本在关内的矿业投资逐步紧缩，将全部重心转移到东北。日本在之前二十余年的掠夺基础上，这一时期在东北进入全面加速扩张阶段。在东北的煤炭业经营方面也维持在相当可观的规模上。1926年到1930年，东北地区煤炭产量约为873.6万吨，日资企业产量占81.7%，约713.8万吨。

---

① 《「撫順煙台両炭坑ニ関スル細則」会議報告書》，1911年5月，吉林省社会科学院满铁资料馆藏，资料号：04716。

近代中国东北路矿资源流失问题研究

1931年前后，日本先后占领了复州煤矿、滴道煤矿、西安煤矿、八道壕煤矿等，伪满建立后又连续接管、收买和占据了北票煤矿、蛟河煤等矿区。东北地区资源富饶，但在日本帝国主义的长期侵占下，几乎被日本全部挖遍，"满铁"是这一行动的主要执行者。"到1931年止，'满铁'对东北煤矿的投资高达11787.2万日元。"[①]

煤炭是日本在东北矿业"投资"的主要矿种，日本最早侵占的煤矿就是东北的抚顺和烟台煤矿。

表3.6　　　　抚顺和烟台煤矿产煤量及在东北所占比率
（1925—1930年）

年份	东北出煤量（万吨）	抚顺、烟台矿所占比率（%）
1925	717.7	82
1926	814.0	81
1927	896.0	79
1928	947.7	75
1929	992.5	74
1930	1004.1	68

从表中我们可知，虽然两煤矿产额有所下降，但这段时期东北的出煤量急速增长，六年间就增长了40%。"1918年抚顺煤矿日产煤7000吨，1919年日本人制订了十年计划加紧对该矿的开发。1926年和1927年两年的日产量高达25000吨以上，位居全国各矿第一。抚顺、烟台两煤矿产量占东北产煤总量的三分之二以上。"[②]

从1926年起，日本在中国大陆的煤矿业投资在全国总投资已占据了压倒性优势。1926年日本投资额已占全国煤矿总投资的56.7%。这一时期日本在华煤矿业投资发展迅速，其中最主要的是日本对东北

[①] 杜恂诚：《日本在旧中国的投资》，上海社会科学院出版社1986年版，第151页。
[②] 杜恂诚：《日本在旧中国的投资》，上海社会科学院出版社1986年版，第162页。

抚顺煤矿等的独占经营。在生产技术和设备方面加大投资，同时又有"满铁"为后盾做支撑，以强权政治为背景，在销售方面也具有极强的竞争力。抚顺煤最大的销售市场是东北地区，其次是运往日本国内，再次是关内中国各地及朝鲜等国。1928年和1929年抚顺和烟台煤炭的销售情况如下：

表3.7　　　　　　　抚顺、烟台煤销售情况统计表①　　　　单位：吨

销售地	1928年	1929年
东北	3540667	3492226
日本	1849427	1887287
中国北部	170626	166712
中国南部	967090	1101728
朝鲜	445190	404986
南洋	191861	223172
台湾	9798	10323
船舶用	711207	705351
合计	7995866	7991785

在争夺销售市场的角逐中，抚顺煤和一部分从日本进口的煤因其成本低廉，做大幅度的降价营销。"1931年销往上海的360余万吨煤中，抚顺煤和进口日本煤共133.7万余吨，占36.9%，超过开滦煤（36.6%）位居第一。"②

所以，在这段时期内，日本缩小了关内煤矿业的投资，将主要精力集中在东北。而无论是清政府、北洋政府还是国民党政府都畏惧日本帝国主义，对其所提要求一味退让，助长了其嚣张气焰。这也使20年代后期日本对东北的煤矿业的控制仍维持在相当可观的规

---

① 杜恂诚：《日本在旧中国的投资》，上海社会科学院出版社1986年版，第164页。
② 杜恂诚：《日本在旧中国的投资》，上海社会科学院出版社1986年版，第169页。

模上，从中攫取了大量的利益。"据统计，1929年一年日本因注资东北而获取的国民收入中对人力的报酬是12799.8万日元，投资利润为9433.4万日元，同对东北贸易相联系的利益是9194.5万日元，总计31427.7万日元。"① 而对东北煤矿的投资更重要的是战略利益。日本国内缺乏工业原料，且20世纪初期战争频繁，日本并非单纯觊觎东北丰富的物产资源，而是要将中国作为它扩张势力的战略目标，对东北煤矿的人力、物力及资金的投资更是围绕这一战略目标所展开的。

三 铁矿

次于煤炭的重要矿产就是铁矿。中国是用铁最早的国家，矿产储量也十分丰富。据当时美政府工程师调查，"中国之铁量，可供化炉者，计四万万吨。用土法开采者，有三万万吨。"② 按照含铁成分划分，铁矿可分为四类，磁铁矿，品质最优，含纯铁72%有余；褐铁矿，含纯铁59.8%；赤铁矿，含纯铁69.9%；菱铁矿，含纯铁48.2%。"铁矿大抵可分为两种。（一）为火成岩。多生成于分界层。（二）自沉淀生成之矿床。及时代不明之矿是也。"③ 纵观全中国，第一种矿以汉冶萍公司所开采的大冶铁矿最为著名。该种铁矿在扬子江下游居多。除大冶铁矿外，还有湖北武昌的铁矿、湖南攸县的铁矿、江西九江的前门山矿、安徽太平房山铁矿、山东胶济铁路附近的铁矿、江西萍乡铁矿、福建安溪矿以及安徽铜官山铁矿等，都属于此类铁矿。第二类的水成矿山西铁矿首屈一指。山西的采铁业在世界上可谓开采最早。矿床出产量十分丰富，只是矿脉厚薄不规则，不能供大规模开采。东北的铁矿以贫矿居多，含铁在50%以上的富矿仅弓长岭、本溪湖、东边道的大栗子和七道沟等几处。本溪湖的铁矿石适于

---

① 张宪文等：《中华民国史（第2卷）》，南京大学出版社2005年版，第191页。
② 中美新闻社：《中国对外贸易之矿产》，《东方杂志》第16卷第5号，1919年，第201页。
③ 愈之：《中国之矿产》，《东方杂志》第14卷第9号，1917年，第34页。

炼钢，日本人买去多作为制造武器的原料。从当时已经探明的铁矿的地区分布来看，东北居首位。

煤铁与国防及工业的关系极其密切，1922年前后，日本军备已经缩小。经济的封锁是当时世界大战后极有价值的惩处手段。而英日两国为岛国，两国的物资多是仰仗外国输入，且不依靠水路交通则难保物资及时补给。而日本较英国更为严重，其重要物资包括各种生活必需品都依靠中国。日本对于铁矿原料的不足，是明治政府成立以来的一个苦恼。事实上，当时的中国铁矿已多被日本人占有。1922年前后，中国年约出炼铁50万吨，其中多半产自山西。本溪湖铁炉，每年化铁75000吨。1930年资产达1500万日元，矿工约7000人，日出铁矿石500余吨，主要向日本输出。"中国运往日本，每年炼铁17万吨，值银530万两。生铁30万吨，约值100万两银元。"①

（一）资源概况及调查

中国的铁矿储量据《东方杂志》1917年记载："统计举国所有铁矿，为300000万吨。而其中良好之铁矿苗，不过100000万吨。现在中国每年之出产，据中国农商部统计科称，1916年出铁656000吨。惟东三省之出产恐未列入。盖若一并计之。则其数不止于此也。兹经详加调查，每年采得之铁，实有100万吨。其中有磁铁石75万吨。"②在日俄战争前，俄国对东北地区的矿业开采主要集中在煤矿和金银矿等方面，对铁矿并没有产生多大兴趣。关于日本继承矿业权的问题，《朴茨茅斯条约》和《日清善后协约》并没有铁矿方面的规定。对东北铁矿的发现和开采都是由"满铁"组织的。1909年8月，"满铁"地质调查所所长木户忠太郎等人开始勘查鞍山铁矿，了解到鞍山附近的铁石山、东鞍山、西鞍山等处铁矿埋藏量极为丰富。华人于冲汉与日方勾结，在取得探矿执照后，探得八个铁矿矿区：

---

① 陈世鸿：《我国煤铁矿与日本国防及工业之关系》，《东方杂志》第19卷第17号，1922年，第94页。
② 《中国矿业近况》，《东方杂志》第14卷第9号，1917年，第167页。

表3.8 鞍山铁矿矿区统计表①

地名		面积（亩）
辽阳县	孤山子、大孤山	1792
	樱桃园山地	1866
	鞍山站鞍山山地	2345
	王家堡子	2046
	鞍山站对面山山地	2674
	关门山山地	700
海城县	小岭子、火龙寨、梨树房身山地	2495
	甸池沟铁石山山地	760

樱桃园铁矿层大体上为一层，在樱桃园和王家堡子的铁矿层中，另外与矿层连接的含有铁绿泥石成分的岩石中，有块状或层状的富矿胚胎。该铁矿由赤铁矿、磁铁矿以及石英所形成。"鞍山炼铁厂在初期投入了最大力量去开采樱桃园富矿，开采能力达到年开采12万吨的水准。"② 关门山在大孤山的东面约7公里处，矿层的层向大体上东西走向，向北急陡，主要矿层有两层。磁铁矿较多，其中也含有角闪石、铁绿泥石、岩酸铁等，容易破碎。小岭子的矿石存在丰富变种，有磁铁矿、赤铁矿、石英、角闪石等。铁石山的矿层宽度为15米，延长约300米，在局部地方形成有小规模赤铁矿富矿，带状铁矿是由赤铁矿、磁铁矿以及石英组成。"满铁"在获得八矿区炭矿权之后，立即通过于冲汉购买矿区土地，总面积14678亩。鞍山一带铁矿埋藏量虽然很大，富矿却很少，绝大部分是含铁40%以下的贫矿，品位低，含硅多，质次价低。

从东北各省铁矿产地来看，主要集中在奉天、吉林两省，黑龙江省的铁矿产量暂没有资料可查。"东北主要铁矿有：鞍山铁矿，庙儿沟铁矿，弓长岭铁矿，歪头山铁矿，千西沟铁矿，七道沟铁矿，鞍子

---

① 苏崇民：《满铁史》，中华书局1990年版，第221页。
② 陈世鸿：《我国煤铁矿与日本国防及工业之关系》，《东方杂志》第19卷第19号，1922年，第83页。

河铁矿，八盘岭铁矿，矿洞子铁矿。"① 其中，矿洞子铁矿属于吉林省，在磐石北30公里，属磁铁矿，铁质良好。吉林省没有官营矿区，皆属民营铁矿。

表3.9 　　　　　　　　**吉林省民营铁矿矿表**② 　　　　　　单位：里、亩

县别	所在地	方向	里数	代表人	矿地面积
桦甸	古洞河大柴山	东	450	苏明阳	1781.25
磐石	玻璃河套	西北	60	孟筱村	2139.76
伊通	高台子山	西南	220	蒋有昶	2325

　　奉天省铁矿埋藏量巨大，铁矿产量丰富，在东北地区占有重要地位。
　　鞍山地区的地貌特征是东南高、西北低，走向与地层走向一致，自东南向西北倾斜。周围蕴藏着极其丰富的铁矿资源及其他资源，为发展钢铁工业提供了良好的物质条件。鞍山市郊及毗邻的辽阳市弓长岭地区，是国内条带状铁矿最为集中的地带。铁矿生成于前震旦纪鞍山群变质岩系之中，称为"鞍山式铁矿"。"它是从山西的五台起，经河北滦县、青龙县，再经辽宁西部的阜新至辽宁南部，转至朝鲜茂山的条带状铁矿成矿带的重要组成部分。这条成矿带有三处矿床规模最大，即弓长岭、鞍山、本溪地区，河北滦县地区，朝鲜茂山地区，其中尤以鞍山、本溪、弓长岭地区最为富集。"③ 铁矿石是钢铁工业的基本原料。"满铁"在强化对东北地区的经济、文化等侵略的同时，将鞍山地区的铁矿资源列为其攫取的目标之一。
　　东、西鞍山铁矿。东鞍山和西鞍山铁矿隔铁路形成东西两座丘陵，交通方便。这两处矿床都缺乏磁铁矿，主要是由赤铁矿和石英所形成的带状铁矿，属于赤铁石英片岩。1916年，振兴公司首先在此进行试验性

---

① 满铁地质调查所：《满洲、蒙古、西比利亚、支那矿产物分析表》，1924年10月，吉林省社会科学院满铁资料馆藏，资料号：04467。
② 陶昌善：《吉林省の矿产》，东亚印刷株式会社1922年版，吉林省社会科学院满铁资料馆藏，资料号：14651。
③ 鞍山市史志办公室编：《鞍山市志·鞍钢卷》，沈阳出版社1997年版，第2页。

开采，1918年7月正式开采。主要是掠夺富矿，东鞍山有2处坑口，西鞍山有3处坑口。由于富矿储量小，不久即被采尽，于是1928年4月停采。此期间西鞍山共计采出矿石15.27万吨、东鞍山约10万吨。

大孤山铁矿位于鞍山市东南约12公里处，该铁矿床西北面主要是由赤铁矿、磁铁矿、石英组成，东南面以磁铁矿和石英为主。内部角闪石和方解石颇多。片状易剥离，比较容易进行粉碎加工。"1916年4月，振兴公司大孤山采矿所进行试掘。1918年正式开采贫矿下盘富矿，1919年开采露天开采贫矿，1926年停采富矿，大规模开采贫矿。"①

樱桃园采矿区于1918年开始进行井下开采，先后建成3座矿井；王家堡子采矿区于1919年开始进行井下开采，先后于王家堡子一矿区、二矿区和三矿区各建1座矿井。当时探矿大部分采用机器，而采矿则用手工作业，搬运用卷扬机由坑内运到坑外，进行人工破碎。

弓长岭铁矿。1918年12月23日，奉天省代表与日本商人饭田延太郎联合成立"中日官商合办弓长岭铁矿无限公司"。1921年12月24日北洋政府农商部正式对该公司颁发执照，但一直未大量开采。1933年该公司转让给昭和制钢所，3月31日签约成立"中日合办弓长岭铁矿无限公司"，开始开采富矿。到1945年日本侵略者投降止，共开采富矿745.4万吨。

1916年7月22日，日本帝国主义为掠夺中国辽东半岛的矿产资源，成立了在"满铁"控制下的中日合办振兴铁矿无限公司。同时在鞍山地区设立了鞍山采矿所、大孤山采矿所和樱桃园采矿所，开始开采该地区的铁矿，并以"卖矿"或"租矿"的形式将矿石供给"满铁"直属的鞍山制铁所及后来的昭和制钢所。

鞍山铁矿位处奉天省辽阳海城两县，属于磁铁矿及赤铁矿。矿区面积400万坪，贫矿含铁平均35%，富矿含铁平均50%—60%，磷分0.02%—0.1%，夹杂物主要是硅酸，调查区域总矿量3亿吨有余。"1915年中日交涉结果，许日人有采掘之权，现归中日合办之振兴公司经营。我国出资者系奉天官宪，日方则为'满铁'。资本3000

---

① 鞍山市史志办公室编：《鞍山市志·鞍钢卷》，沈阳出版社1997年版，第80页。

第三章 调查之手 伸入腹地

万元，中日各半，但矿山部分仅 14 万元。推定之蕴藏量约 15800 万吨。含 60% 以上之矿石不达百万吨。余皆 30%—40% 者，故难以普通冶金法治之。"①

庙儿沟铁矿位处奉天本溪县，属于磁铁矿及赤铁矿，矿区面积 190 万坪，贫矿含铁平均 33%，富矿含铁平均 60%—68%，磷分 0.015%—0.2%，埋藏量 2 亿吨。庙儿沟铁床与鞍山相同，是属于下部前寒武利亚纪的片岩，在片麻岩中形成层次的矿床。矿床由赤铁—磁铁—石英片岩的贫矿组成，其中，把主要由磁铁矿所形成的富矿矿体的主体部分分隔成三处。日俄战争后，大仓财阀迅速在 1906 年 1 月开掘本溪湖煤井，接着着眼于有希望的庙儿沟铁矿山。1907 年 7 月进行了大约一个月的调查，进一步确认了庙儿沟铁矿山是有希望的，于 1910 年 5 月设立了中日合办的本溪湖煤矿有限公司。1911 年 10 月，签署炼铁合资协议的同时又额外增加资本 200 万元，共大洋钱 400 万元，改名为"本溪煤铁有限公司"。与该公司有关系的其他铁矿有：八盘岭铁山、弟兄山铁山及通远堡铁山。该矿区当时仅地表熔出量已 8000 万吨。含 70% 以上者不多，40% 以上是贫矿。

表 3.10　　1918—1925 年鞍山及庙儿沟铁矿区矿产地统计表②　　单位：吨

产地		年份	1918	1919	1920	1921
鞍山铁矿	西鞍山	富矿	—	1953.6	28607.8	27144.40
		贫矿	37500.0	47708.0	10115.5	837.60
	东鞍山	富矿	—	774.6	—	25335.95
		贫矿	—	—	—	—
	大孤山	富矿	—	5369.2	24195.7	20261.71
		贫矿	27691.0	62153.5	4747.0	2167.87

---

① 陈世鸿：《我国煤铁矿与日本国防及工业之关系》，《东方杂志》第 19 卷第 19 号，1922 年，第 83 页。
② 满铁地质调查所：《南满洲矿产地及矿产统计一览》，1929 年 8 月，吉林省社会科学院满铁资料馆藏，资料号：04457。

续表

产地		年份	1918	1919	1920	1921
	樱桃园	富矿	23173.2	29903.0	25632.4	38154.83
	王家堡子	富矿	—	14142.0	55394.0	60660.83
		贫矿	—	—	—	83.48
	共计	富矿	23173.2	52138.4	133829.9	171557.72
		贫矿	65191.0	115016.5	14862.5	3087.95
	合计		88364.2	167154.9	148692.4	174645.67
庙儿沟		富矿	89176	79608	90433	54876
统计			177540.2	246762.9	239125.4	229522.67

产地		年份	1922	1923	1924	1925
鞍山铁矿	西鞍山	富矿	24318.75	32093.10	18591.30	20087.81
	东鞍山	富矿	17307.40	19665.03	10921.55	2518.79
		贫矿	6092.04	—	—	—
	大孤山	富矿	18462.50	13691.40	19596.20	16014.05
		贫矿	600.00	—	—	—
	樱桃园	富矿	35246.83	36497.48	38039.40	27770.40
	王家堡子	富矿	46361.80	76271.00	67956.20	67368.60
		贫矿	—	—	—	—
	共计	富矿	141697.28	188218.03	155104.65	133759.65
		贫矿	6692.04	—	—	—
	合计		148389.32	188218.03	155104.65	133759.65
庙儿沟		富矿	—	25513	65000	65000
统计			148389.32	213731.03	220104.65	198759.65

弓长岭铁矿位于辽阳东南约 45 公里，铁路便利，贫矿含铁平均 40%，富矿含铁平均 60%—68%，埋藏量 35000 万吨，与鞍山、庙儿沟同为东北三大铁矿。弓长岭铁山其地质构造与鞍山铁矿一样，都是有变成岩类和贯穿变成岩的花岗岩或者是花岗片麻岩所形成。弓长

第三章 调查之手 伸入腹地

岭铁矿区供应鞍山炼钢厂的平炉和高炉使用的大部分富矿。

歪头山铁矿位处安奉县姚千户屯驿南约2公里，矿石中含铁平均35%—45%，主要为贫矿。千西沟铁矿位于安奉线通远堡驿西南2公里，属磁铁矿，含铁40%—58%。大栗子沟铁矿位处奉天省帽儿山西南约25公里，属赤铁矿，铁质良好。七道沟铁矿在奉天省通化东南15公里，属赤铁矿，铁质良好。鞍子河铁矿位于奉天省辉南县朝阳镇东南50公里，属赤铁矿，铁质良好。八盘岭铁矿在本溪湖太子河上流60公里，属磁铁矿，含铁35%。其中大栗子沟和七道沟两座矿山，都是自清代已经由朝鲜方面越境移居的朝鲜人进行过开采和冶炼。但是在日俄战争以前，因受到进口铁和山西铁的制约而中途停办。1908年，"满铁"社支援木户太郎等人对两座矿山进行调查。

抚顺铁矿均为鞍山式条带状磁铁石英岩型沉积变质铁矿，属"鞍山式铁矿"，赋存于太古界鞍山群通什村组和石棚子组古老变质岩系中。矿体形状呈似层状、扁豆状、透镜状，常成群出现。矿体规模变化较大，长度由数十米至数百米，最长可达1—2千米；厚度为1—30米，最厚可达40米。矿石以条带状为主，其次为致密块状。矿床多以小型为主，多数矿床的储量在1000万吨以下，其中不足百万吨的约占一半以上。矿石品位较低，一般为Te 30%—35%，远景储量约2.3亿吨以上，属需选型（贫）铁矿石。矿石类型有磁铁石英岩型，如傲牛—洋湖铁矿，为易选型矿石；部分为磁铁角闪石英岩型，为难选型矿石。

通化地区铁矿主要属于赤铁矿、褐铁矿和硫化铁。[1]

赤铁矿：二道江铁矿距通化车站3公里，为震旦系钓鱼台组，铁质角砾岩，属沉积性小型矿床。大顶子山麓铁矿位于通化市西北2.5公里。矿体产在石英岩和铁质细砂岩接触带，长15米、宽5米，呈扁豆状产出，为热液充填型赤铁矿，矿石品位Te 30%—50%。哈尼河湾铁矿位于环通乡与葫芦套乡交界处。矿体围岩为钓鱼台组紫红色含角砾，石英砂岩及铁质胶结角砾状石英砂岩，长几十米，厚0.5

---

[1] 高士心主编：《通化市志》，中国城市出版社1996年版，第49页。

米，为沉积型赤铁矿，矿石品位 20% 左右。自安村铁矿含矿围岩为钓鱼台组石英岩，矿体呈透镜状，宽 2.5—5 米，属沉积成因类型，矿石品位 Te 35%—40%。江南村铁矿矿体附于钓鱼台组石英岩中，有 5 个含矿层，长 80 米，宽约 15 米，属沉积型赤铁矿，矿石品位 Te 30%—50%。

褐铁矿：四道沟褐铁矿位于铁厂镇四道沟村东 1 公里的冰湖沟。矿床为震旦系八道江组；矿围为白云质灰岩、砾岩、页岩及石英岩。属淋滤成因型矿点。二道沟褐铁矿位于铁厂镇二道沟，矿层为震旦系泥灰岩破碎带，属淋滤型矿点。

硫化铁分布在金厂岭坡南、坡北各一处。北坡硫化铁矿矿体附于老岭群花山组大理岩中，见有 3 条矿化带，长 70—245 米，宽 1 米左右。品位为 14%，属热液成因型矿化点。南坡硫化铁矿含矿围岩为白云质大理岩，由 3—4 条矿脉组成，矿体厚 2—3 米，矿石品位 20%。另在五道江镇洋湖沟发现硫化铁矿化点。

奉天本溪县铁矿在安奉铁路之本溪湖南 30 公里左右。该铁矿曾厚约 12 密达，呈坡形直卧在横绿石板与竖悬之晶体石灰之间，属磁铁矿。1903—1926 年虽经外国人多次勘探，但均未探明准确储量。1927—1928 年本溪湖煤矿公司处于炼铁发展需要再次勘查，并设立铁厂专门采炼铁矿。安奉铁路以北的山中也存有铁矿，平均厚有 1 密达，与前者同属一矿脉。

东北铁矿以赤铁矿为主，鸭绿江沿岸分布尤广。所含铁成分不够富足，但矿量巨大，用于制铁材料极好。鞍山铁矿与庙儿沟铁矿两矿区在东北地区铁矿储量居首位。鞍山铁矿总铁矿量约 15755 万吨，铣铁量 5500 万吨。庙儿沟属磁铁矿，其突出地表部分约在 8000 万吨以上，其品质富矿 60%—70%，贫矿也有 30%—40%。"现今本溪湖制铁，每日制铣 130 吨。铣铁之品质颇良。含磷亦少。满洲制铁业之将来至可刮目者也。"[①]

---

① 《中国矿业近况》，《东方杂志》第 14 卷第 9 号，1917 年，第 167 页。

表 3.11　　　　　1918—1927 年奉天省鞍山、本溪湖、
　　　　　　大连三地铣铁埋藏量统计表①　　　　单位：万吨

年份＼产地	鞍山	本溪湖	大连	合计
1918	—	44965	—	44965
1919	31620	78841	15715	126176
1920	75273	48845	11367	135485
1921	57184	31017	—	88201
1922	66747	—	90	66837
1923	73460.56	24388.73	—	97849.29
1924	94501.40	51950.00	—	146451.40
1925	89675	50000	—	139675
1926	146327	51000	—	197327
1927	192890	50500	—	243390

表 3.12　　　1918—1927 年奉天省硫化铁矿埋藏量统计表②　　　单位：万吨

年份＼产地	本溪湖	草河口（杨木沟）	烟台	通远堡（林家台）	合计
1918	1146	—	591	—	1737
1919	1166	—	589	—	1755
1920	1107	—	208	—	1315
1921	1221	—	138	—	1360
1922	1112	—	405	—	1517
1923	1469	—	877	—	2346
1924	1159	—	964	800	2923
1925	1324	711	901	130	3066
1926	947	1314	495	—	2756
1927	890	1400	627	—	2917

---

① 满铁地质调查所：《南满洲矿产地及矿产统计一览》，1929 年 8 月，吉林省社会科学院满铁资料馆藏，资料号：04457。
② 满铁地质调查所：《南满洲矿产地及矿产统计一览》，1929 年 8 月，吉林省社会科学院满铁资料馆藏，资料号：04457。

铣铁即生铁，硫化铁属黄铁矿。这些矿产可以进一步铸造成钢材，可供日本制造武器及满足日本国内内需。"满铁"对东北铁矿、铣铁、硫化铁的调查巨细靡遗，为日本进一步攫取东北的铁矿资源奠定了良好的基础。

（二）日资的侵入与渗透

日本对外侵略政策有其必然性。它一面是由于地少人多，必须向外发展的整个日本国家的需求，一面是因为日本纯粹是一个军国主义和帝国主义的国家组织，对外侵略的野心一直都存在，等待时机一触即发。1915年，日本提出"二十一条"强迫中国政府同意由日本取得更多的在华矿权。涉及的铁矿主要有：奉天海城、盖平、辽阳鞍山、吉林和龙县杉松关铁矿。由于中国人民的反对，日本没能马上获得这些矿的矿权。而后，由"满铁"接办了奉天辽阳的鞍山铁矿和大孤山铁矿，归"满洲制铁株式会社"经营。

东北的铁矿储量以奉天省最多。省内铁矿主要分布在辽河流域的鞍山、辽阳、本溪一带，可分为三个较大的铁矿区，即鞍山地区铁矿、弓长岭区铁矿和歪头山至大河沿铁矿区。其中弓长岭的富矿对昭和炼钢厂的经营有重要作用。从1909年开始，日本人就对鞍山矿产资源进行过秘密调查，1916年，日本侵略者陆续在东西鞍山、小岭子、铁石门、樱桃园、王家堡子、一担山、眼前山、大孤山、小房身等矿进行掠夺式的开采，使这个地区的铁矿资源遭受严重破坏。1918年，"满铁"开始开采奉天省辽阳县的樱桃园铁矿，后归"满洲制铁株式会社"经营。

表3.13　　　　1918—1923年东北地区的中日铁矿矿夫及

劳役人员统计表[①]　　　　单位：人

年份	日本人	中国人	总计
1918	10021	643603	653624
1919	97528	946124	1043652

---

① 关东长官官房文书课：《关东厅第十八统计书（大正12年）》，1924年11月，吉林省社会科学院满铁资料馆藏，资料号：04460。

续表

年份	日本人	中国人	总计
1920	36890	1181675	1218565
1921	16715	650622	667337
1922	11770	426952	438722
1923	8177	681057	689234

从表中可知，中国矿夫所占的比重远大于日本人，中国人作为廉价劳动力为日本人掠夺中国的矿产"服务"，且各项待遇都受到压榨。

对东北铁矿资源的攫取，日本采取的形式更为隐秘。没有强行掠夺，没有武力占有，而是通过对当时的中国政府施加压力，通过"二十一条"力图让其行动在合法的范围内进行。这样做，一方面不会受到国际舆论的压力，更重要的是不直接激起中国人民的反抗，可将行动成本降到最低。有了条约的支持，日本人在东北地区的一系列调查和掠夺行动全面展开。

（三）主要矿企的发展

"中日合办"是当时中国东北的铁矿企业运营的主要形式。东北的铁矿产地及所属权利关系如下：

表3.14　　　　　　　东北铁矿资源信息调查表[①]

产地	矿石种类	品质	矿量	权利关系
鞍山	磁铁矿、赤铁矿	稍良	颇多	中日合办鞍山振兴铁矿无限公司
庙儿沟	磁铁矿、赤铁矿	稍良	适中	中日合办本溪湖煤铁公司
弓长岭	磁铁矿、赤铁矿	稍良	适中	中日官商合办弓长岭铁矿公司
千西沟	磁铁矿	稍良	较少	中日合办本溪湖煤铁公司

---

① 满铁地质调查所：《南满洲矿产地及矿产统计一览》，1929年8月，吉林省社会科学院满铁资料馆藏，资料号：04457。

续表

产地	矿石种类	品质	矿量	权利关系
八盘岭	磁铁矿	稍良	较少	中日合办本溪湖煤铁公司
歪头山	磁铁矿	稍良	适中	中日合办本溪湖煤铁公司
大栗子沟	赤铁矿	良好	较多	—
七道沟	赤铁矿	稍良	较多	—
鞍子河	赤铁矿	稍良	较多	冯金声
矿洞子	赤铁矿	稍良	较少	兴亚铁炉公司

鞍山铁矿蕴藏量虽然丰富，但绝大部分为贫矿，在这一点上不如本溪湖的铁矿。但该矿交通便利，开采和运输都具有有利条件。"1916年鞍山铁矿由北洋政府批准中日合办。该矿产量1926年约105万吨，1927年89万吨。"[①] 所产铁矿石完全由日资鞍山制铁所收买。全东北铣铁产量中日资企业所占比重（1926—1930年平均）东北产量28.4万吨，且全部是日资企业产出。

中日合办企业双方出资比例，一般的情况是中日各半，但实际并不尽然。在东北，中日双方的投资比例是十分不平衡的。例如弓长岭铁矿的投资比例是中四日六分配，中方以矿权作股，日方以现金作股。合同规定股本总额100万日元，这100万日元完全由日方投入，其中60万日元作为日股，40万日元作为给中方的华股，以后增资时也照此办理。通过这种股份的比例进而分配权益的多少，且在实际的操作中日方占有的权利和资源远远超过了约定的比例。一个企业，虽然有日本的资本侵入，但在实际的经营中则受到日本部分或全部地操纵。由此可见，"中日合办"是日本控制东北铁矿企业的重要形式。

1. 中日合办振兴铁矿无限公司

1909年8月，"满铁"派人对鞍山地区进行非法的秘密探矿，先后调查了铁石山、西鞍山、东鞍山、大孤山、樱桃园、关门山、小岭子、弓长岭等10余座铁矿山，并发现了大石桥菱镁矿、烟台黏土矿

---

① 杜恂诚：《日本在旧中国的投资》，上海社会科学院出版社1986年版，第151页。

第三章 调查之手 伸入腹地

等资源，为在鞍山地区开矿建厂冶炼钢铁作准备。1915年5月，日本帝国主义胁迫袁世凯签订了丧权辱国的"二十一条"，攫取了东北南部铁矿资源开采特权。同年8月到10月，"满铁"纠合日本本土的八幡制铁所进行详细勘探，查明了鞍山地区的地质矿藏。11月，"满铁"总裁中村雄次郎提出了投资2000万日元建立制铁所，掠夺鞍山地区钢铁资源的计划。1916年4月17日，"满铁"获得日本政府批准在奉天成立了假合办的振兴铁矿无限公司，经营鞍山店、小岭子、大孤山、关门山、樱桃园、王家堡子的铁矿采掘事业，资本金14万元，名义上中日各出一半，实际上全数由"满铁"支付，日方代表镰田弥助，中方于冲汉挂空名，出卖中国利权。"鞍山振兴公司，在1933年5月，便由伪国策会社昭和制钢所收买了去，价3400万日元，在日本积极经营后，生铁产量占到日本产量的第二位。"[1]

1916年7月22日，中日合办振兴铁矿无限公司总局（以下简称振兴公司）在奉天成立。该公司在千山（今鞍山旧堡）设采矿总局，两年后总局迁至鞍山。振兴公司操纵于冲汉与中国政府交涉，采取贿赂政府官员等手段于1917年3月获得大孤山、樱桃园、鞍山山地（含东鞍山、西鞍山）、王家堡子、对面山、关门山、小岭子、铁石山8个矿区（总面积达14578亩）的开采权。1921年8月，又获得了白家堡子、一担山、新关门山等3个矿区（面积7259亩）的开采权。

振兴公司在鞍山地区设立三个采矿所。一是鞍山采矿所（包括东、西鞍山，小岭子，铁石山），从1916年开始进行弃贫采富的掠夺式开采，至1928年因富矿采完而停止；二是樱桃园采矿所（包括樱桃园、王家堡子、一担山、眼前山、关门山、新关门山等），1918年开始采樱桃园的富矿，1919年开采王家堡子富矿，当时王家堡子年产量约10万吨，樱桃园年产量约8万吨；三是大孤山采矿所（包括大孤山和小房身），1916年进行试采，1918年以贫矿下部的富矿为目标进行开采，1919年以露天法开采贫矿，1926—1933年采量为

---

[1] 鞍山市史志办公室编：《鞍山市志·鞍钢卷》，沈阳出版社1997年版，第2页。

480万吨。

振兴公司的铁矿石悉数以"卖矿"或"租矿"形式供给"满铁"直属的鞍山制铁所及以后成立的昭和制钢所炼铁，供需双方实质上是"满铁"内采矿部和制铁部上下工序间的关系。振兴公司创立以来，资金、经营及人事等完全处在"满铁"控制之下，它和"满铁"可以说是异名同体。振兴公司经营至1940年12月7日宣布解散，并入昭和制钢所。

"满铁"地质调查所对鞍山一带铁矿进行非法勘查之后，1910年2月，又对弓长岭矿进行了勘查。在确认了铁矿的大量存在之后，"满铁"遂于1915年从日本八幡制铁所招聘来5名专业技术人员，对鞍山铁矿做了为期两个月的详细调查，并写出长达120余页的《南满洲铁矿调查报告》。当时调查的范围是东、西鞍山，铁石山，小岭子，大孤山，樱桃园，王家堡子，关门山及大碇子等8个矿区。1915年前后，"满铁"地质调查人员还相继调查了其他矿藏，从而为鞍山制铁所的建立奠定了基础。1919年，为勘查富铁矿，"满铁"开始调查新的矿区。日本一些资本家也开始开采弓长岭的富矿。1921年，"满铁"邀请美国地质、采矿及选矿专家，对鞍山铁矿进行调查研究，其主要目的是进行贫矿选矿处理。以后"满铁"地质调查所又陆续对鞍山铁矿及其他辅助原料矿山进行一些调查。1929年，发现了大连甘井子石灰石矿。至1942年为止，昭和制钢所所属铁矿山的探明储量为2.2亿吨。

2. 中日合办本溪湖煤铁公司成立

本溪矿产资源丰富，具有发展钢铁工业得天独厚的条件。本溪境内铁矿储量大、品质佳，具有低磷、低硫、杂质少、可选性强的特点，是冶炼铸造生铁的理想原料。"主要铁矿石分布点在庙儿沟、思山岭至卧龙、欢喜岭、歪头山、红旗岭、梨树沟、北台至大河沿贾家堡一带，零星小矿点散布在草河口、下马塘、连山关一带。矿床类型以鞍山式铁矿床为主，间有少量的矽卡岩型铁矿床和热液型铁矿床。鞍山式铁矿床矿体规模大、埋藏较浅、含铁层比较稳定，矿体多呈层状，适于露天开采，且以其铁矿石储量多、质量优、杂质少、易采、易选而享有盛名。"①

1910年5月22日，在日本强迫下中日合办本溪湖煤矿公司成立。合同规定公司资本为龙洋200万元，中日各出一半。日方以大仓财阀于1906年开办本溪湖炭矿投入的机械设备折价100万元；中方以矿产资源作价35万元，另缴股金65万元。但日本并不满足，1912年10月日本大仓财阀胁迫东三省总督签订《中日合办本溪湖煤矿有限公司附加条款》，实行煤铁联营，增加资本龙洋200万元，中日各半，攫取了在距离本溪湖50公里内地区经营铁矿的合办权。因此，公司改称为"本溪湖煤铁公司"。公司拥有本溪县本溪湖的煤矿，又有庙儿沟、八盘岭、通远堡等铁矿多处，并有采掘窑子峪等处矿山的优先权。它经营采煤、采铁、制铁业务。"资本金最初北洋银200万元，经过两次增资，合计700万元，到1921年资本达10000万元。双方各出半数。"② 日方代表为大仓代表岛冈亮太郎，中方为政府代表巢凤冈，且双方约定排除第三国资本加入。1914年2月，为建设2号炼铁高炉，资本增至700万元。

1927—1928年，商办本溪湖煤铁有限公司出于炼铁发展的需要，由旅顺工业大学日本教授都留一雄和藤田义象对庙儿沟铁矿进行勘察。这次勘察取得了较为详细的地质资料，并写出了《庙儿沟铁山的地质与矿》的报告，称庙儿沟铁山形成于前寒武纪，系由原生沉积即海水化学沉淀而成。矿石种类属鞍山式磁铁矿，矿石储量地表以上贫矿2亿吨，富矿600万吨。

日本大仓财阀来到本溪以后，先开煤矿，后开铁矿冶炼钢铁，并设置统管煤铁的领导机构和管理部门，在其内部分设煤、铁专管机构，一些综合部门则统管煤、铁两方面业务。1911年，日本大仓财阀与中国政府达成合办炼铁合同之后，将原本溪湖商办煤矿有限公司改为商办本溪湖煤铁有限公司。"公司设总办和理事，下设3部11

---

① 本溪满族自治县党史地方志办公室编：《本溪满族自治县志（上）》，辽宁民族出版社2009年版，第430页。
② 张雁深：《日本利用所谓"合办事业"侵华的历史》，生活·读书·新知三联书店1958年版，第38页。

科：营业部、制铁部、采炭部、秘书科、贩卖科、庶务科、会计科、熔矿科、原料科、采矿科、坑务科、制材科、机械科、修筑科。1920年，国际市场铁价下跌，生铁产量被迫减产，为压缩开支，大力裁减机构，将3部11科改为1处4科：秘书处、总务科、制铁科、采矿科、工务科。"① 1923年以后，生铁销售市场好转，公司炼铁系统的生产建设不断扩大，到"九·一八"事变后，商办本溪湖煤铁有限公司为日本大仓财阀独占。

企业的职工队伍，从中日合办本溪湖煤铁公司时起，随着生产的发展逐渐壮大，工人数量也急剧增多。"据《本溪矿业调查》记载，1915年商办本溪湖煤铁有限公司有从业人员4072人，占当时本溪地区员工总数的79.4%。1919年增至7729人，其中职员278人，占总数的3.6%；工人7451人，其中中国工人6807人，日本工人644人。除采炭夫、掘进夫2515人外，从事采矿、冶铁的工人和职员约有5000多人。"② 从1915年的4000余人发展到1944年的6万余人。当时，这支队伍生活在社会的最底层，备受日本侵略者和封建把头的残酷压榨。他们收入低微，生活条件恶劣，而且经常挨打受骂，稍有反抗就会被置于死地。

1911年商办本溪湖煤铁有限公司成立的当年，大仓财阀在"中日合办"的幌子下侵吞了庙儿沟铁矿，作为公司炼铁原料基地，并陆续从英、德等国引进炼铁设备和生产技术。1915年1月，1号高炉点火投产，设计能力为日产生铁130吨，当年产量为2.94万吨。1917年12月，2号高炉建成投产，日产能力亦为130吨。1919年产量7.88万吨。第一次世界大战结束后，国际市场生铁滞销，1920年产量下降到4.88万吨。到1930年，生产铁矿石14.1万吨，生铁8.5万吨，焦炭13.2万吨。1931年"九·一八"事变，大仓财阀独霸公司后加紧掠夺资源，生铁产量一增再增。

中日合办本溪湖煤铁有限公司期间，制铁部分的外销产品主要有

---

① 《本溪市志》，大连出版社1998年版，第11页。
② 《本溪市志》，大连出版社1998年版，第25页。

焦炭、生铁。"1915—1920年，累计销售生铁3万吨。1924年试制成低磷铁，生铁销量由1923年的2.35万吨增至5.23万吨。"① 1926年以后，本溪湖1号焦炉及焦油回收、硫铵、硫酸等场分别建成投产，产品种类和销量逐年增加。1930年外销焦炭12.9万吨、生铁7.36万吨、铁矿石14.1万吨。销往东北、河北、山东、中国台湾及日本、朝鲜等国家和地区。

四　金矿

"满铁"经营的调查事业在日本侵占东北的金矿资源过程中起到了至关重要的作用。插手东北的金矿业，是"满铁"及日本预谋侵占东北资源行动中重要的一环。作为调查东北金矿资源的主要机构，"满铁"调查部从1907年3月成立之日起便开始进行调查，直至1932年撤销，为日本掠夺东北的金矿资源提供了可靠的参考资料及情报资源。在资源掠夺方面，日本侵占我国东北后，对我国东北金矿资源主要采取两种掠夺方式：一是通过借贷的方式逐步吞并我国私营的民间采金事业；二是利用伪满洲国的名义强行宣布金矿国有，进行强制垄断。

（一）采金历史与变迁

中国东北物产丰富，沃野千里，金矿资源十分丰富，蕴藏量大，种类齐全，是我国主要的产金地区之一。从地质学的角度看，金矿可分为四种：新冲积层、古冲积层、第三纪沙石、花刚片石与变形岩中之石英矿脉。其中第一种最为重要，东北地区的金矿就属于新冲积层形成的矿种。② 东北的四大河流——黑龙江、鸭绿江、图们江和辽河流域广泛，为金矿的形成提供了良好的自然条件。自古生成的花刚石岩等被水冲蚀，所含金质沉淀而成矿床。据史书记载，早在汉代人们就已经发现与认识东北地下蕴藏着煤、铁等矿；魏晋时期已经开始采金；辽金时期，

---

① 《本溪市志》，大连出版社1998年版，第180页。
② 愈之：《中国之矿产》，《东方杂志》第14卷第9号，1917年，第35页。

在抚顺、老虎台、太子河一带进行采煤,在辽阳附近采掘铁矿;到了明朝,辽阳曾设置户部司监督炼铁。自清代开始,视东北为龙兴发祥之地,对东北采取的封禁政策,尤其对开采矿业更进行严厉限制。直至19世纪80年代,东北矿业(主要是金属矿业)才逐渐兴办起来。①

黑龙江流域的采金史可以追溯到唐代天宝年间。"据北齐魏书记载,东北在公元508年以前就有黄金产出。《金史》也曾记载,金国的国号就是出自一条产金河流的名称。到了清光绪年间,还出现了一条从嫩江到额尔木河,再到漠河,长达一千多公里的'黄金之路'。"②黑龙江省内蕴含的矿产主要是煤和金,金矿以砂金为主,此外还有斑岩型、石英脉型及砂卡岩型金矿,主要产金地有黑河的瑷珲、呼玛和萝北、汤原、黑龙江流域的漠河以及牡丹江流域的依兰、绥芬河等地,其他地区还有东宁县金厂、穆棱县雷锋沟、瑷珲县罕达气和红叶子,桦川县驼腰子、黑背、石头河子及寒虫沟也是重要的金矿产地。黑龙江省漠河县是中国重要产金地之一,开采历史悠久,产金数量巨大。漠河县的金矿分布在老沟、富克山、瓦鲁库托河、兴华沟、古莲河、夹五克河、马大尔河、龙沟河、马尼契河、大林河等地。"1914年全省金产量为8.6万余两,是中华民国时期的最高纪录。"③"兴安岭"满语称"金阿林",为金山之意。黑龙江干流似鹅头状环绕,其支流星罗棋布于大、小兴安岭之中。在这些大小河川流经地带,蕴藏着丰富的砂金资源,著名的团结沟、北沟、南沟、小渔河、五道沟、罕达气、兴隆沟等砂金矿似闪闪发光的宝石镶嵌在祖国的北疆上,故有"金镶边"的美称。

吉林省的金矿以石英脉型金矿为主,其次是伴生金矿和砂金矿,主要分布于吉林、伊通、濛江、农安、舒兰、磐石、延吉、宁安、东宁、额穆、汪清、和龙、依兰、密山、绥远、桦甸、安图、珲春、桦川、穆棱等地。著名的矿床有大黑山、二道甸子、夹皮沟、小西南岔

---

① 东北三省中史学会、抚顺市社会科学研究所:《东北地区资本主义发展史研究》,黑龙江人民出版社1987年版,第65页。
② 孙启祯:《黄金趣闻与实用》,地质出版社1997年版,第102页。
③ 《黑龙江省志·总述》,黑龙江人民出版社1999年版,第203页。

和珲春河。其中，"满铁"对珲春县及延吉县金矿情况做了单独的统计。珲春县金矿产地有：老龙口、三道沟、柳树河子、香房沟、五道沟、砂金沟、大六道沟、老头沟及西北岔。延吉县金矿产地有三处，分别位于鹁鸽磖子、转心湖及三道湾，这三处矿质主要为河金。①

表 3.15　　　　吉林省部分民营金矿矿区统计表②　　　　单位：里、亩

地区	矿产	所在地	方向	里数	矿区面积
磐石	金	帽儿山	东南	35	1080
磐石	金	大泉眼	东北	50	1368
延吉	金	鹁鸽磖子	西北	60	2560
东宁	金	小绥芬河	西北	120	2800
桦川	金	双龙河	东南	220	2700
伊通	金	筲条背	西南	230	2655.52

奉天省矿产主要集中在辽河流域，省内有色金属矿产有铜、铅、锌、金等，此外还有银、锡、锰、铬。金矿以石英脉型金矿为主，主要矿床有五龙、四道河、柏杖子等金矿。

由此可见，东北各省除煤、铁外，其他矿产中储量较多的为金矿。东北的金矿产地因矿林大、产量丰富而署名的有松花江东源流域的夹皮沟，鸭绿江上游通化附近的大庙沟、五凤楼、北山城子，东南方的香炉碗子，以及"满铁"沿线铁岭站东的柴河堡等。根据资料显示，"满铁"对金矿的调查及掠夺也较其他矿产多。

（二）"满铁"的立案调查

根据"满铁"对东北各省金矿产地的调查，黑龙江省主要金矿产地有三河流域金厂、吉拉林金厂、安皮骨金厂、乌玛金厂、奇干金

---

① ［日］田中作：《吉林省の矿产》，东亚印刷株式会社 1922 年版，吉林省社会科学院满铁资料馆馆藏，资料号：14651。

② ［日］田中作：《吉林省の矿产》，东亚印刷株式会社 1922 年版，吉林省社会科学院满铁资料馆馆藏，资料号：14651。

厂、漠河金厂、盘古河金厂、伊昔肯河金厂、富拉罕金厂、呼玛金厂、余庆金厂、宽河金厂、达彦河金厂、逢源金厂、欢都金厂、梧桐河金厂、赫金河金厂。吉林省有三姓金厂、五虎林金厂、兴隆沟金厂、绥芬金厂、东沟金厂、蜂蜜沟金厂、三道沟金厂、夹皮沟金厂。奉天省有三道沟金厂、万宝盖子金厂、香炉碗子金厂、柴河堡金厂。[①] 1922年"满铁"调查部对吉林全省金矿产地的分布做了详细统计。

表3.16　　　　　　　　　　吉林省金矿产地统计表[②]

县别	所在地
吉林	富太河、二道沟、车贝子沟、杨木沟、五家哨
伊通	青堆子、筲条背
濛江	东北岔上掌、煖木条子沟、新开河
农安	伊通河畔
舒兰	三岔河
桦甸	夹皮沟、票子沟、韩家沟、沙河子、头道河子、八道河子
磐石	帽儿山、黑石镇头道沟、大泉眼
延吉	鹁鸽磠子、三道沟、旺百脖子
宁安	浅水沟、五虎林
珲春	东沟
东宁	小绥芬、缸岚河、万鹿沟、胯子沟、交界顶子
额穆	北大洋、胡家店
汪清	梨树沟、托磐沟
和龙	彩水岭庙沟、二道沟里蜂蜜沟、三道沟张大院河福水尾石门子、旺百脖子、城子沟、夹皮沟、小六道沟、怀庆街、五龙洞
依兰	三姓（官营）、三姓吉星河、锅盔山牛样子沟、黑背山
密山	兴隆沟、南天门、青山子苇子沟
绥远	蒙得牙萨、秦皇渔通
桦川	大沿沟七星磠子、小正身河、双龙河、东沟
穆棱	凉水泉子、楸皮沟、拐木桥子、三颗顶子、大梨树沟

---

① 《满洲、蒙古、西比利亚、支那矿产物分析表》，满铁地质调查所1924年版，吉林省社会科学院满铁资料馆馆藏，资料号：04467。

② [日]田中作：《吉林省の矿产》，东亚印刷株式会社1922年版，吉林省社会科学院满铁资料馆馆藏，资料号：14651。

第三章 调查之手 伸入腹地

在掌握吉林全省金矿产地分布后,"满铁"调查人员对个别矿区做了更详细的测量和分析。纵观吉林省各矿产区,民营矿区占主要部分,官营矿区则较少。

表3.17　　　　　　吉林省个别金矿产地详细统计表①

县别	所在地	方向	里数	矿区面积	类别
桦川	东沟	东南	220	1200余亩	官营
依兰	黑背山	东南	180	700余亩	官营
磐石	帽儿山	东南	35	1080亩	民营
磐石	大泉眼	东北	50	1368亩	民营
延吉	鹁鸽磖子	西北	60	2560亩	民营
东宁	小绥芬	西北	120	2800亩	民营
桦川	双龙河	东南	220	2700亩	民营

由上表所示,吉林省的民营矿区占主要部分,官营矿区很少。在这次调查中,"满铁"还将珲春县及延吉县金矿情况做了单独的统计。珲春县砂金产地有:老龙口、三道沟、柳树河子、香房沟、五道沟、砂金沟、大六道沟、老头沟及西北岔。延吉县金矿有三处:鹁鸽磖子、转心湖及三道湾,这三处矿质主要为河金。

表3.18　　　1924年"满铁"对东北南部金矿产地调查统计表②

地区	位置	权利关系
杜家屯	普兰店东南2邦里	—
隋家屯	普兰店东2邦里	—
袁家屯	普兰店东北约1邦里	—
老铁山	旅顺南1邦里	—

---

① [日]田中作:《吉林省の矿产》,东亚印刷株式会社1922年版,吉林省社会科学院满铁资料馆馆藏,资料号:14651。
② 满铁地质调查所:《南满洲矿产地及矿产统计一览》,1929年8月,吉林省社会科学院满铁资料馆馆藏,资料号:04457。

近代中国东北路矿资源流失问题研究

续表

地区	位置	权利关系
梅家屯	关东州三十里堡东南 3 邦里	—
分水	"满铁"本线分水驿东南 350 米	佟玉书
五凤楼	兴京东北约 90 支里	兴丽金矿公司
长岗	安东驿与宽甸中间	—
香炉碗子	北山城子东南 35 支里	兴国公司
报马川	通化南 15 邦里	江云章
夹皮沟	吉林东南 380 支里	地主、韩文乡
金厂屯	魏子窝东北 5 邦里	—
三八旦	北山城子东 20 支里	周文芳
帽儿山	帽儿山北 1 邦里	东兴公司
大庙沟	通化南 15 支里	采金局（官商合办）
柴河堡	铁岭东 55 支里	—
夹山	兴城县绥中北东 30 支里	冯金声

注：1 邦里 = 3.927 公里；支里 = 华里，秦汉年间，1 支里等于 300 步。1908 年 1 华里 = 57.6 米，1929 年 1 华里 = 500 米。

表 3.19　　　　1926—1931 年"满铁"对吉林、黑龙江
两省金矿产量调查统计表[①]

产地		年份 1926	1927	1928	1929	1930	1931
吉林	稜川	—	—	—	5000e	10000e	10000e
	延和	956	1000e	1000e	1000e	1000e	1000e
	合计	956	1000e	1000e	6000e	11000e	11000e
黑龙江	逢源	26486	15500	10000e	5000e	10000e	4382
	德源	865	130	100e	—	100e	30
	古溪	72	50	50e	—	100e	28
	源利	—	1000	—	—	100e	61

---

① 南满洲铁道株式会社地质调查所：《满洲主要矿山出产额统计表》，1929 年，吉林省社会科学院满铁资料馆馆藏，资料号：04460。

续表

年份 产地	1926	1927	1928	1929	1930	1931
利源	—	362	—	—	100e	100e
大成	—	60	—	—	100e	100e
裕边	3926	860	100e	—	—	103
至诚	144	72	—	—	—	—
宏业	—	—	—	—	—	—
振兴	199	—	—	—	—	47
兴安	10000	7700	6000e	2000e	10000e	6075
呼玛河	1000	1000	1000e	—	1000e	1000e
伊昔肯	—	2000	2000e	—	1500e	1500e
富拉罕	—	—	—	—	900e	900e
太平	—	900	2400e	—	—	64
梧桐河	—	—	—	—	1000e	1000e
赫金河	—	—	—	—	2500e	2500e
麒麟冈	—	—	—	—	—	—
大吉	—	—	—	—	—	—
库玛	—	—	—	—	—	—
启源	—	—	—	—	—	—
合计	42692	29634	21650	7000e	27400e	17890

注：此表数量单位金为两（日本约为10匁"尺贯法的重量单位之一，1匁为贯的千分之一，古时也称为钱，约3.75克"，或是37.5瓦"1瓦为1克"），其他以吨为基准，本表的各单位数量均使用原来的数量单位，没有进行换算。生产量栏中的横线表示停产，或是生产量不明确需要日后判明后再进行补充。

"满铁"经营的调查事业在日本侵占东北的金矿资源过程中起到了至关重要的作用。1905年日俄战争爆发后，日本从沙俄手中继承了在中国东北的矿业权。至"九·一八"事变前，中国内战频发，根本无力开发资源，在此期间日本趁势大肆开发中国东北的矿产，并使各矿业都得到急速发展。插手东北的金矿业，是"满铁"及日本预谋侵占东北资源行动中重要的一环。"从1905年左右起对整个奉天省的金矿进行了详细普查，但日本人还没有把这些金矿企业化。另外，'满铁'自创业以来就注意到东北金矿产业的重要性，调查南满各地的金矿自不待言，而且对北满松花江上的金矿进行了调查，还调查了黑龙江沿岸砂金地。"①

表3.20　　　　　　　"满铁"部分金矿调查记录②

金矿名	调查年月	调查员
柴河堡金矿	1914年7月	木户忠太郎等
五凤楼金矿	1915年	针尾庆次
海城金矿	1915年12月	白男川泰辅
分水金矿	1927年8月	木村六郎
狗奶甸子金矿	1930年8月	矢部茂
夹皮沟金矿	1926—1928年	木村六郎、矢部茂
黑河附近金矿	1931年5月	矢部茂

关于东北的金矿情形，"满铁"逐步展开了一系列的调查活动。作为日本操纵中国东北金矿资源的具体实施机构，"满铁"为东北的采金事业制定了如下实施纲要：

1. 为了鼓励产金，通常给予大量的贷款，大力进行探矿，增加金矿石的供应。

2. 根据需要贷给凿岩机，支援探矿及采掘。

3. 在矿业课（后来为调查部矿山调查）增配采金技术员，对中小产金业者进行技术上的全面现场指导。

4. 适当考虑请求铁路总局支援搬运矿石。

5. 关于新设和扩充冶炼所选矿场，因需要特殊援助，所以要考

---

① ［日］满史会：《满洲开发四十年史》下卷，辽宁编写组译，新华出版社1988年版，第245页。

② ［日］满史会：《满洲开发四十年史》下卷，辽宁编写组译，新华出版社1988年版，第247页。

第三章　调查之手　伸入腹地

虑提供资金和技术。①

由此可见，"满铁"虽名为公司，但其经营不仅是为经济侵略、开发产业，实际上受日本政府操控来侵占东北全境则是其更重要的目的。所以，"满铁"在进行每个项目开发时都做了极其充分的准备工作。

兴安岭一带矿产的富足也久为外人垂涎，据俄领事署调查："兴安岭山脉之金矿，北部比南部多。由北部以达于黑龙江沿岸，到处皆有金矿发现，开采者已有十余处之多。其南部如喀喇沁右旗内东转子山金矿、西翁牛特旗内红花沟金矿和金厂沟金矿，皆属兴安岭之支脉。又兴安岭之东侧面，即科尔沁旗扎鲁特旗土谢图旗等，尚未着手开采者甚多。其详细虽未能知。据先年法国人之踏查，仅土谢图旗内，已有十数处最好之矿区云。"②

"满铁"对矿产资源的调查主要是为了矿产的勘查及开发，进而为日本控制和掠夺这些资源提供有效的情报资料。"九·一八"事变前，"满铁"在东北的金矿调查活动，因其考察范围非常广泛，因而逐步形成了大量的调查资料，无论从其数量上还是资料的详细程度上来说都是前所未有的，这对日本进一步实施侵略行动无异于如虎添翼。

"九·一八"事变后，日本通过伪满洲国政府为其大规模掠夺东北的矿产资源扫清障碍。1932年3月1日，日本假借伪满洲国政府的名义发表了所谓的"建国宣言"宣布伪"满洲国"成立。3月9日，傀儡溥仪就任伪满洲国"执政"。1934年3月1日，日本伪造民意扶植溥仪称帝，改行帝制，年号"康德"，溥仪由"执政"改当"皇帝"。在给伪满洲国披上"独立国家"外衣的同时，日本对伪满洲国内部实行严格的操控，使伪满政权沦为其在中国东北实施法西斯专政的工具。③日本侵占东北后，1936年日伪实行统制经济，凡是与国

---

① ［日］满史会：《满洲开发四十年史》下卷，辽宁编写组译，新华出版社1988年版，第248页。
② 《东蒙矿产之调查》，《东方杂志》第10卷第7号，1914年，第45页。
③ 岳思平、朱姝璇：《东北抗日联军史》，解放军出版社2014年版，第67页。

近代中国东北路矿资源流失问题研究

防、国策有关的重要产业，都必须由日伪当局进行统制，不允许私人经营。日伪还运用各种手段，侵占了各种矿产资源的所有权，从而奠定了全面掠夺资源的基础。1937年，日伪开始实施所谓"产业开发五年计划"，该计划的基本方针就是大力开发东北的矿产资源，满足战时需要和对日本的"支援"，80%的资金集中于钢铁、煤炭、液体燃料和各种有色金属等战略物资的增产上。日本发动"九·一八"事变的根本目的，就是要完全霸占东北的资源，把东北变为日本的殖民地和扩大侵略战争的战略基地。因此，关东军在制造伪满傀儡政权的同时，便千方百计地掠夺东北的经济命脉，为其奠定经济基础。

日本侵略者为了维持对华战争，派出了大量专家，对东北各地的金矿进行了一系列的勘查、评价和采掘，强迫中国老百姓在极端恶劣的条件下开采金矿。金矿石在当地冶炼，炼成的金条被装车运往日本。日本在旅顺大连租借地及"满铁"公司已派遣专家做过实地调查，形成调查报告。可以凭信的产金地，共有37个金矿山，14个金砂场。主要的区域如下：①

1. 观音山附近——太平金厂。
2. 黑河上流（法别拉哈河流域及宽河流域）——逢源金厂。
3. 呼玛附近——兴安金厂（旧称余庆金厂，呼玛金矿局）。
4. 漠河附近——奇漠金矿局。
5. 汤旺河及梧桐河域——梧桐河恒德金矿局。

东北沦陷之后，富饶的东北金矿资源都被日本所占有，他们开采所谓"国有"金矿，以管制"私有"金矿，出租矿区，收购金砂（强迫地进行）独占了东北的采金工业。据第七次《中国矿业纪要》记载：从1935年到1942年间东北地区产金共达876240两。②

据1936年资料记载，伪满洲国比较有名的砂金矿是：兴安省的三河（库克多博）金矿、吉拉林和奇干河砂金矿；黑河省的漠河金矿、呼玛及瑷珲砂金矿；三江省的三姓（依兰）金矿、汤原县的砂

---

① 江苏省立教育学院：《日本研究小丛书》，江苏省立教育学院1931年版，第231页。
② 曹保明：《淘金》，吉林大学出版社2000年版，第197页。

第三章 调查之手 伸入腹地

金地、萝北砂金地；龙江省嫩江上游的砂金地。这些砂金地绝大部分在东北北部，主要岩金产地是吉林省的桦甸县的夹皮沟、间岛省延吉县八道沟和热河省的金厂沟梁一带。

自1935年8月10日伪满洲国政府公布了《矿业法》以后，日本进一步加强了对金矿资源的控制，严格限制金矿的开采范围。当时"满洲采金株式会社"指定一般企业采金地域是11个省份，102个县。[①] 这些省（县）是：

奉天省：濛江（今吉林省靖宇县）；

间岛省：延吉、汪清、珲春、和龙；

滨江省：宁安、穆棱、东宁、密山、虎林、苇河、延寿、珠河、五常、木兰、宾县、阿城、双城、东兴、巴彦、呼兰、肇东、肇州、兰西、青岗、安达等；

三江省：桦川、富锦、勃利、依兰、方正、汤原、萝北、绥滨、同江、抚远、通河、凤山等；

吉林省：敦化、桦甸、额穆、舒兰、永吉、磐石、榆树、德惠、双阳、伊通、辉南、扶余、长春、乾安、长岭、九台等；

黑河省：瑷珲、漠河、呼玛、乌云、佛山、鸥浦、奇克、逊河等；

兴安东省：巴彦、莫力达瓦、布特哈、喜扎嘎尔旗等；

兴安北省：额尔古纳左翼、额尔古纳右翼、陈巴尔虎、索伦、新巴尔虎右翼旗等；

东安省：饶河、宝清等；

北安省：绥棱、铁骊、庆城、绥化、海伦、望奎、依安、德都、克山、克东、拜泉、明水、嫩江、通北等。

"满铁"对东北金矿资源的调查早在"满铁"成立之初便已开始，此后，随着"满铁"规模的不断扩大，对东北金矿资源调查的深度及广度都有所扩展。尤其是"九·一八"事变后，伪满洲国成立，"满铁"对东北金矿资源的调查与掠夺更加有恃无恐。"满铁"

---

① 曹保明：《淘金》，吉林大学出版社2000年版，第198页。

近代中国东北路矿资源流失问题研究

的调查资料虽然详细，但每部资料侧重点不同，所以体现出来的数据会有所差异，因此，我们在做统计时需要统筹各方面资料进行综合分析。

表 3.21　　　　　1932 年 10 月 23 日伪满洲国国有金矿统计表①

奉天省	本溪	铁箭沟、草河掌、错河沟、背阴河、摩天岭
	凤城	下草河
	抚顺	六家子村
	宽甸	昌甸沟、大清沟
	兴城	夹山子、塔子沟、代家房
	清源	狗奶甸子、景家沟、高家东山、大金厂村、老虎顶子
	铁岭	柴河堡
	通化	大庙沟
	辑安	报马川
吉林省	延吉	鹁鸽硇子、七道沟、八道沟一带
	宁安	五虎林、长石砬子
	珲春	三道沟
	东宁	万鹿沟、小绥芬
	汪清	梨树沟
	绥远	秦皇渔通
黑龙江省	呼玛	伊昔背河流域、宽河流域、小东沟、余庆金厂
	萝北	观音山
	鸥浦	富拉汗
	奇乾	奇乾河流域、神仙洞河流域、伊穆河流域、乌玛河及温河流域
	宝苇	吉拉林金厂、巴卡才
	漠河	漠河金厂
	嫩江	兴安金厂

---

① 满铁经济调查会：《满洲采金事业方策》，南满洲铁道株式会社，1936 年，吉林省社会科学院满铁资料馆馆藏，资料号：17066。

第三章 调查之手 伸入腹地

"九·一八"事变后,东北沦陷。1932年1月底,"满铁"按照日本关东军的要求,扩大了原来的调查课,新设立了为制定具体的开发方针起草方案的调查机关——经济调查会。1932年,日本帝国主义推出清废帝溥仪,在长春建立了伪满洲国傀儡政权。经济调查会与关东军特务部密切联系,进行开发政策的草拟工作,于1933年1月制定出《满洲国经济建设纲要案》,经修改于1933年3月1日,由伪满洲国政府以《政府公报》的形式公布了所谓的《满洲国经济建设纲要》,该纲要标榜"以国民全体的利益为重,排除一部分阶级垄断利益之弊","综合发展各个经济部门,对重要经济部门加以国家统治";实际是要"广求资本世界范围","达到东亚经济的融合","把重点放在同该国(指日本)的协调上,而愈益加强相互扶助"。[1] 同时提出了包括交通、矿业、商业等各个领域的开发方针。实质上这个纲要把中国东北在经济上完全变成了日本的殖民地。

(三)主要矿企的运营

日本侵占我国东北后,对东北地区的金矿资源进行了疯狂掠夺。日本对我国东北金矿资源主要采取两种掠夺方式:一是通过借贷的方式逐步吞并我国私营的民间采金事业;二是利用伪满洲国的名义强行宣布金矿国有,进行强制垄断。著名的夹皮沟金矿就是日本用借贷方式逐步吞并的。这一时期,日本通过"大同殖产株式会社"与"满洲矿山株式会社"先后对夹皮沟金矿进行资源掠夺和经济剥削。仅1940—1945年间,日本就从夹皮沟掠走黄金共达2327.337公斤。

在伪满时期东北的金矿发展中,"满铁"的作用也不容小觑。早在"九·一八"事变以前,"满铁"已经把它的势力范围扩展到了中国东北的全境。1932年1月26日,"满铁"经调会成立。它的任务是进行关于满蒙各种情况的调查,建设方策、计划的研究和起草工作。"满铁"经调会与日本关东军特务部密切配合,起着参谋部的作用。他们妄称具有"高瞻远瞩的国策性质"。1933年"满铁"经调会便开

---

[1] 邱玉林、李新清主编:《夹皮沟金矿史志》,中国文史出版社2005年版,第100页。

始对我国东北地区的资源进行普查,其中就包括对金矿资源的调查。而"满铁"旗下相继成立的各种株式会社,实质上是日本对中国东北实施经济侵略和资源掠夺的具体执行者。日本人对东北地区金矿资源的掠夺,早期是通过"满铁"经调会,后期则是通过"满洲采金株式会社""满洲矿山株式会社"和"东洋拓植株式会社"来实现的。

1934年5月3日日本公布《满洲采金株式会社法》,其中规定:

第一条,政府为开发并经营采金事业设立满洲采金株式会社。

第二条,满洲采金株式会社为股份有限公司以经营,另令所指定之地域内金矿之采掘及制炼事业为目的。满洲采金株式会社的经营实业部大臣认可经营前项事业附带之业务。

第三条,满洲采金株式会社设本店于新京(长春)。

第四条,满洲采金株式会社之资本总额定为1200万元。

第五条,满洲采金株式会社之股份为记名式每股金额定为50元。

还有其他条款中明确规定,政府拥有对金矿的开采、投资、使用和出让权,并规定理事长、副理事长、监事、理事等人选;其中一条是实业部大臣有权指定何时开业和停工;政府设立"委员会",指令株式会社处理的一切日常业务……这就足见,东北所有的金矿资源都已控制在日本人的手中。

"满洲矿山株式会社"成立于1938年,资金总额是5000日元,管辖6个金矿业所(或矿)。[①] 这些矿业所(或矿)是:

1. 倒流水矿业所。1938年7月投产。

2. 夹皮沟矿业所。主要管理夹皮沟等地的金矿。因这里的金矿十分出名,早在清朝时期,便有人在此立矿开采。"满洲矿山株式会社"于1938年接管夹皮沟金矿。

3. 分水金矿。1941年10月建成并投产。

4. 老金厂金矿。1942年6月建成投产。

5. 小石头矿业所。区别于大石头矿业所,1938年4月接管并投产。

6. 穆德河矿业所。

---

① 曹保明:《淘金》,吉林大学出版社2000年版,第197页。

第三章 调查之手 伸入腹地

伪满时期东北的金矿发展与伪满的经济是相互促进，共同发展的。伪满经济大致可以分为三大时期。

第一个时期，1932—1937年，是伪满经济的形成和确立时期。伪满的经济基础，首先是由关东军的武装侵略和劫掠建立起来的。同时关东军推行"统制经济"政策，建立起完全由关东军控制的伪满殖民地经济体系。

第二个时期，1937—1941年，在关东军的主导下，伪满政权提出"产业开发""百万移民"和"北边振兴"三大国策，使伪满经济成为适应日本法西斯侵略战争需要的掠夺性经济。

第三个时期，1941—1945年日本投降，日本侵略者实行"竭泽而渔"式的掠夺，使法西斯主义的战争经济达到高峰，东北资源遭到极大破坏，中国人民遭到了极为残酷的剥削和压迫。[1]

在日本控制东北金矿资源的过程中，不仅资源流失，当时中国矿工的生活也陷入了困苦之中。《盛京时报》中记载了当时铁岭金矿产区矿企形式与矿工生活的情形。"据王某云，自开矿已经三月余，每日矿工二十五人，采金量约二十钱上下。按时价兑每一钱量约日银四元五角余，即二十钱量，共得日银九十元或一百元不等。矿工每日薪水六角，二十五人共日银十五元。此外，税项及一切经费共约若干元，以九十元或百元互相折扣，每日得利不下三四十元，最多可得七十元之谱。"矿工所得工钱尚且如此，采掘方法、生产规模等亦无法与日资企业匹敌。"砂金例须规模尚小，不然督工不易间薄不免矿工偷去，且铁岭附近所有各矿苗地气甚，或每日以矿工约四五十人采取续至四月之久，则尽矣。然此地气稍厚，乃如此他不足言，所以采金初不应大其规模，惟应由一处移一处次第采取。"[2]

日本帝国主义对我国东北丰富的物产资源垂涎已久。日俄战争后，为加强对我国东北地区的侵略，日本在东北设立两个侵略机构：一是1905年10月18日在大连设立的"关东总督府"，后于1906年

---

[1] 史丁：《日本关东军侵华罪恶史》，社会科学文献出版社2005年版，第487页。
[2] 《盛京时报》，第51号，光绪三十二年（1906）十一月初六日。

近代中国东北路矿资源流失问题研究

9月10日改称"关东都督府"。它是日本对我国东北地区实行军事和政治侵略的中枢;另一个机构即"满铁",它和关东都督府互相配合,是日本对我国东北地区进行经济、文化侵略的大本营。1931年9月18日,日本关东军制造了震惊中外的"九·一八"事变,悍然发动对东北地区的全面军事进攻。由于国民党的不抵抗政策,致使日军仅在4个多月的时间内就侵占了我国东北,并于1932年3月成立伪"满洲国"。随后,日本势力便进驻吉林省桦甸县(现桦甸市)夹皮沟,开始对夹皮沟的金矿资源进行疯狂掠夺,对当地百姓实施残暴的剥削。

1. 夹皮沟金矿与韩氏一族

据《北满金矿资源》记载:"夹皮沟位于松花江东源流域苇沙河的发源地,距旧县城桦树林子南东150华里,新县城官街东南180华里的地方。由省城吉林去夹皮沟有水旱两路。旱路400华里,峻岭耸立,异常险阻。其中被称为难关的猴岭之险,上下约20多华里,车马不通,道路狭窄,且春、夏、秋三季间泥深达数尺,行走非常困难。水路由省城松花江逆行到苇沙河口子500华里,再从苇沙河口子旱路行70华里到夹皮沟。""夹皮沟为东北第一山金产地,在矿区附近岩层,以片麻岩层为主,如黑云母片麻岩、花岗片岩等。片理走向大致为东西倾斜向南,倾角自30°—70°,中夹各种岩脉,其性质从酸性到基性,岩脉近南北走向。金矿为脉状,走向与岩层片理方向一致,倾斜方向及角度也略相同,矿脉厚度自0.3—2米不等,左右及上下延长均达200米左右,外形略呈板状,含金品位平均为6—7克/吨至15克/吨,随矿脉之分布及矿脉之厚薄而变化。普通矿脉越厚,含金品位越高,本区矿脉可分为若干比较集中带,每一带和另一带是交错排列,而每一带中的矿脉无论是左右延长或上下延长,也都是交错排列。其中矿物除自然金外,共生矿物有黄铁矿、黄铜矿、磁铁矿、钨锰铁矿、灰重石、方铅矿、菱铁矿、石英、方解石等,而黄铜矿越多之处,脉之品位亦越高。"①

---

① 中国地质学会:《地质评论》,科学出版社1957年版,第106页。

第三章 调查之手 伸入腹地

以夹皮沟为中心，松花江上游左右辉发河、木箕河沿岸一带地区，因在吉林之南，历史上又名为"南山"。这一带森林密布、河涧溪流充斥其间，动植物资源极为丰富，也是砂金、岩金蕴藏丰富的地区。祖籍山东的韩宪宗，因赌博欠债，只身逃亡南山，私采黄金。此后，他以夹皮沟金矿为生财之本，逐渐扩充势力，开辟出著名的"韩边外"地区。历史上，"韩边外"既指韩宪宗、韩寿文、韩登举、韩绣堂四代人，又指"柳条边"外、长白山北麓的广大地区。19世纪中期，"韩边外"地区采金兴盛时，金夫多达四五万人，年产黄金187.5公斤（六万两），曾被誉为"长白山下黄金国"。

从1903年到1931年，韩家共向"满铁"借了三笔贷款：一是1923年韩家经济困难，向"满铁"借款92万元，到1932年"大同殖产株式会社"成立时，本利合计达203万元；二是韩家的兴吉林业公司独立时，与"满铁"签订的出售枕木合同，向"满铁"借款60万元，以后，"满铁"推翻合同，不买韩家枕木，韩家无力偿还；三是1929年韩家为开金矿，向"满铁"贷款200万元排水。韩家向"满铁"借款三笔总金额为352万元（不包括利息），这三笔贷款，使韩家在经济上债台高筑。[①] "九·一八"事变后，韩肃堂（韩登举之子）带着家眷到华北避难，韩家的大小事情由韩锦堂代管，韩家内部的矛盾日益尖锐，各房长门提出清理整顿韩家产业的要求。日本趁机以伪满洲国的名义作出成立"日满合办"的"大同殖产株式会社"，共同开发利用夹皮沟的森林、土地和矿产的决定。以前"满铁"贷给韩家的借款由"大同殖产株式会社"负责偿还，这样"满铁"便退出了夹皮沟。

1933年3月1日伪满洲国发表《经济建设纲要》，关于"矿业"，规定"砂金以及金矿等归国家所有，此外一般对外开放"。伪满洲国的工矿业行政机构，当时为实业部，总长张燕卿。下设3个司，其农矿司长由牧野克已（代理）出任。4月，"满铁"指派"大同殖产株式会社"向韩家索债，要求韩家半年内还清"满铁"的所有债务，

---

① 邱玉林、李新清主编：《夹皮沟金矿史志》，中国文史出版社2005年版，第100页。

如无现金偿还，即以财产抵债。12月23日，韩锦堂（以韩绣堂名义）和韩家大管家姜继昌，与日本"大同殖产株式会社"发起人立花良介、天宸正守等在"满铁"的"监督"下，在吉林西关韩家公馆签订了产权让渡契约，即《合办经营契约书》。规定韩家领域内的矿山、森林、土地权全部转让给"大同殖产株式会社"。契约的主要内容是：

（1）韩家将其领域内之所有森林、矿山、土地权全部让渡给大同殖产株式会社，由该会社与韩家合办经营。

（2）南满洲铁道株式会社借与韩家的债务由大同殖产株式会社负责处理。

（3）对此权利之让渡，大同殖产株式会社对韩绣堂支付现款七十五万元，并对韩家提出两万个股份计股票额五十万元。

（4）保全韩家各种办法。包括保全韩家权利，但韩家不能掌握他的产权。[①]

这个契约的签订，名义上是联合经营，但实际上已由"大同殖产株式会社"接管和经营，所有权已归"大同殖产株式会社"，从此，韩家逐渐丧失了所有的产业。1940年底，韩家召开最后一次家族会议，商议分家。此时韩家家业彻底衰败。分家时，夹皮沟的韩家大房子、韩家西大院早已被日本人占用；吉林西关的韩宅也被日本人占据；桦树林子宅院三层院已被日本人占用其二；韩家宅院路东的"义泰昌"早已易主为姜继昌所有。在这次家族会议上，"大少爷"韩锦堂主持把剩下的宅院全卖掉，两年内把房子拆完，结清债务，余额按股分掉。至此韩家人员鸟散四方。

2. 日本借特殊会社吞并夹皮沟金矿

为抢夺中国东北资源、满足侵略战争的需要，日本迅速控制了中国东北铁路通信金融等经济命脉。"九·一八"事变爆发不久，日本

[①] 邱玉林、李新清主编：《夹皮沟金矿史志》，中国文史出版社2005年版，第101页。

第三章　调查之手　伸入腹地

便通过军事强占、托管经营和"谈判"签约等手段,攫取了除中东铁路以外的中国东北所有铁路的经营权以及新铁路的修建权。1933年3月1日,经过日军关东军和"满铁"的长期谋划,伪满政府公布了所谓《满洲国经济建设纲要》。"此《纲要》共分10个部分,囊括了交通、工矿、金融、商业、农业等各个方面,是日本在伪满洲国经济上的根本方针。《满洲国经济建设纲要》提出了对重要经济部门实行国家统制的政策,目的是在所谓'日满一体''日满共存'的幌子下将中国东北经济变为日本经济的附庸,为日本经济服务。"① 8月8日,日本内阁会议规定,凡属在华有关军需部门和重要经济部门,均要实行统制。翌年6月,在伪满政府发表的《对一般企业的声明》中又进一步做出规定,重要产业必须由特殊公司制度进行统制。所谓的"重要产业",包括交通、通信、钢铁、煤炭、矿业、石油、汽车制造、水泥等产业;所谓的"特殊公司",是指日伪官方或日本资本家与伪满政府合资或日本资本家独资经营的企业。随着日本侵略战争的扩大,日本经济统制的范围也日益扩大,以日资为主体的特殊公司也迅速垄断了中国东北的军需工业、重工业以及其他基础工业。在日本垄断资本的排挤、打压下,中国东北的民族工商业逐渐衰败、萧条。

1934年6月7日"大同殖产株式会社"正式成立,总部设在日本东京。表面上,由"大同殖产株式会社"接过韩家欠"满铁"的债务,由"大同殖产株式会社"筹划与韩家"合股"开办夹皮沟金矿,实际上是"满铁"准备彻底夺取夹皮沟金矿矿权。

"大同殖产株式会社"在伪满洲国的"新京"(长春)开设事务所,并在桦树林子韩宅设立办事处。"该会社在创立之初所定总资本为300万元,拟分15万股来招募股东,每股股金为20元。与韩家签订让渡契约时答应给韩家50万元股份金。"② 但后来日本资本家对"大同殖产株式会社"心存疑虑,投资者寥寥无几,因而造成该会社

---

① 岳思平、朱姝璇:《东北抗日联军史》,解放军出版社2014年版,第72页。
② 政协吉林省委员会文史委员会等:《黄金王国的兴衰——韩边外祖孙四代纪实》,吉林摄影出版社1997年版,第245页。

资金枯竭，无力履行与韩家的契约。据《新满洲》杂志披露，自 1933 年底缔结契约之日起至 1936 年的四个年头里，"大同殖产" 仅零星支付 23 万余元，其余 50 余万元现金和 50 万元股票一直未能兑现。这使"每月需 3 万元维持上百口族人及佣人生活的韩家"，感到了"异常的恐慌和拮据"[①]。1934 年 9 月，"满铁"与"大同殖产株式会社"办理了交接手续。10 月，日本警备队 60 人进驻夹皮沟，完成了日本人对夹皮沟金矿的吞并。

1934 年 6 月 20 日，日本方面为适应"大同殖产株式会社"掠夺中国东北矿产资源的需要，组成了一个以东京帝国大学教授、地质专家门仓三能和技术特种兵副司令冈少仁少将为首，以踏查夹皮沟金矿矿产资源为主要目标的"北满金矿资源调查班"。调查班由 122 名日本人组成，全部配带武器。另有中国和朝鲜两国工人 200 余人跟随。调查班由日本政府实业部直接领导，以夹皮沟金矿资源为主要目标。"调查班在韩家已有资料的基础上，先后调查了八家子、聚宝山、五道岔、四道岔、大线沟、头道岔、热闹沟、王八脖子、板庙子等 10 个矿点。"[②] 从 8 月 4 日至 9 月 18 日在夹皮沟探测调查，历时 46 天，精查了夹皮沟各地的金矿，获取了大批的人文、地理、政治、军事资料和经济资源情报。10 月 26 日，又对夹皮沟金矿周边地区进行了调查。

1937 年下半年，因资金枯竭，"大同殖产株式会社"正式将夹皮沟金矿转让给日本"满洲矿山株式会社"经营。"满洲矿山株式会社"为了大量掠夺夹皮沟的金矿资源，除开始采用机械化凿岩外，还在夹皮沟开展了测绘、探矿等矿山地质勘查技术工作。

除以上会社外，日本在我国东北从事金矿采掘冶炼的会社还有"满洲矿业株式会社""热河开发株式会社""东亚矿山满洲采金株式会社""热河矿业公司""金厂矿业公司""东满矿业公司""大满矿

---

① 政协吉林省委员会文史委员会等：《黄金王国的兴衰——韩边外祖孙四代纪实》，吉林摄影出版社 1997 年版，第 245 页。
② 邱玉林、李新清：《夹皮沟金矿史志》，中国文史出版社 2005 年版，第 103 页。

业满洲采金株式会社""间岛矿业会社""昭德矿业会社""海城矿业会社""珲春金矿会社""兴安矿业合资会社""大宝山矿业会社"等。从日本占领东北时期对金矿资源的掠夺，可以看到日本实行殖民地经济统制的一个侧面。东北的矿产资源为日本帝国主义扩大战争发挥了重要作用。

3. 日本对夹皮沟金矿的侵占

"大同殖产株式会社"经理和董事长立花良介是军国主义分子，毕业于东京帝国大学，曾多次来中国窃取经济情报，被任命为"外交联络官"。他与冈少仁、门仓三能等在夹皮沟金矿组织日本勘测队前后进行了一百多天的勘测、钻探，将关于夹皮沟金矿的大批地质资料全部带回日本。勘测队结束调查后，"大同殖产株式会社"在以传本国吉为首的日本警备队武装保护下组织了一批汉奸把头、稽查、翻译，镇压工人，维护其殖民统治，于1934年10月正式侵占夹皮沟。经过两年多的经营，由于资金枯竭、内部矛盾等原因，工人工资无法支付。"大同殖产株式会社"最后无力经营夹皮沟金矿，被迫关闭。

1937年"满洲矿山株式会社"接管夹皮沟金矿，边建设边生产。1940年大规模建设停止，开始进行大规模的黄金生产，直至1945年8月15日日本宣布投降。据夹皮沟金矿历史资料记载，1934—1939年，日本人每年在夹皮沟金矿掠走的黄金300公斤以上，六年累计在1800公斤以上。仅1940—1945年间，日本帝国主义者就从夹皮沟矿区掠走黄金约2.327吨。据《吉林省志》记载："至1945年6月，矿山共恢复和开拓小北沟、头道岔、小东沟、大金牛、大线沟、东山青、下戏台、东驼腰子、前八家子等9个生产坑口，累计处理矿石14.7万吨，生产精矿5752吨，混采金4596公斤，炼成合质金后，全部掠往日本。"[①]

日本在夹皮沟除掠夺大量的黄金资源外，还残酷剥削压榨工人，人们不断起来反抗，抗日的烽火遍布夹皮沟地区。1937年日本侵略者除抓本地劳工之外，还先后两次赴山东、河北等地招骗劳工任苦

---

① 邱玉林、李新清：《夹皮沟金矿史志》，中国文史出版社2005年版，第246页。

力。日本帝国主义掠夺劳动力资源的主要手段有四种：招、骗、强行摊派、武装抓捕。从山东日照、高密等地招骗来 300 多名劳工下井采金，这批人到 1945 年绝大部分因日本人残酷的统治压榨摧残和沉重的劳动得矽肺职业病而死亡，只剩下 30 余人；从河北唐山等地招骗来 300 多名劳工修选矿厂，到 1939 年选矿厂竣工时，这些人已死去大半。1938 年，日本监工伊藤在井下用木棍将凿岩工崔文打死。"采矿系"山口（日本人）以破坏矿山的罪名在夹皮沟北山将矿工于海庭杀害。"劳务系"大把头将因病重躺在家未能上晚班的工人刘江用棍子活活打死。"据统计，整个伪满境内，通过摊派出劳工的数目为：1942 年 35 万，1943 年 50 万，1944 年 60 万，1945 年计划为 60 万人。"[1] 从 1938 年开始，又将从战场上俘获的大批战俘运往东北各大矿山，称为"特殊工人"，实际上是"死囚劳工"。他们的生活待遇最低，从事的是最危险、最繁重的劳动，因而死亡率也最高。

日本帝国主义在策划建立了伪满洲国后，便开始了公开地、有计划地、大规模地对我国东北的掠夺和控制活动。其总的方针政策是：确立和巩固对东北殖民地的统治秩序，系统地、大规模地掠夺东北的资源，变东北为发动和支持侵略战争的兵站基地。从"九·一八"事变到日本投降，日本对夹皮沟的金矿资源疯狂地掠夺、对工人进行残酷的压榨，造成该地环境的破坏和物资的极大损耗，严重干扰了当地百姓的正常生活，给东北人民带来了沉重灾难。

---

[1] 傅波：《2005·辽东抗战研究》，辽宁民族出版社 2006 年版，第 49 页。

第四章 掠夺之心 昭然若揭

一 铁路

（一）东北路权的转移

中东铁路初名"东清铁路"，继改"东省铁路"，后改称"中东铁路"。全线干路共长1721公里，于清光绪二十三年（1897）八月十六日正式动工，光绪二十九年（1903）七月全路正式通车。该路西起黑龙江省满洲里（胪滨县），以哈尔滨为核心，南至长春，东至绥芬河（东宁县），横贯吉、黑两省。东接俄境乌苏里铁路，以达海参崴港；西接西比利亚大铁路，直达欧洲大陆；南连南满铁路，一面达大连港，一面入北宁铁路，以通关内，是发展东北经济的重要通道。

日俄战后，根据《朴茨茅斯条约》，沙俄于1905年9月5日将由长春宽城子至旅顺口的铁路（即中东铁路南段，后称南满铁路）及所属支路和所有铁路财产，包括煤矿在内，一律无偿移让与日本政府。查原中东铁路建筑合同（1896年8月28日签订）载明："中国政府建设该路，实缴股本库平银500万两，委托道胜银行承办，营业盈亏，照股摊派。是以中东铁路为中俄合股经营之企业。"[①] 按照《朴茨茅斯条约》第六款，和中日会订承认该项和约第二条说明，日本政府应完全遵守原合同办事。但日本政府于1906年6月7日宣布

---

① 全国政协文史资料委员会：《文史资料存稿选编 经济 下》，中国文史出版社2002年版，第721页。

成立"满铁",自行订立公司章程,违背中东铁路原来合同,强占了南满铁路,较原中俄中东铁路合同更进一步地侵犯中国主权。主要几点如下:

1. 中东铁路公司钤记原由中国政府颁发,公司总办原由中国政府选派,常住北京,公费由公司筹给(见原合同第一款);而南满路的正副总裁均由日本政府委派,撤销了中国总办,公司钤记由日本政府颁给。

2. 中东铁路资产和人员之安全,原由中国政府负责,铁路界内之司法行政原由中国地方官办理(见原合同第五条)。而日本既于关东、旅顺等地设置重兵,又在南满铁道界内设置铁道守备队和警察署,沿线治安和司法权全控制在日本人手中。

3. 中东铁路设置电线,按原规定只限铁路本身使用,不得侵犯中国电政(见原合同第六款)。而南满铁路则兼营商电。

4. 中东铁路境内运送外国(原指俄国)军队,不得逗留(见原合同第八条)。而日本军队则长期驻扎,随处逗留。

5. 中国政府对于铁路运输货物之征税办法,定有专条(见原合同第十条)。而日本在安东、大连自设关口收税;在铁路界内不准我地方官收税抽厘。

6. 中东铁路运送中国政府公文书信一律免费,运送中国军队和军械一律半价待遇(见原合同第十款)。日本对于中国公文书信不肯免费运递,对军械有时拒绝运送;南满沿线界内竟不许我军队及警察通过。

7. 中国政府于三十六年后,有权赎回该铁路,八十年后则无价收回(见原合同第十二条)。而日本于1915年向北洋政府提出的二十一条内,强迫改为九十九年。

8. 中东铁路所得利润,除分给股东之外,如有盈余,原规定作为中国政府所有的股本,得在将来收回价内扣除之(见原合同第十二条)。而南满铁路所得利润全部归日本,中国政府不得过问。

9. 根据1898年3月15日中国同帝俄签订的旅大租约,在中

第四章　掠夺之心　昭然若揭

东铁路界内、旅大租界地内和南满洲地区内的中东路支线界内的中国主权不得侵占。而日方在南满铁路界内，蔑视中国主权，任意行动，中日纠纷因此点而发生者甚多。

10. 中东铁路公司所筑的营口运料专用支线，于竣工八年内，中国政府有权知照对方拆除之（见1898年6月24日中国政府与帝俄签订的南满洲支路合同第三条）。而日本则强迫中国承认该支线为永久支路，以便与关外中国自筑之铁路竞争，使营口商港由它控制。

11. 中东铁路在其支路两旁开采林矿，应遵照中国所定税则缴纳税款（见南满洲支路合同第四条及换文）。而南满铁路对于林矿则任意开采，逃避纳税。①

日本借战胜俄国之利，既强迫清政府签订《中日会议东三省事宜正约》，承认日本继承俄国一切权利，后又订立《附约》，其中有关于铁路部分，"如第二款护路军队的撤退，附有一种条件，致不能如中国之愿从速撤退；又于第三款中限制中国军队不得进距日本驻兵界限20华里以内；第六款迫我政府允将在日俄战事时强筑的由安东县（今丹东）至奉天省城行军轻便铁路，仍由日本政府继续经营，改为转运各国工商货物；第七款强使中国各铁路与南满铁道接联营业。日本又于会议附约时，要求我方不在南满铁道附近建筑并行干线及有损于该路利益的支路。我方不允，故该约无此条款，仅于会议节录内见此记载，日本即伪谓'此为与中国订立之密约'而对外宣布。日俄战争时，日本强修新民至奉天轻便行军铁路，战后日本强我价买，又要求中国改为自造铁路，将辽河以东所需款项向'满铁'筹借一半，并要求修筑吉长铁路所需款项亦向'满铁'筹借一半，作为买收新奉路之交换条件。"② 于是订立1907年4月15日《新奉吉长铁路协

---

① 全国政协文史资料委员会：《文史资料存稿选编　经济　下》，中国文史出版社2002年版，第721页。
② 全国政协文史资料委员会：《文史资料存稿选编　经济　下》，中国文史出版社2002年版，第722页。

约》。1909年日本因改筑安奉铁路，及间岛问题，与我方意见冲突，提出最后通牒，逼迫订定1909年8月19日《安奉铁路节略》，1909年9月4日中日东三省交涉《五案协约》、中日《图们江满韩定界协约》。其《五案协约》内容关于铁路部分，即第一款：中国如造新法铁路，须与日先行商议；第二款：中国认将营口支路，为南满铁道支路，后南满铁道期满，一律交还，该路末端得展至营口；第五款：京奉铁路展至奉天城根一节，日本政府允无异议。其《图们江中韩界务协约》中关于铁路部分，照第六款：清政府将来将吉长铁路接展至延吉南边界在韩国会宁地方，与韩国铁路联络，其一切办法，与吉长铁路一律办理。至应何时开办，再与日本商定。[1]

中东铁路自通车以来，营业情形极为发达。虽然1905年日俄战争后，由长春至大连段路线让予日本，但在营业上丝毫未受其影响。进入民国后，营业日渐发达。1913年纯利为6407000卢布，1914年增至7271000卢布之多。迨俄国革命军兴，中东铁路受政治上的牵制，经营曾一度陷于混乱，且当时有归国际共管之议，最后由各国议定，暂由中国收回。嗣后苏俄革命政府成立，先后协议，又成中俄合办的局面。其组织及资产如下：

1. 中东路之组织，按据中俄两国于民国十三年（1924）5月31日所缔结之《中俄协定》，组织中东铁路理事会，为该路最高之监督机关，其中计设理事10人，华俄各半，各由本国政府任命之，其理事长（即督办）一职由中国任命，副理事长则由苏联政府任命之。与理事会立于平行地位者乃为监事会，设监事5人，华方2人，俄方3人，监事长为华人。在理监两会监督之下，直接管理路务者为管理局，局长为俄人，副局长华俄各1人。管理局内，按事务之性质分设16处，承局长之命令办理各处事务。处长为华人时，副处长为俄人，反之处长为俄人时，则副处长为华人。

---

[1] 全国政协文史资料委员会：《文史资料存稿选编 经济 下》，中国文史出版社2002年版，第722页。

2. 中东路之资产，中东路之价值及其经营载至民国十九年（1930）1月止，如下：

本路建筑费（1898年至1905年）：3654954117金卢布

整理费：4465072257金卢布

按评价表拨付之整理费：

1906—1917年：546210473金卢布

1918—1929年：3918861784金卢布

价值总计：41030026374金卢布

3. 中东路历年营业收入之总计，自民国十二年《中俄协定》成立以后，该路营业状况日有起色，其收入与年俱增，姑将1924—1929年六年间收入总数列举如下：

1924年：37474568金卢布

1925年：48504525金卢布

1926年：57347997金卢布

1927年：60043247金卢布

1928年：64711030金卢布

1929年：70255650金卢布

以上六年间，除1928年收支相销，稍为亏损外，其他每年均有五六百万之盈余，1926年且盈余几至一亿五千万之多，该路实权虽尚多操自俄人之手，但于我国仍为有利可图之企业也。①

清政府于1906年后计划建筑东北铁路，但筑路用款国库无力担负。奉天巡抚唐绍仪倡议利用外资筑路。政府考虑他的计划，于是与各国进行接洽。"当时有美国铁道富商哈立曼倡议东北各省铁路'中立化'政策，意图收买中东、南满铁路，改为国际投资。美国国务卿诺克司同意，并同中国政府协商，曾一度与有关系各国进行商洽。"②

---

① 王正儒、雷晓静：《回族历史报刊文选 历史卷 第1册》，宁夏人民出版社2015年版，第296页。

② 全国政协文史资料委员会：《文史资料存稿选编 经济 下》，中国文史出版社2002年版，第723页。

当时清政府拟筑新法路,即自京奉铁路的新民车站起至法库县止。京奉路是早在1898年10月10日,由中英公司向英国借款,按照《建筑山海关内外铁路借款合同》(简称《中英公司借款合同》)承办。该合同规定:"倘嗣后于前指各路,商定添造支路,或扩展干路时,其修建工程应归该路局承办,不敷款项应向该公司筹借。"① 因此,该项工程不得不归英商宝林公司垫款承办。草约已经签字,而日本政府借口妨碍南满铁路利益,提出抗议,竭力阻挠。清政府据理力争,以新法路与南满铁路之距离在24英里至32英里之间,按国际铁道间距之成例,不能称为在竞争区域内。一时情势相当严重,曾一度拟议移交海牙国际法庭仲裁,而日方拒不接受。至1909年9月4日,强迫清政府与之缔结《东三省善后条款》,其中第一条规定"中国政府欲建筑新民至法库铁路时,须先得日本政府之同意"。至此,新法铁路之议遂告作废。

与此同时,清政府又有借款筑造锦瑷铁路的计划。此路起自京奉铁路锦县车站,经义州郑家屯至洮南,达齐齐哈尔、嫩江,逾兴安岭,以至瑷珲为终点,全线长1500余公里,与南满铁路距离较远。清政府于1909年10月2日委派东三省总督与美国墨尔根公司缔结《锦瑷铁路借款合同》,并由美商墨尔根公司约定中英宝林公司共同参加投资。合同内容大致与《中英公司借款合同》相同。"当时日方表面上赞同,而暗中破坏,曾声称要求参加此项借款,并主张建设支路与南满铁路联络。同时又通知中国政府,称锦瑷铁路关系日方利益甚大,中国方面如何决定,必须先经日方承诺,否则两国纠纷,定必深刻。复于暗中联络俄国提出抗议,终使向英美借款建筑锦瑷路的计划被破坏。"② 至1913年10月5日,日本政府更进一步强迫中国政府与之换文,获得"满蒙四路借款"权利。

东北铁路,在1923年以前,仅中东、南满、安奉、吉长、四洮、

---

① 全国政协文史资料委员会:《文史资料存稿选编 经济 下》,中国文史出版社2002年版,第723页。

② 全国政协文史资料委员会:《文史资料存稿选编 经济 下》,中国文史出版社2002年版,第723页。

以及北宁线之关外一段，总计仅 4000 余公里。各路行车能力有限，"且依据东北之现状，以推测将来之发展，必有日新月异之观，已有各路之运输力量，必愈感其不足"①，民国政府于 1924 年决定自建沈海路（自沈阳至海龙），全线长 325 公里，由奉天省署勘定路线，招募资金着手筹建。日方马上提出抗议，认为妨碍南满铁路利益，且侵害满蒙五路建筑权，要求准以垫款承包洮昂铁路工程为交换条件。中国方面迫不得已许之。后因该路沿线 40 余英里处的西安煤炭资源丰富，为求供给机车燃料起见，决定建筑梅西支线（从梅河口到西安），为运煤之需。该支线两端，距离南满铁路均在 100 公里以上，但日本亦谓违反条约，侵害南满利益。"1926 年，中国政府决定延长北宁铁路大虎山支线，迄通辽止。全线长约 200 公里，距离南满路线在 280 华里以上，较诸日本政府 1908 年对于新法铁路一案主张路线两侧 100 华里的竞争区域一点，远过三四倍。"② 该工程成立后，日本亦借口妨碍南满铁路利益，谓为违反条约，提出抗议，并认为系属中国铁路网包围南满、中东各路的基础。同时，吉林商民鉴于沈海铁路之建筑已得日方同意，海龙距吉林省城仅 180 余公里，为适应吉林地方发展的需要，谋交通便利，决定仿照沈海办法，集资建筑吉海铁路，与沈海线连接。日本又于 1926 年 11 月 5 日提出抗议，亦谓妨碍南满铁路利益，侵害日方既得权利。

日俄两国为争夺侵华权益，在中国境内开战，人民遭受莫大损失，无可取偿，反受此不平等条约的束缚，以致南满铁道界内常驻日兵，铁路营业被其垄断，并失去自由借款权与自由筑路权。凡此种种，无一非日本因继承帝俄在东北铁路权利，强迫清政府签订正约、附约及日本自认的密约等。而日本借此积极推行侵略政策，侵夺之心愈演愈烈。总之，中国凡在东北对于铁路有所设施，日方无不借口妨碍利益，或侵害既得权利，一意阻挠。同时，强迫中国借用日款，建

---

① 全国政协文史资料委员会：《文史资料存稿选编　经济　下》，中国文史出版社 2002 年版，第 723 页。

② 全国政协文史资料委员会：《文史资料存稿选编　经济　下》，中国文史出版社 2002 年版，第 724 页。

设有利于日方发展的各项铁路,希冀借债权以施其把持之计,以破坏中国领土完整,蹂躏中国主权,其处心积虑,非一朝一夕之故也。

(二) 日本对路权的操控

近代东北的铁路及延长线约有 6300 公里。可是在这 6000 多公里铁路中,纯粹日本经营的占 18%,中日合办的占 4%,由日本借款或垫款的占 16%,中俄共管的占 28%,纯粹由中国自办的,只占全部中的 34%,这是何等可怕的一个比例!铁路不像别的实业,别的实业若为外人办理,危害尚属有限,铁路如由外人操纵,后患无穷。因为铁路系独占事业,不但可左右货物的流通,妨碍经济政策的施行,且可破坏国防的设备,无形中侵夺中国领土。所以日俄侵略中国东北,均以取得铁路为前提。有了铁路,便把经过的区域,造成势力范围,严拒第三国势力的侵入,日本在此范围内,对于一切经济文化军事的掠夺,却大施伎俩,为所欲为。

日俄签订的《朴茨茅斯条约》是俄国按照原中俄签订有关铁路建设规定,把南满路及其附属权利让给日本。但是,日本帝国主义并不遵守上述规定。例如:大石桥—营口的支线,1898 年中俄南满支线合同第三款规定:"为使东铁公司运载建筑南满铁路需用的料件粮草起见,准其由此路暂筑支线至营口及隙地海口,惟造路竣工全路通行贸易后,公司应遵中国政府知照,将该路拆去。总之,自勘定路线拨给地段日起,一过八年,必定拆去。"[①] 而日本不遵守中俄条约,视大营支路为日本政府的财产,于 1906 年 8 月 1 日命令划归"满铁"营业。1907 年秋,该路撤销的年限已到,日本不但不拆,还把该路增筑 5 里,更接近营口。虽经清政府外务部提出交涉,但日本以种种借口拒不拆除。特别是在 1909 年日本用威胁的手段,强迫清政府在东三省五案条款第二款载称,"中国政府认将大石桥至营口支路为南满洲铁路支路;候南满洲铁路期满,一律交还中国,并允将该支路东

---

① 张福全:《辽宁近代经济史(1840—1949)》,中国财政经济出版社 1989 年版,第 250 页。

第四章 掠夺之心 昭然若揭

端展至营口"①。至此，日本对该路得到了"合法"经营权利。

日俄战争以前，东北尚无日本势力。横贯我国东三省，形成一个丁字形的铁路，概为俄国所有。迄《朴茨茅斯条约》缔结成功，旅顺大连以及旅顺长春间的铁路均归日本。由是俄有中东铁路，日有南满安奉诸路，日俄使用铁路把东三省分作南满与北满。俄国以后未得进展，日本则有了这个基础，"得陇望蜀"，日逼日紧，加以英美各国几次想插手皆以失败告终，日本更大得其意，逐步扩张"满铁"培养线。"既强迫我们解决了安奉、营口两线，好像有了两只脚，一边踏着安东，一边踏着营口。复用借款政策，引诱我筑成了吉长、四洮两路，而取得其实际管理权，便如添了两只手，一只伸到吉林，一只伸到黑龙江与内蒙古的后身，以为深入它的腹心的地步。后来这两只手一边从吉长展修有吉敦路，就是从吉林延长到敦化，一边从四洮展修有洮昂路，就是从洮南延长到昂昂溪，这两条路都是由满铁包工代修，所垫款项，尚未改成借款，而管理权亦多操于日人之手，所以这两路，大有助于满铁。"②

日本在东北铁路侵略的范围很大，日本人统称的"满蒙"，实系指东三省、内蒙古东四旗、热河承德及察哈尔东四旗各地而言。日本侵略者在这几方面进攻，有两座大本营：一座设在吉林及长春，以垄断松花江流域，直入北满；一座设在洮南及承德以控制内蒙古，铁路的辐射线，便从这大本营放出，这就是日本所谓"满蒙铁路网"政策，也可以说就是日本对东北的中心政策。日本为完成铁路网，要求中国用其资本建筑铁路，影响重大的共有三次："第一次，在1913年日本要求建筑满蒙五路：（1）四平街洮南间；（2）长春洮南间；（3）洮南热河间；（4）开原海龙间；（5）海龙吉林间。当时我国虽与他订立借款预约大纲，然而正式借款筑成的，只有四洮一路；第二次，在1918年，日本先垫款日金2000万元，准备即时成立借款合同，建筑

---

① 张福全：《辽宁近代经济史（1840—1949）》，中国财政经济出版社1989年版，第250页。

② 生活书店编译所：《生活文选 第1集》，生活·读书·新知三联书店2012年版，第105页。

下列四路：(1) 长春洮南间；(2) 洮南热河间；(3) 开原吉林间；(4) 洮热铁路延长至海滨。实际上就是 1913 年要求的五路，除掉已实现的四洮，加上洮热延长到海滨，且将开海与海吉合并为开吉。这笔垫款，是西原借款之一，我国未予承认，正式借款合同未经成立，筑路无由实现；第三次，在田中内阁时代，于 1927 年春由南满铁路会社向东三省当局要求建筑下列各路：(1) 吉会路；(2) 长大路（长春到大赉）；(3) 洮索路（洮南到索伦）；(4) 延海路（延吉到海林）；(5) 吉常路（吉林到五常）。"[1] 第三次路线较前两次有许多不同的地方，这是因为田中着眼于军事策略，急欲完成吉会路以及吉会路的培养线，未经东三省当局承认。然而吉会路固早完成三分之二（吉长、吉敦以及另已筑成的天图——天宝山图们江——轻便铁路，均系吉会路线中各段），尚处于待修的只一百零几公里，自不须好多时间，便可完成。

  我国于 1925 年后才自修铁路。当郭松龄与张作霖作战的时候，张作霖很受中东与南满两路的挟制，军队不能自由行动，于是下决心自修铁路，先设立东三省交通委员会，统筹全局。"由是南满铁路东边沈海（沈阳至海龙）、吉海（吉林至海龙）；西边打通北宁路的打虎山站到四洮路的通辽站、齐克（齐齐哈尔至克山）、洮索（洮安至索伦）、呼海（马船口至海伦）等线相继成功。"[2] 然而我们没有自主的出口港，各路漫无联络，仍是间接辅助"满铁"或中东铁路的发展。自交通委员会积极进行联运，以北宁路为中心，使各路与之联络运输，由北平开出的列车，东则经过沈阳直达吉林，西则经过打通四洮洮昂直达黑龙江省城。"更于 1930 年 1 月毅然由北宁路与荷兰治港公司订立合同，动工建筑葫芦岛港，期于五年内完成，一年以后，即可部分使用。自是东北的铁路政策，更形露骨，南满铁路苦心经营的吉长吉敦、四洮洮昂，均将变而为北宁路的培养线，因为该路等我国

---

① 生活书店编译所：《生活文选　第 1 集》，生活·读书·新知三联书店 2012 年版，第 105 页。

② 生活书店编译所：《生活文选　第 1 集》，生活·读书·新知三联书店 2012 年版，第 107 页。

第四章 掠夺之心 昭然若揭

究尚有支配权，日本人不易阻止其与北宁联运，而葫芦岛的地位，约处于'满铁'大石桥站的左右，计较'满铁'缩短60公里之谱，港道运输较陆道运输为低廉，有此天然优越地位，前途发展自大可乐观。而且东干线已抵吉林者，行将延长至五常以达同江，西干线已由龙江北经宁年，东至克山，各干线更有支线以达富庶的地方，联络线以达要害的区域，齿牙交错，不但'满铁'的营业将受影响，即日本的国防策略亦将完全粉碎。"①

东北官商投资修建铁路的热潮，打破了日本长期控制东北铁路的局面，触动了它在"满蒙的权益"。日本召开"东方会议"，决定修筑吉会、洮齐、吉五、延海、齐黑等铁路，并提出所有东三省境内与日本利益相抵触的铁路一概不许中国兴建的无理要求。当日本人拿着"满蒙铁路计划"去见张作霖时，他吃惊地认为这几条铁路犹如"怀里抱着炸弹"一样危险，表示不能接受，迟迟不肯将日方草拟的《满蒙新五路协约》变成公开协定。在日本军国主义分子眼中，他已经成了日本侵占东北的障碍，很难再成为他们推行"满蒙政策"的好伙伴，于是日方精心策划，于1928年6月4日在皇姑屯车站附近将张作霖炸死。

表4.1　　　　　　　　　　**日本控制的东北铁路**②

	区间	里程（公里）	施工时间（年）	通车时间（年）
吉长线	吉林—长春	127.7	1910	1912
溪碱线	本溪湖—牛心台	14.9	1913	1914
四郑线	四平—郑家屯	92.8	1917	1918
郑通线	郑家屯—通辽	114.5	1921	1922
郑洮线	郑家屯—洮南	228.1	1922	1923

---

① 生活书店编译所：《生活文选　第1集》，生活·读书·新知三联书店2012年版，第108页。
② 张福全：《辽宁近代经济史（1840—1949）》，中国财政经济出版社1989年版，第253页。

续表

	区间	里程（公里）	施工时间（年）	通车时间（年）
天图线	开山屯—老头沟 朝阳川—延吉	111.0	1922	1924
洮昂线	洮南—三间房	220.1	1926	1926
金福线	金州—城子疃	102.1	1926	1927
吉敦线	吉林—敦化	210.5	1926	1928
奶子山线	蛟河—奶子山	9.5	…	1924

攫取别国的铁路权益，是帝国主义推行殖民主义政策的必然手段。自1906年"满铁"成立以后，日本帝国主义者为推行其灭亡中国和称霸世界的大陆政策，在我国东北地区先后发动了四次攫取铁路权益的高潮。

第一次高潮：1905年3月，日俄在奉天会战，俄军战败，日军占领奉天。战后不久，日本即发起了攫取我国铁路权益的第一次高潮。这次高潮的主要标志是强行改筑安奉铁路和攫取吉长铁路的权益。

由安东至奉天的这条铁路，原是日军在日俄战争期间擅自修筑的一条临时军用轻便铁道（1904年8月10日开工，1905年12月15日通车）。1905年12月22日，日、中签订《中日会议东三省事宜条约》，日本胁迫清廷同意将该路改良为"转运各国工商货物"的商用铁路，并由其继续经营15年后由中国出资赎回。显然，日本的目的是长久霸占这条铁路。

日本帝国主义以"最后通牒"迫使清廷就范，于1909年8月7日在其守备队刺刀掩护下征发沿线夫役，按户抽丁，不给工食，强行开工，有不应者即以武力相胁迫；接着又夺取了该铁路沿线的中国各项行政和采矿权，炮制了"铁路附属地"，使这条线路成了名副其实的第二条南满铁路。后来的历史证明，这条深深插入东北腹地的陆路交通线在日本扩大侵华战争、掠夺中国人民的财富方面确实起了重大的作用。

吉林至长春的铁路权益早为沙俄垂涎以窥。日、俄战后媾和，俄国同意由日本修筑吉长铁路，日本则以此为条件，同意将南满铁路的北端截止于宽城子（属今长春）。

其实，日本的野心在于延长吉长铁路使成吉会铁路与其在朝鲜修筑的铁路连接，形成一条从日本本土渡日本海、经朝鲜会宁直达我国吉林的路线。这是日本侵略我国东北最理想、最便捷的一条路线，它像一把匕首，直刺"满蒙"心脏，"一旦有事"，日军即可"朝发午至，蚕食鲸吞"①。

明治四十四年（1911）6月，日本在其取得吉长铁路权益的同时，通过"满铁"派员化装成商人秘密勘查了"吉会铁路"预定线，接着又在其一手制造的所谓"间岛问题"的交涉中，公然提出攫取吉会路权的无理要求。

日本的侵略行径激起了中国人民的极大愤慨。"1907年7月，吉林各界代表为反对日帝攫取吉长铁路权益而成立保路会，派代表赴奉天、北京请愿，日本驻奉天、长春、广州、天津、上海等地的总领事也纷纷致电外务大臣小村，告以我各界人民强烈反对其强盗行径，日本侵略者的阴谋因此才未得实现。"②

第二次高潮：1913—1918年第一次世界大战期间，日本帝国主义掀起了攫取我国东北铁路权益的第二次高潮。这次高潮的主要标志是窃取"满蒙五路"和"满蒙四路"的权益。

1915年1月18日，日本向北洋军阀袁世凯提出了"二十一条"无理要求，同年5月9日袁世凯接受了不平等条约。于此前后，日本通过北洋军阀政府窃取了所谓"满蒙五路"和"满蒙四路"的部分权益。

"满蒙五路"即四平街至郑家屯的铁路，从郑家屯延长到洮南府的铁路，从开原站至海龙县城的铁路，从海龙县城至吉林的铁路，从抚顺站至营盘、山城子或兴京地方的铁路。"满蒙四路"分别为开原、海龙、吉林间，长春、洮南间，洮南、热河间，以及洮南、热河

---

① 铁道部档案史志中心：《中国铁路历史钩沉》，红旗出版社2002年版，第383页。
② 铁道部档案史志中心：《中国铁路历史钩沉》，红旗出版社2002年版，第383页。

间某地至某海港的铁路。早在 1913 年 1 月 25 日、2 月 10 日和 2 月 14 日，日本外务大臣牧野就多次致函正金银行总裁，提出关于修建满蒙铁道问题，此后直至 1918 年，日本侵略者一直都在密谋攫取满蒙路权。

1914 年 4 月 7 日，日本陆军大臣楠濑幸彦致日本外务大臣牧野，"按军事要求"提出了"我方所希望的中国铁路网"，其中"满蒙铁路网"被列在首位，"所希望"的理由则是"保护我方在满蒙的特殊利权"。系"军事上所必需"一语道破日本帝国主义窃取我铁路权益的霸权野心。①

此间，日本侵略者又提出一条新的水陆相连的侵华交通大动脉，即洮热线及洮热线上一点至某海港的铁路，目的在于使原来的"二港二路"——大连港与南满铁路、大东港与安奉铁路，升级为"三港三路"。②

有侵略就有反侵略。中国人民掀起了以 1919 年五四运动为起点的反帝运动新高潮，打破了日本侵略者这一纸上迷梦，但四郑铁路和郑洮铁路还是被它修通了。

第三次高潮：1927 年，日本掀起了攫取我国东北铁路权益的第三次高潮。这次高潮的主要标志是强行攫取所谓"满蒙新五路"权益。

日本不断扩大对华侵略，国内频生危机，这一年爆发了空前严重的金融危机。在这种情况下，田中义一内阁召开了臭名远扬的"东方会议"，抛出了所谓的"积极政策"，从加紧侵略我国东北中寻求出路。

1927 年 7 月，三井财阀的头头、"满铁"总裁山本条太郎企图于任职期间解决多年来的、已成日中两国悬案的铁路问题。他在田中义一的授意下，指挥驻华使馆武官、奉系军阀的日本顾问、"满铁"参事等一批高级特务，向以北洋军阀最高盟主自居的奉系军阀头子张作霖提出了攫取"满蒙新五路"权益的无理要求。

---

① 铁道部档案史志中心：《中国铁路历史钩沉》，红旗出版社 2002 年版，第 384 页。
② 邴正、邵汉明主编：《东北抗日战争研究（第 6 卷）》，吉林文史出版社 2007 年版，第 457 页。

第四章 掠夺之心 昭然若揭

"满蒙新五路"包括吉林至会宁线、长春至大赉线、洮南至索伦线、吉林至五常线及延吉至海林线。

这一无耻行径暴露了日本侵略者妄图建立其东起朝鲜会宁、西至我国内蒙古索伦的横断东北腹地并可逐步向北扩伸的铁路体系，为最终彻底吞并我国东北地区准备条件的狼子野心。

面对日本得寸进尺的疯狂侵略，中国人民于1928年秋发动了东北地区规模最大的一次反帝护路斗争，运动席卷东北三省。各省、市（县）纷纷成立保路会，人们集会游行，散发传单，指出日寇是"使我一步不得自动，一货不得自运，惟有低首下心，就其'桎梏'是囚禁我东省人民，而敲髓吸血，使我不立死于炮火之下，而饿死于铁道之旁"，纷纷表示"吾同胞生命可捐，身家可抛，而路权不可不争"[①]。

由于中国人民的不畏强暴以及张作霖被日本人炸死，到1931年"九·一八"事变为止，"满铁"同张作霖、赵镇等人签署的所谓"新五路契约"始终是一纸空文。

第四次高潮：1931年，日本帝国主义掀起了第四次，也是最大的一次攫取东北铁路权益的高潮。这次高潮的主要标志是欲最终统治、霸占满蒙各铁路。

1929年的资本主义世界经济危机，使日本困境重重而更加加紧对外的扩张侵略，1931年它终于制造了震惊世界的"九·一八"事变，并乘机发动了第四次也是最大一次攫取我国东北铁路权益的高潮。

1931年10月10日，关东军司令官本庄繁指示"满铁"总裁内田康哉利用事变这个"绝好机会"，从速着手"统制满蒙各铁路"。

10月中旬，统辖、管理东北四省交通行政的伪东北交通委员会成立。

9月28日，日本夺取沈海铁路。

10月19日，日本夺取吉林省路权。

12月28日，日本夺取黑龙江路权。

[①] 铁道部档案史志中心：《中国铁路历史钩沉》，红旗出版社2002年版，第385页。

1932年1月5日,日本夺取奉山铁路。

1932年3月10日,伪满洲国"皇帝"溥仪刚刚粉墨登场便表示将伪满洲国"已修铁路、港湾、水路、航空等之管理并新路之敷设",悉以"委托"日本"所指定之机关"。①

接着,日本侵略者又接二连三地在中东铁路制造破坏铁路、拷打苏联公民、爆炸列车、袭击车站的阴谋事件,对苏联施加压力。

1935年3月12日,苏、日经过反复交涉,达成转让中东铁路的协议。

至此,我国东北全部铁路都被日本霸占。

从日本侵略者攫取我国东北铁路权益的四次高潮中,人们可以清楚地看到帝国主义在进行殖民侵略的过程中,无不把该国的反动派作为自己的侵略工具。清政府、北洋军阀(包括奉系军阀)丧权辱国,北京政府、东三省地方政府、蒋介石的国民政府更是卖国投降。这些军阀、买办、汉奸、卖国贼,一身奴颜媚骨,在日本帝国主义"开发满蒙""中日共存共荣""日满合作"的骗人幌子下,把国家的利益一批又一批当成商品作交易,把我国东北的大好河山拱手送给日本以换取金钱和政治的支持。

正如毛泽东所说的:"假如没有这一群卖国贼,日本帝国主义是不可能放肆到这步田地的。"②

(三)"借款"问题

日本占据南满铁路后一年又三个月,即成立"满铁"。1906年12月7日登记注册,自1907年4月1日开始营业。"'满铁'资本初为日金200万元,1920年增至日金440万元,官商股各半。其所经营之事业,除铁路外,兼有煤矿、港湾、炼铁、海运、陆运、瓦斯、电气等,属于'满铁'系统的公司、机关共计达51个。铁路附属地区内的建设、卫生、教育等地方行政权,亦统归'满铁'掌握。其名为

---

① 铁道部档案史志中心:《中国铁路历史钩沉》,红旗出版社2002年版,第386页。
② 铁道部档案史志中心:《中国铁路历史钩沉》,红旗出版社2002年版,第387页。

公司，实则为日本侵略满蒙之总机关。"①

以南满铁道为干线，发展支线，扩大其侵略权益，是日本帝国主义处心积虑的计划。但满蒙地区究竟是中国领土，日本要公然在中国领土内筑造铁路，势有未能。于是施行所谓投资策略，运用利诱、威胁等种种手段，迫使中国向日本借款修筑铁路，通过借款攫取筑路权、路政权，以施其侵略毒计。自日俄战争后至"九·一八"事变前，日本在东北自行强筑而又强迫中国承认定期收买之铁路，为安奉线；日本自行强筑而又强迫中国借款收买之铁路，为新奉线；日本强迫中国借用日债修筑之铁路，已成者为吉长、四洮、洮昂、吉敦各线，已订有预备合同者为吉开、长洮、洮热和由洮热线之一站通至某一海港之一线，共四路（即所谓"满蒙四路者"）。此外尚有敦老、老图、长大、洮索、延海五线（即所谓"满蒙新五路者"），已向中国提出而未经承认。

兹将各路情况分述于下：

1. 安奉路

此路自安东（丹东）起，至奉天府城（沈阳）止，原系日俄战争时日本强行修筑之军用铁路。日俄媾和后，日本遣派全权大使强迫中国会商订立《关于东三省事宜条约》（一名《中日满洲善后条约》），于正约三条由中国承认俄国租借权铁路权之转让外，并订立附约十二款，其中第六款载有"中国政府，先将由安东县至奉天省城所筑造之行军铁路，仍由日方继续经营，改为转运各国工商货物"，"自此路改良竣工之日起，以十五年为限，届期公请一第三国公正人，按该路所有财产作出估价，售与中国"等语。② 到1915年，在日本向北洋政府提出的"二十一条"内，又将收回安奉路日期展至九十九年，则该路永无收回之日矣。

这条铁路是日俄战争中，日本从朝鲜运兵到奉天，未经中国政府

---

① 全国政协文史资料委员会：《文史资料存稿选编 经济 下》，中国文史出版社2002年版，第724页。

② 全国政协文史资料委员会：《文史资料存稿选编 经济 下》，中国文史出版社2002年版，第725页。

许可，擅自修筑的一条轻便铁路。"由日本临时铁道大队于1904年8月10日施工，11月3日建成了安东县至凤城间61公里，1905年2月11日完成了凤城至下马塘间116公里，1905年12月3日完成了下马塘至奉天间的126公里。"① 这是具有军事意义的一条重要铁路。战后1907年4月1日移交给"满铁"。日本政府命令"满铁"承建安奉铁路窄轨改为宽轨工程。"全线划分四个工区，即按改轨时间先后：（1）石桥子至奉天间；（2）安东到鸡冠山；（3）石桥子至本溪；（4）鸡冠山至本溪，与长大线接轨。"② 日本侵略者这种做法可谓司马昭之心，路人皆知。连当时的东三省总督锡良也说："查日人改良安奉铁路，厥有两端，于彼皆有大利，而于我皆有大不利。"又说："一思与京义（朝鲜）相接联，以实现满韩联络政策；一思与南满洲线相接联，将安奉线作为南满线之支线。以上二线当与该路得互相接联，呵成一气。彼自仁川而奉天，自奉天而北至长春，南至大连、旅顺，节节灵活，脉络贯通，乃得以侵蚀我人民有限之利益，启发我内地无尽之宝藏，且万一变起猝，彼屯驻于朝鲜之兵队，可以朝发军书，夕至疆场。"又指出：日本"欲此（满韩联络）政策见诸施行，非将安奉线易广轨式，与京义线之轨式相吻合不可，轨式既同，鸭绿江桥之交涉，即随之而起。国界混淆，国防坐失其后患实不堪缕指"③。但腐败的清政府不听劝告，竟同意日本改造此路。当然也提出了几条不同意的方面，即不同意扩大铁路区域，不同意扩大铁路军事巡逻，而应由中国供给警兵保护该路；日本改造此路不是经济需用，而是为了军事行动。因此，当时日本已调动东北和朝鲜的日军至鸭绿江口，以武力威吓，中国被迫不再提出铁路由中国警兵巡逻问题，而同意改轨与京奉路轨相接。

---

① 张福全：《辽宁近代经济史（1840—1949）》，中国财政经济出版社1989年版，第250页。
② 张福全：《辽宁近代经济史（1840—1949）》，中国财政经济出版社1989年版，第251页。
③ 张福全：《辽宁近代经济史（1840—1949）》，中国财政经济出版社1989年版，第251页。

第四章 掠夺之心 昭然若揭

安奉铁路案是日本于1909年11月向中国提起交涉的，至6月11日，日本提出将取自由行动之最后通牒，中国政府才迫不得已，依日本要求，于8月19日与日本缔结《安奉铁路节略》，此案本身乃告终结。同月20日，日本更进一步强迫夺取了其他铁路之权益：其一为《间岛协约》（即《中日图们江满韩定界协约》）中的第六条，载有"中国政府将来将吉长铁路延长至延吉以南边界与朝鲜会宁铁道相联接时的一切办法，与吉长铁道同"之语，这就攫得了吉会路之借款权；其二为《中日东三省交涉五案协约》中的第一条，载有"中国政府如建筑新民屯至法库厅之铁道时，允与日本政府先行商议"之语，这就将中国自行修筑新法铁路之议根本否定了。又第五条载有"京奉铁道延长至奉天城根一节，日本政府允无异议，其应如何办法，由该处两国官吏及专门技师妥为协定"之语，则京奉路也得让日本插手了。①

安奉铁路经过日本改造后，全长260.2公里。从1909年8月开始施工，至1911年11月1日全线正式通车，并划归"满铁"经营。同时，日本积极扩大"铁路市区"在铁路沿线内行使行政权，派日兵保护沿路。凡此种种，概无条约根据，都属于侵略中国主权性质的行动。

2. 新奉路

此路为北宁路自新民屯至奉天省城之一段，亦系日俄战争时日本所筑之军用轻便铁路。北宁路（原名关内外铁路，嗣改京奉）于1900年正在修向新民屯时，适逢义和团运动爆发，山海关外铁路被俄军占领（迄1911年9月，俄军始将全路归还）。及日俄战起，日军乃由新民屯修轻便铁路以达奉天。迨战事告终，理应无条件交还中国，而日本乘机与中国订立《新奉、吉长铁路协约及续约》，强迫中国备价收买新奉路，改为宽轨铁路，并规定辽河以东一段铁路所需款项，须向"满铁"筹借一半，限18年还清，总工程师以日本人充任。

---

① 全国政协文史资料委员会：《文史资料存稿选编 经济 下》，中国文史出版社2002年版，第725页。

"此为由日本指定路线强迫中国借款修筑之一例。查新奉一段为北宁之尾闾，关系于政治、军事之交通甚巨，既由中国备价收买，其改建宽轨所需之半数，不过日币 32 万元，中国何难自筹，殊无借自日本之必要；即借自日本，亦无须延长至 18 年始行清偿。"① 可见日本意在扼我交通之咽喉，而作此无理要挟。直至 1928 年借款清偿，日本所要挟的各项权利才告收回，中国因此遭受巨大的损失。

3. 吉长路

此路自吉林省城起，迄长春止。当东清铁路（后称中东铁路）竣工时，俄国人为伸展其势力计，亟欲展修此路，屡向中国当局请求未遂。中国拟自行集资建筑，于 1902 年 8 月间，估定所需费用 260 万两，奏请由国家自办。"方定议之顷，俄方复借口代中国索回辽东半岛，要求以吉长路为东清路之支线，由俄兴筑，以为报酬。故于 1903 年中俄间已有建设吉长铁路预备条约。后因日俄战争，暂时搁置。至 1905 年，中国以预备条约过期，应归无效，仍拟自办。不意正拟动工时，日俄和议告成，日本竟借口要求承继俄国权利，继续代筑吉长路，并妄称以放弃新奉路为交换条件。"② 中国迫于强权，不得已接受日本要求。因于 1907 年 4 月 15 日签订《新奉铁路协约》，同时缔结《中日借款协约》，载明：修筑吉长路时，所需建筑费之半数须向"满铁"告借。至 1908 年 10 月 19 日，复订续七条规定："吉长借款为日金 215 万元，年息 5 厘，总工程师及司账人员以日人充任。"③ 1909 年 8 月设局开工，并与"满铁"进而订立《吉长铁路借款细目合同》，规定"建筑吉长路所需半数之款为日金 215 万元，由南满会社供给，余额由中国自筹。借款年息 5 厘，每 100 元交 93 元，定于 5 年后开始还本，限 20 年内分 40 期还清，铁路收入须存日本正

---

① 全国政协文史资料委员会：《文史资料存稿选编 经济 下》，中国文史出版社 2002 年版，第 725 页。

② 全国政协文史资料委员会：《文史资料存稿选编 经济 下》，中国文史出版社 2002 年版，第 725 页。

③ 全国政协文史资料委员会：《文史资料存稿选编 经济 下》，中国文史出版社 2002 年版，第 726 页。

第四章　掠夺之心　昭然若揭

金银行"①。1912年竣工。

吉长路局内分设四处,按借款合同规定,由南满路代为指挥经理营业,中国政府置一局长,秉承交通部令,监督全路业务。实则仅只总务一处听其指挥,其余运输、会计、工务三处,均以日本人充任处长,故一切运输、会计、工务等项计划,莫不以"满铁"利益为前提,而本路有利与否,则毫不顾及。

（1）滥用日本人。吉长路局内日本人遍据要津,如运输、工务、会计等处课长,日本人约占十分之八九；外段各站,也多用日本人为事务员。"日本人薪津均较中国人高出数倍,如1930年,全路共有日本人50余人,月支薪津34000余元,每人平均600余元,中国人740余人,月支薪津32000余元,每人平均40余元。"②且所引用日本人大多欠缺专业知识,中川代表兼运输处长,系由东京高等工业学校毕业；其余处长课长以及其他员司,罕由高等学校出身,甚至仅由高等小学或一般小学毕业,每月同样得优厚薪津。而中国人专门或大学毕业有高等学识者,反而遭到排斥。

（2）滥用路款。"日方对于吉长路惟恐营业发展,岁有盈余,而得如期偿还本息,致失代理经营之权。故欲藉端滥用,毫无余存,尚不仅优给日员薪津之一端,即如沿线电柱偶有腐坏,虽系少数,亦必全部更换；又如车站房屋及日本员役住宅,稍有倾圮,即行重新翻盖,辄以糜费为能事。"③

（3）租用"满铁"车辆。"按吉长全路长127.7公里,共有机车21辆,客车39辆,货车166辆,差可敷用。"④乃"满铁"代表不计吉长是否需要,但见"满铁"有车闲置不用,即向其租赁而来。而所

---

① 全国政协文史资料委员会：《文史资料存稿选编　经济　下》,中国文史出版社2002年版,第726页。
② 全国政协文史资料委员会：《文史资料存稿选编　经济　下》,中国文史出版社2002年版,第728页。
③ 全国政协文史资料委员会：《文史资料存稿选编　经济　下》,中国文史出版社2002年版,第729页。
④ 全国政协文史资料委员会：《文史资料存稿选编　经济　下》,中国文史出版社2002年版,第729页。

租"满铁"车辆,破旧不堪,甚至不能使用,竟由"满铁"运至本线,即须入厂修理。其所耗车租外,更须负担修理费。而"满铁"代表反更请局长向"满铁"多租车辆,滥用职权。"自1924年至1928年凡五年间,该路共支出车租日金322800余元,其修理费,尚未计及。"①

(4) 运费过低不允增加。吉长客货运费较之其他中国铁路低廉约十分之三。因吉长路运费低廉,有利于南满铁道的联运收入,故"满铁"代表坚执不准将运价作适当的增加。而其用意,不过为"满铁"吸收营业以及暗耗该路盈利,以图永久把持路权。

(5) 抗拒部令,侵蚀主权。按借款合同规定,所有中国政府交通部颁发各铁路通行章程,吉长路自应一律遵行。1930年,铁道部改订货物分等表,而"满铁"代表抗不遵行,经该路局长据理交涉,无果。

(6) 对于中日商人待遇有别。吉长路客货交易繁多的车站,如吉林、桦皮厂、下九台、头道沟等各站都有日本"事物员"对站务横加把持,遇有调拨车辆、装运货物,辄自主张,而中国站长反而无权过问。同是运营商,对于日方如"国际运输株式会社"等,则处处予以便利,而于华商则处处抑制。

(7) 阻挠吉长、吉海路的吉林站接轨。吉海铁路与吉长铁路,同至吉林省城,轮轨相望,为发展铁路营业计令亟当互相接轨,实行联运。经东北交通委员会督促该两路实行接轨,而"满铁"代表借口吉海路为南满路平行线,抗不遵办,迄"九·一八"事变发生仍未能实现。

(8) 二成净利分配无理。按借款合同第七条:"在本公司从事本铁路之营业期间内,政府与公司协议定为每营业期间,由铁路净利内,除出偿还本借款之本利,并第八条第二项政府垫款本利,及同条第三款由公司借人款之本利必要金额外,以其盈余之二成,分配于公司。本路每年于偿还借款本利之外,苟有盈余,尚须以净利之二成,分配于满铁。在满铁不惟居债权地位,且有股东资格。此等股东,不

---

① 全国政协文史资料委员会:《文史资料存稿选编 经济 下》,中国文史出版社2002年版,第729页。

承担营业亏损，只分盈余利息，已属极无道理，且又不依合同规定办法计算。自 1917 年起至 1927 年止，满铁应得二成净利，为 348150 余元。但满铁并不按合同规定办法只由净利内扣算，而由总收入中除去付还本息办公费两项外，余均作为净利分为十成，以二成付交满铁。故十年中，支给满铁之款为 893500 余元，超过应付款之一倍以上。而所有合同上规定之维持修补折旧准备等费，概置不理，并将我方应得之八成，扣留作为'扩充改良'之用。"①

（9）强售旧货，滥添新债。"1908 年，满铁硬将存有 80 磅的旧钢轨 10222 吨以每吨日金 88.8 元作价，强迫售与吉长路，共价日金 90.7 万余元，作为该公司垫付，年起 9 厘利息，并计复利。该路局长因手续不合，迄未承认，以致悬案未结。"②

（10）垄断购买材料。按定章，购料在 500 元以上，应呈请局长核示许可后始行标买。而日本员司竟将应用物品分批径向日商购买，既免局长过问，也方便营私舞弊。有未能分购但须经投标手续的，其投标也无详细章程，仅手续上指定常与交易的各日商投标而已。其所报价格较时价高十分之一或五分之一。至该路工务工程，工务处向来指定日本人包工，仅事后通知监理课转呈局长，其中舞弊行为不言而喻。③

吉长一路虽短，但已伸入吉林腹地与东北南部衔接，其地介于中东铁路和南满铁路之间，吉长路权归属俄方，则吉林的一切利权也归于俄国。转入日本人之手，日本觊觎的吉会线须以吉长路为基础，所以攫得吉长路的路权日本势在必得。但日本对此既得权利并未成熟。1915 年提出"二十一条"中的关于南满及内蒙古东部方面的第七条，就是关于改订吉长铁路借款的条约。"至 1917 年，实行改订这项借款合同，定建筑费总额为日金 650 万元，年息 5 厘，其中扣除 198.875

---

① 全国政协文史资料委员会：《文史资料存稿选编 经济 下》，中国文史出版社 2002 年版，第 726 页。
② 全国政协文史资料委员会：《文史资料存稿选编 经济 下》，中国文史出版社 2002 年版，第 730 页。
③ 全国政协文史资料委员会：《文史资料存稿选编 经济 下》，中国文史出版社 2002 年版，第 730 页。

万元作为抵销前次筑路未还之余数外,净交450.125万元。从订约后第11年起还本,限定30年还清,期前不得全部清还。在借款期内,委托满铁代理经营,运输、会计、工务三主任均由日本人充任;并就中择一人为南满会社代表,执行合同内满铁之权利及义务。"① 于是,吉长路名为中国所有,实权均在日本人之手。

4. 吉会路

此路由吉林省城起,越图们江,至朝鲜会宁止,为日本侵略东北的主要干线之一。"安奉路由朝鲜伸满蒙之左臂,拊奉天之背;吉会路为其右臂,经图们江,进入吉林腹地,再衔接吉长路,直达长春;自长春接长大,达满洲里,成为与中东平行之线。"② 日本对此路借款权之获得,始于1907年4月15日之新奉、吉长铁路协约。该约第三条规定有"吉长铁路将来筑造支路或延长干线,归中国自办,如资金不足,可向满铁会社商借"等语。虽未言明吉会,已有此伏笔。到1909年9月4日订立《间岛协约》时,则在第六条内已指明吉会路。但即依上述协约,亦只有借款权,并无修筑权,借款亦只限建筑费之半数,兴工日期亦未明定。而日本即以此为根据,始则运动建筑天图路,预作伏线;到1918年复由日本兴业银行代表西原龟山,与北洋政府代表曹汝霖,订定吉会路1000万元借款草合同。其重要条文有"兴业银行于本借款契约成立之日,即垫十足日金1000万元与中国政府;俟吉会铁路借款正约成立,即将此垫款尽先清还"之语。又载明"本垫款契约成立六个月内,即订结吉会铁路借款正约,正约成立之时,即起工筑路"之语。③ 如是,吉会路虽有修筑之定期,而管理权尚未丧失,中国犹有相机应付之余地。"迨1919年进行商订正约时,日本忽又要求中国政府允许日人充任该铁路之会计、运输二主任和扩

---

① 全国政协文史资料委员会:《文史资料存稿选编 经济 下》,中国文史出版社2002年版,第726页。
② 全国政协文史资料委员会:《文史资料存稿选编 经济 下》,中国文史出版社2002年版,第726页。
③ 全国政协文史资料委员会:《文史资料存稿选编 经济 下》,中国文史出版社2002年版,第726页。

第四章 掠夺之心 昭然若揭

大日本工程师之权限。如是,则全路之管理实权和工程建筑全权将全落日人之手,因而引起全国民众之反对,中国政府未予承认,此约暂行搁置;迨原订六个月之期已过,草约亦自动失效。但日本决不死心,有机会就钻,以后吉敦路之包修和新满蒙五路之要求,皆为变相地为完成吉会路和更扩大侵略的步骤。"①

5. 满蒙五路(四洮、长洮、洮热、开海、吉海)与满蒙四路(吉开、长洮、洮热、自洮热线之一站至海港)

"日既胜俄,以南满铁道为基础,积极侵略满蒙,遂欲增筑支线,以固根基而厚势力。首有安奉路之强筑,继有新奉路、吉长路之强迫借款,与吉会路借款优先权之攘夺,如是'满铁'之基础固矣。然而培养未足,势力未充,故又有满蒙五路之指定,强令中国向日本借款兴修。时当1913年,南京地方因张勋军队入城,扰及日侨。"② 日本于是有所借口,一面出动海军进行威迫,一面由驻北京日公使向中国提出满蒙五铁路建筑权的要求。"五铁路者:一曰四洮,由'满铁'之四平街站起至洮南止,长约220英里;二曰长洮,由'满铁'之长春站起至洮南止,长约180英里;三曰洮热,由洮南起至热河止,长约470英里;四曰开海,由南满路之开原站起至海龙止,长约123英里;五曰吉海,由吉林省城起至海龙止,长约112英里。此五路之作用,如开海、吉海,则由南满路东行直入吉林之中心;如四洮、长洮、洮热,则由南满路西指直探东蒙之腹地,即日本最初拟定之满蒙铁道网也。"③ 时中国因民国肇建,植基未固,日本挟此以为解决南京事件之前提,并为承认民国之交换条件。北洋政府迫不得已,于1913年10月5日正式换文,承认日本对于"满蒙五路"有借款优先权。唯交涉秘密详情迄未披露,盖日本恐第三国出面干涉也。

---

① 全国政协文史资料委员会:《文史资料存稿选编 经济 下》,中国文史出版社2002年版,第726页。
② 全国政协文史资料委员会:《文史资料存稿选编 经济 下》,中国文史出版社2002年版,第726页。
③ 全国政协文史资料委员会:《文史资料存稿选编 经济 下》,中国文史出版社2002年版,第727页。

日本既得此五路建筑权,乃日谋进行之策,至1915年12月,根据此项换文,由正金银行与中国财、交两部,订立《中日四郑铁路借款合同》,是为四洮路之权舆。按合同,款额为日金500万元,由正金银行发行公债,年息5厘,除去折扣及经理费外,实收405万元。嗣因欧战关系,金价暴落,不敷支用,又于1918年2月18日向正金银行续借短期借款260万元,年息7厘。至1919年,此路延至洮南,完成四洮线,复由"满铁"与中国缔结日金4500万元之《四洮铁路借款合同》,将四郑一段纳入四洮正线之内。正金银行所有合同的权利,均委托"满铁"代理。

四洮路实现后,"满蒙五路"尚缺其四,日本心有不甘,遂于1918年要挟中国重申承认日本对于"满蒙四路"之借款权,并由日本特殊银行团与中国驻日公使先订立《满蒙四路借款预备合同》,议定4个月内订立正约,以促进工程为条件,日本先垫款2000万元。"所谓满蒙四路者,一为吉开,由吉林省城经海龙至开原,即满蒙五路中之开海、吉海二路连成为一路也;二为长洮三为洮热,即满蒙五路中原有的长洮、洮热二线;四为由洮热之某一站起至某一海港止,是为满蒙五路中所无而当时增加之路线也。"① 故名为四路而实际则又较1915年秘密订定之五路增加了一线。但草约甫订,中国政局变化,订立正式合同期限拖过以后,此议搁置。

1915年,北洋政府与日本正金银行签订四郑铁路(四平街至郑家屯)日金500万元之借款合同。至1919年,日本要求延长至洮南更名为四洮铁路后,与南满铁道会社订立5厘金币500万公债合同,以5厘之较轻利息,交换用人、购料、投资之种种利益。而"满铁"来函商请,以此项公债不能发售时,得由"满铁"以社债供给四洮路工程之费用。其欺骗之术,伏隐于此。该路组织与吉长同。局长下设四处,除总务处外,工务、车务、会计三处处长,皆由"满铁"荐任日本人。该路虽不似吉长路日本人有代理经营之权,而事实上则受其操

---

① 全国政协文史资料委员会:《文史资料存稿选编 经济 下》,中国文史出版社2002年版,第727页。

纵把持，与吉长路无异。如5厘公债一再拖延，始终未见发行，强迫租用"满铁"破旧乃至报废的机车、车辆，阻挠建筑四平街车站等。

6. 洮昂路

此路自洮南起，至昂昂溪止，原为中国自行筹款修筑的铁路，并于1925年夏着手兴工。同时奉天省政府拟兴修沈海路（由沈阳至海龙）。日本狡称沈海路为"满铁"之平行线，且侵犯"满蒙四路"中日本的借款权而进行阻挠。几经交涉，结果议定洮昂路由"满铁"垫款包修，沈海路由中国自建。垫款须于工竣后6个月内还清；如逾期不还，垫款改为借款，以30年为期。此路南接四洮、北接齐克，伸入北满。日本深知中国财力困难，垫款必难如期偿付，因此不仅包修了铁路，同时攫取了借款权。

1924年9月，奉天省长与"满铁"签订洮昂路包工借款合同。1925年3月开始测量，是年5月28日开工，9月开始铺设轨道。1926年7月15日完全竣工，正式通车。"当工程完竣，'满铁'送来工程决算书，共费日金1312.5万元。其决算书内，列有'诸挂费'一项，计日金207.5万余元。因此项费用系属浮冒，事前既未经我方许可，而核其用途理由多不充分。且吉敦路同系'满铁'垫款承修，竣工决算未列此项诸挂费，何以轩轾至此？即经洮昂路局据理驳复，'满铁'迄未回答，反谓中方延不签订正式借款合同，视为违约，以致此项问题为中日铁路交涉悬案之一。又该路因营业不旺，收入不敷支出，缺乏现款流动，每月均向'满铁'除买燃煤，以资应用。煤价每吨规定日金17元，每届月终，如无款付给，即计算起息，其利率亦系9厘，成为短期借款。此项煤款及其他材料款，已达80余万元。"[①] 日本人争执诸挂费问题及除煤各节，不过希图增加该路债累，便其乘机把持而已。至该路能将哈尔滨以西的货物，运经四洮"满铁"以达大连出口，实为"满铁"极有利益的线路之一。

洮昂路是以洮南为起点，接近中东路滨洲线昂昂溪的三间房为终

---

① 全国政协文史资料委员会：《文史资料存稿选编　经济　下》，中国文史出版社2002年版，第730页。

点，全长 220.1 公里。从 1925 年 5 月 28 日施工，1926 年 7 月 15 日开始临时营运，1927 年 7 月 1 日正式营运。这是非常重要的一条铁路。它若从昂昂溪延展到齐齐哈尔，就可以拦腰截断中东路的作用。这是对苏具有战略意义的一条铁路。另外日本还认为洮昂线与四洮线相连接，又可成为南满铁路极为有利的"荣养线"。因此，日本帝国主义千方百计地来夺得这条铁路权。它针对不同对象，施展不同的策略。"对中国，它以舍弃满蒙五路的换文和满蒙四路为预备合同中的开海路建筑权，作为取得洮昂路建筑权的交换条件。对国际银团，因洮昂路在日本保留权利以外，若对该路贷款，恐惹起银行团参加国的抗议，所以避去借款形式，采用包工形式。对苏联，因该路北达中东路，恐引起苏联对终点站问题的抗议，于是日本利用东三省地方当局，作为日苏争持的缓冲，终于得到终点站的妥协。"① 因此，日本在 1924 年 10 月取得洮昂路建筑权，由"满铁"出面与东三省签订了《承办建造洮昂铁路合同》，合同规定的主要点：(1) 在日本总工程师监督下建造。(2) "满铁"垫借建筑费 1992 万日元。该垫款须在该路完成移交后 6 个月内清还，如逾期不能清还，欠款改作借款，年利 9 厘，借款期限为 40 年。(3) 在借款期间该路须任用日本顾问 1 名、助理 2 名，管理会计事宜。(4) 该路运费须与"满铁"商定。

7. 吉敦路

此路西起吉林，东迄敦化，即吉会路西段。吉会路为日本侵略东北的主要路线，徒以未曾订有正式借款合同，一时难于实现。到 1925 年 10 月 24 日，由"满铁"与中国交通当局订立《吉敦铁路垫款承造合同》，订定建筑费为日金 1800 万元，后又增为 2400 万元，由"满铁"垫支包修，竣工由中国验收后，将垫款付清；如逾期一年尚未还清，可商请"满铁"会社延期，年息 9 厘；工程进行期内，以日本人充任总工程师；自全路通车日起至垫款还清日止，以日本人充任总会计。这样，所谓垫款等于借款，而且全路工程和财政大权均

---

① 张福全：《辽宁近代经济史（1840—1949）》，中国财政经济出版社 1989 年版，第 256 页。

第四章 掠夺之心 昭然若揭

落在日本人之手。

吉敦铁路于1926年开工,1928年竣工,是年10月通车。全线工程共费日金2388万元。当工程完竣,"满铁"通知路局,请其验收工程。路局依据双方签订之工程细则查验后,发现工程不良者达181处,与设计不符者3处,且全部工费以单价比较,浮冒三四倍至十数倍不等。该路沿线为产木最盛之区,木价极廉,如车站临时应用木板房一间,开列日金1640元;木便桥一米,开列日金420元,较之同时同地建筑之铁路价格高出数倍。路局聘请铁路专门工程人员组织验收委员会,并请"满铁"派员会同查验,以便接收。"满铁"复函杭议,竟谓此次查验系吉敦路内部之事,本社无派员参加之必要。不得已由专门委员等详细查验。"据报告称,满铁承包工程加以技术估价,实值不过日金630余万元及所提现金160万元,比较所开之承包工程费用,计浮冒日金550万元之多。又据另一报告,所修桥梁山洞倾坍堪虞,路基房屋崩坏已多,急须再借数百万元为补修费,其总借款非达日金3000万元不可。以210余公里之路,其费日金3000万元,每公里约合14万余元,浮冒之巨中外罕闻,以致该路收工问题成为中日铁路交涉悬案之一,其曲直是非,不待智者而决矣。"[1]

吉敦路建筑借款,是在1925年11月中国与"满铁"订立的借款合同。"由满铁承包建路,并垫付建筑预算费1800万日元,后因线路稍有改动,又追加预算费600万日元,合计2400万日元,年息9厘。全路完工后,交回中国时,须清还全部垫款。如有所欠,须改作年息9厘的借款,在30年内清还。但该路竣工后,发现3处不符原工程设计规定,81处工程不良,还有数项工程费用较正式价格浮冒2—10倍。"[2] 因此,由该路组织验收委员会,经实际验收,详细核算,该路实际建筑费用不过630万日元,而"满铁"则列报1342万日元,除"满铁"曾付该路局160万日元外,尚多算500余万日元。

---

[1] 全国政协文史资料委员会:《文史资料存稿选编 经济 下》,中国文史出版社2002年版,第731页。
[2] 张福全:《辽宁近代经济史(1840—1949)》,中国财政经济出版社1989年版,第258页。

8. 满蒙新五路

上述四路借款合同，由于中国民众反对，未能订立正约。至1926—1927年间，沈海、吉海两路已由中国自行修筑，先后通车；满蒙四路中之吉开一线，已无再筑之必要；长洮一线与四洮形势类似，重复建筑，亦非必需。至于洮热线及由洮热线之一站至海港之一线之借款权，则于1920年10月间日、英、法、美四国银行团成立时，划归该银行团虽未经中国承认，但日本亦因此而不能独吞，于是又变更计划，转向北满。于1927年、1928年先后派南满会社社长山本条太郎至北京，向中国政府提出"满蒙新五路"借款承造权之要求。虽经中国人民极力反对，未得实现，然日本的这一阴谋，必须揭露，不能不在此公布于世。

所谓"满蒙新五路"者，一曰敦老（敦化至老头沟）；二曰老图（老头沟至图们江）；三曰长大（长春至大赉）；四曰洮索（洮南至索伦）；五曰延海（延吉至海林）。其中敦老、老图二线为分段完成的吉会路干线，与吉敦路同一用意。其他三线是向北伸展的支线，可收贯通灵敏之效。田中奏章有曰："我国之于满蒙，如徒赖南满路，必不能满足。依我最近之将来及现状计，南北满铁路非全归我手不可。大富溯之北满及东蒙古方面，可为我发展之余地甚多而颇有利；而南满方面将来支那民族日增，其政治经济颇不利于我。故不得不急进北满，以图国家百年之隆盛。又赤俄之东清路横贯北满，对我之大陆政策颇有阻碍。我国最近之将来，非与赤俄冲突不可。斯时也，我仍照日俄战争之法，攫取东清铁路以代南满路，攫取吉林以代大连，因攫取北满之富源而与赤俄冲突，实为发展国运上所难免。"又云："在现下之状况，向支那要求在各军事重要之铁路，待铁路完成时，北满可能及之地，我则倾力以进。赤俄必前来干涉及破坏。斯时即我与赤俄冲突之秋。"① 据此以观日本之所以要求"满蒙新五路"建筑权，无非是为驱逐苏俄，攫取北满，树立其根基，以实现入侵中国大陆的意图。

---

① 全国政协文史资料委员会：《文史资料存稿选编 经济 下》，中国文史出版社2002年版，第728页。

第四章 掠夺之心 昭然若揭

"1915年，中国北洋政府财政部、交通部同日本正金银行订立了中日四郑铁路借款合同，款额为500万元，由正金银行发行公债，年息5厘，除去回扣及经理费外，实收405万元。之后，由于第一次世界大战影响，金价暴跌，所借款额不敷应用，又于1918年向正金银行续借短期借款260万元，年息7厘。"① 1919年，由于"满铁"要求北洋政府将四郑铁路延长到洮南，同时增修通辽支线，正金银行即把所有合同的权利委托"满铁"代理，"四郑铁路"更名为"四洮铁路"。

"满铁"为了达到全面侵占东北铁路的目的，乃复于1919年9月8日与北洋政府财政部、交通部签订"四洮铁路借款合同"准"满铁"承办发售日金4500万元公债，年息5厘。5厘利息看似较低，但"满铁"却借此夺取了许多有利于它盘剥的条件，并以公债不易发行为借口，与北洋政府议定用短期垫款办理借款，急需钱用的北洋政府财政部亦趁机先借用了日金500万元。"因此遂有1920年3月的所谓'四洮铁路日金1000万元短期借款凭函'，款额日金1000万元，年息7.5厘，中国政府实收980万元，除扣还上述财政部挪用的500万元外，余者均用于修筑郑通支线。公债合同又规定，在四洮铁路局长下所设的工务、会计、车务（合同上名之为总工程师、总会计及行车总管）三个处的处长，均由日本人担任。"② 这些人都是"满铁"指定的，因而四洮铁路虽有"国有"之名，实际上却是为"满铁"的利益服务的。

日本既攫得东北铁路借款权，实行其垄断主义，指定路线，强要中国修筑铁路干线或军用铁路。东北各路，除中东路有俄款、北宁路有英款外，其余凡由日本出资所建铁路线全部皆由"满铁"出贷。目的既达，更进一步把持各路管理，操纵各路运输，以促成其以"南满"为中心及向大连集中的政策。又以重利压迫各路，使东北经济不能独立，且永远无法摆脱控制。

---

① 全国政协文史资料委员会：《文史资料存稿选编 经济 下》，中国文史出版社2002年版，第727页。
② 全国政协文史资料委员会：《文史资料存稿选编 经济 下》，中国文史出版社2002年版，第708页。

（四）伪满时期的运营

日本帝国主义在"九·一八"事变后制造了一个傀儡政权，成立了伪满洲国，将整个东北变成了自己独占的殖民地。它对东北的政策也就转变为确立和巩固殖民地统治秩序，系统地、大规模地掠夺东北的资源，变东北为发动和支持侵略战争的兵站基地。发动了"九·一八"事变，占领了全东北，一手炮制了伪满傀儡政权的关东军，改变了它在日本驻东北各机构中的地位，由不显眼的"卫士"一跃而为日本政府的全权代表，确立了它在执行日本对中国东北政策上的"指导"地位。"以前的四头政治被关东军的独揽大权所代替。"①

日本帝国主义对东北的政治统治是通过伪满洲国政权实现的。这个傀儡政权盗用国家名义发号施令，对东北人民施行法西斯暴力统治。采取会社形式的"满铁"在东北的政治活动及其在"满铁"附属地的政治统治逐渐失去意义。同时，伪满洲国的建立，为"满铁"扩大经济侵略和掠夺扫清了道路，在关东军和伪满洲国的支持下，"满铁"及其卵翼下的各个会社，将其活动范围扩展到包括原东北三省、热河省及内蒙部分地区的伪满洲国全境。

"九·一八"事变首先为"满铁"扩大铁路利权扫清了道路。日本关东军在占领了南满主要市镇和广大地区之后，在1931年10月10日，向"满铁"发出了《关于铁路委任经营及新线建设的指示》，要求"满铁"抓住时机攫取东北各铁路的经营权，并着手修建它觊觎已久的各条铁路。在关东军的支持下，"满铁"进行了一系列攫取路权的活动。它搜罗一批汉奸，首先拼凑了"沈海铁路保安维持会"，渗入沈海铁路。②接着设立了伪"东北交通委员会"，作为东北铁路的新统治机构，"满铁"派出两名理事、三名高级职员充任顾问进行操纵。"11月，满铁同熙洽窃踞的伪吉林省政府签订了《吉长吉敦铁路借款及经营合同》，规定合并吉长和吉敦两路，并以50年为期委托

---

① 苏崇民：《满铁史》，中华书局1990年版，第445页。
② 东北三省中国经济史学会：《东北经济史论文集 下》，1984年版，第214页。

第四章 掠夺之心 昭然若揭

满铁经营,同时交换了关于建造吉敦延长线等七铁路的换文,约定立即建造并在完工后委托"满铁"经营。后来又分别签订了《吉海铁路经营合同》和《四洮铁路借款及经营合同》,攫取了两路的委托经营权。12月,又由关东军出面同张景惠约定将洮昂、齐克两路合并委托满铁经营,并修建延长至海伦、黑河、海拉尔和满洲里的铁路。1932年1月,满铁又以供应黑龙江省官银号复业资金作为条件,攫取了呼海铁路的经营权,订立了《经营呼海铁路合同》。对于有英国借款关系的北宁路,则由关东军操纵的伪奉天省政府设立奉山路局,由满铁派人把持了该路局的实权。"① 就是这样,在东北境内的中国铁路陆续被置于"满铁"控制之下。

中东铁路归"满铁"经营,是由关东军、伪满洲国、日本外务省和"满铁"精心策划的结果。首先在1931年12月16日,关东军司令官以关统发第243号致函"满铁"总裁,要求"满铁"从速修建一条从拉法站、五常到哈尔滨,然后经过呼海线连接齐克线的铁路,说这是"对苏联作战的必要准备",造成除经过四洮、洮昂外从吉会路经哈尔滨易于进入西方或北方的另一条运兵线。这是从作战上考虑的。此外,还提出应从速使所有已落入日本势力下的齐克、四洮、洮昂、呼海等铁路和吉会、"满铁"线贯通起来,"以便在经济方面压制中东,并借此驱逐苏联势力"②。目的是将苏联势力从东北排挤出去,夺取中东路。在此之前的10月30日,关东军在"满铁"配合下,已经使伪吉林省长熙洽同意合并吉长、吉敦两线并将其延长到图们。

1932年2月,关东军认为建立伪满洲国的时机已经成熟,有必要改变其满蒙铁道政策,从确保既得权益转变为对满蒙全部铁路("满铁"线除外)确立明确的方针,即将全部铁路委托"满铁"经营的方针。2月25日,关东军司令官本庄繁派板垣参谋向"满铁"村上理事转达了这一根本方针,其前提是"委托经营所得的利益,应允许支付借款本息以及供担任维持满洲国国防治安的日本军做经费之用;

---

① 苏崇民:《满铁史》,中华书局1990年版,第446页。
② 苏崇民:《满铁史》,中华书局1990年版,第450页。

在国防上，军部认为必要时，得以变更委托经营合同"①。以后即由关东军的后宫淳大佐负责与"满铁"各理事协商，拟定了关于东北铁路借款、委托经营和修建新线的协定大纲。在3月7日、10日及12日，又由本庄繁司令官和内田"满铁"总裁仔细探讨了三次，于3月10日签署了关于满洲国政府的铁道、港湾及河川的经营及新建等事宜的协定。根据该协定，由关东军将伪满洲国的铁路、港湾、河川（包括附带事业）委托"满铁"经营；"满铁"须根据法令及本协定经营铁路、港湾、河川；"满铁"经营铁路、港湾、河川受关东军的指挥监督，关东军派监督官常驻"满铁"；委任"满铁"总裁为关东军最高顾问、委托业务主要负责人为关东军顾问。协定还规定了应修建的各铁路。就在这个协定签订的当天，在关东军的授意下，指使刚刚就任伪满洲国执政的溥仪签署了一纸卖身文契，将伪满洲国的国防及维持治安委托日本，其中第二项为"敝国承认，贵国军队凡为国防上所必要，将已修铁路、港湾、水路、航空之管理并新路之布设均委诸贵国或贵国所指定之机关"②。这就成了关东军窃取伪满洲国铁路、港湾、河川、航空等的管理及新建权的依据。除航空交由另行设立的"满洲航空株式会社"承担外，铁道、港湾、河川及其附带的国有汽车等事业完全交给了"满铁"，"满铁"则应将利润的一部分上缴日本政府充作关东军的经费。5月9日，日本政府以"绝对机密"的指令批准了这个协定，不过，从防止损害"满铁"财政的角度，指示"满铁"应设关于委托经营的特别会计，规定委托经营利润的50%归"满铁"委托经营总收入应按"（1）营业费；（2）新借款利息；（3）旧借款利息的半额；（4）该会社委托经营所得款；及（5）上缴款的次序扣除"③。就这样，日本军国主义的一个侵略机构将它恃强霸占的中国铁路交另一个侵略机构经营，并由它们的总机构加以批准。他们做贼心虚，企图用假象掩人耳目，8月17日，又由

---

① 苏崇民：《满铁史》，中华书局1990年版，第447页。
② 苏崇民：《满铁史》，中华书局1990年版，第448页。
③ 苏崇民：《满铁史》，中华书局1990年版，第448页。

第四章　掠夺之心　昭然若揭

关东军司令官和伪满洲国国务院总理郑孝胥签署了《满洲国铁路、港湾、水路、空路等管理及线路敷设管理协定》，作为关东军拥有伪满"国有"铁路、港湾、河川管理和敷设权的"法律根据"。但是，这个协定也是见不得人的，它将关东军和伪满洲国的主从关系表现得太露骨了。因而被列为"严秘"文件，不敢公之于世。于是1933年2月9日，又使令"满铁"和伪满洲国交通部签订了《满洲国铁道借款及委托经营契约》《松花江水运事业委托经营细目契约》《敦化图们江及其他二铁道修建借款及委托经营契约》《天图轻便铁道收买资金贷款契约》《关于满洲国铁道等借款及委托经营合并契约》《交通总长满铁总裁间往复文书》等一系列"文件"，完成了"满铁"霸占东北地区全部中国铁路所必需的虚假的法律手续。与此同时，由伪满洲国任命的中东路理事长李绍庚和伪满交通部铁道司出面，于1933年3月31日禁止中东路西部线至后贝加尔铁路间的直通运输，接着由路警处将满洲里站转辙器关闭。同年7月7日，伪满当局强占了中东铁路转运码头。同时，在由日军负责维持秩序的中东铁路东线，怂恿"胡匪有组织地袭击列车和铁路设施，有预谋地颠覆列车，以及对在中东路供职的苏联公民进行袭击、掠夺、杀害和绑架"[1]。日本政府、关东军和"满铁"煞费心机搞的这套鬼把戏，妄图掩饰它武力侵占东北以及东北铁路的事实，只能是欲盖弥彰，充分暴露出侵略者的嘴脸。

1932年9月15日，日本关东军司令官武藤信义与伪满洲国总理郑孝胥签订了《日满议定书》及其附件。根据这些规定，伪满洲国把铁路修建及经营权委托给日本，日本政府责成"满铁"来经营。也就是把东北原有铁路，如奉山线、打通线、四洮线、洮昂线、吉长线、吉敦线、奉吉线等，全部交给"满铁"经营管理。

"满铁"与关东军的协定，一方面使"满铁"独家经营伪满的铁路、港口、水运和国有公路运输，并且承担了新铁路线和港口的修筑，完全排除了中国铁路的竞争，摆脱了被"包围"的危险。1935年接收中东铁路之后，消灭了最后一个竞争对手，可以放手地推行其

---

[1] 苏崇民：《满铁史》，中华书局1990年版，第449页。

铁路网计划，随心所欲地制定它的运输政策。另一方面，对于委托经营的业务，如有关委托经营的规程，运费和费用的制定或改废，关于预算、决算、利润处理、财产处分等重要事项，均需事先取得关东军的同意。事实上，新铁路线的修建、港口增筑以及汽车路线的开办，人员配备等，都是按照关东军的"指令"实施的。"满铁"这部分业务完全被置于关东军的直接监督之下。从这个意义上说，"满铁"和关东军的位置已经发生了明显的变化。"满铁"从"经营满蒙的中枢机关"开始下降为关东军统治东北殖民地的交通业务机关。[①] 不过，对于"满铁"的固有业务，关东军还无权过问，对于开始执掌东北大权的关东军来说，"满铁"仍然是一个不能任意摆布的巨大势力。关东军的军事行动和政治手段只是为使东北彻底殖民地化扫除了障碍，打通了道路，而使东北完全变成日本的经济附庸，使东北的经济结构完全适应日本的需要，却不是关东军的力量所能完成的，经济方面还是要靠拥有数亿资金和几万技术人员的"满铁"。

1933年，伪交通部长丁鉴修正式办理了移交手续。每年清算时，"满铁"把委托经营后新修筑的敦图线、四梅线、梅临线、延佳线、北黑线及锦州到热河等铁路垫款和利息中，扣除委托经营的各铁路每年营业收入，尚欠"满铁"垫款多少。"清算后欠款数目作为伪政府的债务，这笔债务的数额逐年增加，1943年达到20多亿元。"[②] 所谓委托经营，就是把东北铁路筑路权和管理权，全部交给日本政府。欠款数目的增加，大大加重了东北人民的负担。"满铁"名为委托经营，实际上垄断全东北的铁路交通。

"九·一八"事变后，东北的铁路基本情况如下：

1. 全东北国有铁路委托南满铁路代为经营

此事于1932年12月1日即由日伪双方当局协议进行，同时并成立契约，完成一切手续。至1933年2月9日，伪交通部以第四四号部令，令知吉长、四洮、洮昂、齐克、洮索、呼海、伪奉山各路局，

---

① 苏崇民：《满铁史》，中华书局1990年版，第449页。
② 孙邦：《经济掠夺》，吉林人民出版社1993年版，第434页。

第四章 掠夺之心 昭然若揭

略谓："为令遵事，查另纸交通部布告第七号所开，该铁道及其附属事业已于大同二年二月九日委托南满洲铁道株式会社经营矣。仰即遵照。此令。"①又关于上述伪交通部第七号布告亦系同日发表，文曰："为布告事：查本部业于大同二年二月九日将国有铁道（略）及各项附属事业委托南满洲铁道株式会社经营矣，特此布告。"又伪交通部第四六号训令，令同上各路局谓："为令遵事：查此次政府与南满洲铁道株式会社两者之间已缔结国有铁道及附带事业（包含松花江水道事业）之委托经营契约，所有在各该局所办事人员自大同二年二月九日起，仰均隶属铁路总局，原旧供职凡以前对于所属铁路在办事人员资格上所有权利义务均应由铁路总局继承办理，仰即遵照，并转饬知照为要。此令。"云云。"此种重大之满蒙交通权遂为若辈以几纸文书轻轻断送于日人之手。然在表面上，固似为所谓满洲国之委任'满铁'统制，实则日人原为主人翁，斯不过其所要之出卖文契也。"②据伪国政府公布委托经营之理由为：（1）"满洲国"为确保其治安，并为发展其交通事业计，尤以关于全国之铁路事业，为急不容缓之图。（2）现在"满洲国"内各小铁道分立，经营分歧，不利实大，非统一交通之道。况在国内铁道网计划尚未普及之前，亟应将现在各路统一，以谋合理经营、而期达成经济上、技术上有效率之目的。（3）"满洲国"将全国铁路委托南满统一经营，本于技术上之见地，因"满铁"有多年之经验，最为适当。（4）"满洲国"政府对于"满铁"负有一亿三千万元之巨额债务，基于双方之便利，委托债券者经营尤称允当。③此所谓委托经营的理由，实际上，则是欲盖弥彰。"九·一八"事变前，东北国有铁路在交通委员会的统制下已颇有发展，依靠自主技术和资本筑成呼海、齐克、沈海、吉海四路，发展势

---

① 王正儒、雷晓静：《回族历史报刊文选 历史卷》，宁夏人民出版社2015年版，第298页。
② 王正儒、雷晓静：《回族历史报刊文选 历史卷》，宁夏人民出版社2015年版，第298页。
③ 王正儒、雷晓静：《回族历史报刊文选 历史卷》，宁夏人民出版社2015年版，第298页。

头良好，完全不必依靠日本的"帮助"。

2. 铁路总局之组织及其统制下之四管理局

"满铁"受"满洲国"委托经营全国铁路后，于 1933 年 3 月 1 日发表总局的组织规程，摘录如下："第一章：总则。第一条：铁路总局（以下称为总局）设于奉天。第二条：总局掌理关于委托之铁道、港湾、水道，并其他附带事业之事项。第三条：总局置顾问及参议，顾问关于重要事务应总局长之咨询，并提具意见，参议掌管重要业务之审议及特别任命事项。第四条：总局置总务处、经理处、运输处、机务处、工务处及警务处等六处。（下略）第五条：总务处置文书科、人事科及地方科三科。（下略）第六条：经理处置会计科及用度科二科。（下略）第七条：运输处置旅客科、货物科及水运科等三科。（下略）第八条：机务处置运转科及工作科二科。（下略）第九条：工务处置工务科及电气科二科。（下略）第十条：警务处置线务科及防务科二科。（下略）总上系铁路总局内部之组织。"[①] 总局设于奉天，统一所属四管理局里更由四管理局统制其所管辖下之各铁路，其各管理局如次：

奉天铁路管理局管理沈海（后被改为奉海）伪奉山铁路。

洮南铁路管理局管理四洮、洮昂、打通、齐克铁路。

吉林铁路管理局管理吉敦、吉海、吉长、敦图铁路。

哈尔滨铁路管理局管理拉哈、呼海铁路及松花江江运。

以上各管理局分驻于奉天、伪京、洮南及哈尔滨等处，为谋办事便利起见，更于各地设办事处，计为锦县铁路办事处（属奉天路局管）、图们铁路办事处（属吉林路局管）、四平街铁路办事处（属洮南路局管）。各处之组织均设置总务、运输、机务、公务及警务五股。

3. 东北各铁路相互间以及日本国内各路实行联运

"满铁"于全部铁路既得统制的实权，更为进一步加强管理，一方面统一各路客票价，一方面实行使东北各路互相联运，并决定施行联运客票，方便旅客，增加收入。其施行联运办法已于 1933 年 10 月

---

① 王正儒、雷晓静：《回族历史报刊文选 历史卷》，宁夏人民出版社 2015 年版，第 299 页。

1日起。第一步先从四洮、洮昂、齐克、洮索及呼海铁路做起，使与南满路联运，成为大连—齐齐哈尔线；次第及于大连—吉林线；长春—山海关线；大连—山海关线。"此犹未足，更进而与日本本国及朝鲜各路实行联运，其路线约为名古屋—门司—大连线；门司—新义州—奉天线；敦贺—罗津港—吉林线。此种联运办法在东北未被占领以前，日人固曾力图实现。但以国人反对，皆未得如愿以偿，而今则一切交通大权殆皆落于日人掌握，是以在彼已为所欲为矣。"①

4. 东北铁路网与新修各路

伪满洲国铁路总管理局在日本人指挥之下为加紧准备进攻苏俄与镇压抗日义勇军起见，急欲完成其所预拟的铁路网。1934年伪国有铁路建设处所拟筑路计划如下：

（1）宽通铁路，由宽甸至通化，长229公里。
（2）通辑铁路，由通化至辑安，长94公里。
（3）开通铁路，由开原至通江口，长37公里。
（4）桓新铁路，由桓仁至新宾，长80公里。
（5）通临铁路，由通化至临江口，长139公里。
（6）大凤铁路，由大孤山至凤凰城，长95公里。
（7）海大铁路，由海城至大孤山，长171公里。
（8）平喜铁路，由平泉至喜峰口，长92公里。
（9）凌冷铁路，由凌源至冷口，长165公里。
（10）赤承铁路，由赤峰至承德，长225公里。

以上十路共1327公里，除大凤铁路已于1933年动工，1934年6月即将完成外，其余九路皆在计划，即将从事勘测中。但此计划只是铁路网计划的一部分，且主要在辽宁、热河两省内，其关于吉林省和黑龙江省，计划更为积极。据调查，在吉林省内已筑成敦化至图们与拉法至哈尔滨段，敦图线原为吉会路的一部分，"九·一八"事变以前，因国人阻挠未能兴筑，事变后日本人加速完成并通车。至于拉滨

---

① 王正儒、雷晓静：《回族历史报刊文选 历史卷》，宁夏人民出版社2015年版，第299页。

铁路，是日本人新开路线，全长268公里。在黑龙江省内已筑成克山至海伦段，全长167公里，拉哈与讷河间的拉哈支线延长40公里，于1934年3月完成。除以上路线，在铁路网计划中，还有以下五线：

(1) 牡丹江—佳木斯（依兰）铁路；

(2) 二站—黑河（瑷珲）铁路；

(3) 长春—大赉铁路；

(4) 大赉—洮南铁路；

(5) 怀远—索伦铁路。

以上五线已由伪满洲国政府与"满铁"商妥，预定工程费1.4亿日元，1934年内即可动工。此外，又在吉林东部修筑一轻便铁路，由朝鲜边境起，直达土门子，土门子系吉林与苏俄接壤之处，恰在中东、吉会两路之间。此路已于1934年春动工，路线经过珲春，全线长110公里，用款约25万日元。

由于上述东北路网计划及建成路段，日本在东北可以说"大刀阔斧"。各路段的建造非仅限于经济方面，对于军事方面则目的更为明显。以凌源至承德、承德至赤峰两线为例，足以扼制热河全省，进而可窥探察哈尔、南扰河北全境。同时对于内蒙的挟持、外蒙的威胁尤为严重而不可忽视。其次由牡丹江至佳木斯，由大赉至洮南，由长春至大洮赉，由怀远至索伦各线，主要目的一则可以树立侵略东北北部的经济基础，一则亦可以增加攻击苏俄的方便。再如二站至黑河线路，直抵对岸海兰泡，可以用重兵冲破苏俄乌苏里与西伯利亚两路的联络，其用意显而易见。

日伪统治东北时期，日本帝国主义为军事和经济掠夺目的，在东北大肆增筑铁路。"至民国二十九年（1940）新筑通车里程已达4386公里。新旧铁路合计达10089公里。其中沈阳至临榆、滨江至大连均为双轨（仅记单程）。至民国三十二年（1943），线路里程达11270公里。货运为28159百万吨公里。1945年有机车2422辆。"[①] 建设的

[①] 李振泉、石庆武：《东北经济区经济地理总论》，东北师范大学出版社1988年版，第153页。

第四章　掠夺之心　昭然若揭

主要线路有：

（1）滨黑线（哈尔滨—瑷珲黑河屯），长651.2公里，官商合办。民国十七年（1928）仅呼海段通车。"九·一八"事变后将此线延至黑河屯，民国二十四年（1935）通车。

（2）拉滨线（拉法—滨江），长271公里。民国二十一年（1932）动工，民国二十二年（1933）竣工通车。

（3）宁墨线（宁年—嫩江），长162.3公里，民国二十六年（1937）通车。

（4）齐北线（齐市—北安），长232.1公里。民国二十一年（1932）动工，民国二十二年（1933）通车。

（5）绥佳线（绥化—佳木斯），长381公里，民国二十九年（1940）全线通车。

（6）洮索线（洮南—王爷庙—索伦温泉），长350公里，为边防要路，民国十九年（1930）修建未完，1931年后日伪继续修筑，民国二十三年（1934）通车。

（7）洮长线（伪称京白路），起洮南经大赉、农安至长春，长332.6公里，民国二十年（1935）全线竣工通车。

（8）吉会路（永吉—会宁），"九·一八"事变前仅通敦化县。日伪继续修筑，民国二十二年（1933）完成敦图间191.9公里，民国二十三年（1934）又完成朝阳川经开山屯至上山峰60公里支线。

（9）图佳线（图们—佳木斯），长580.2公里，"九·一八"事变后为日伪新筑线路之一。民国二十三年（1934）动工，二十六年（1937）全线通车。

（10）虎林路（虎林经鸡西至林口），长335.7公里。因事关国防，日伪竭力增筑。林口至密山170公里，民国二十四年（1935）动工，次年通车。密山至虎林160公里，民国二十五年（1936）动工，同年竣工通车。

（11）城鸡路（下城子—穆陵—梨树—鸡西），长109.3公里。民国二十九年（1940）通车。

（12）绥东路（绥化—东宁），民国二十七年（1938）动工，二十八年（1939）完工。

（13）梅辑路（梅河口—辑安），长244.8公里。梅通（化）段，民国二十五年（1936）动工，二十六年（1937）完工。通辑段民国二十七年（1938）竣工。

（14）平梅路西安至四平段，长82.5公里，民国二十四年（1935）动工，同年十一月竣工，民国二十五年（1936）通车。

（15）锦北路，民国二十三年（1934）修至平泉339.6公里；民国二十五年（1936）完成平泉至承德96.4公里。民国二十七年（1938）完成承德至古北口106.3公里，同年锦北全线通车。

附新义路（新立屯—义县），长137.5公里，用于运输阜新煤。民国二十五年（1936）竣工，民国二十六年（1937）通车。

（16）叶峰路（叶柏寿—赤峰），长146.9公里。民国二十三年（1934）动工，次年通车。①

总之，至20世纪40年代中期，纵横交错的东北铁路网已经初步形成。至1943年线路全长11270公里。按138.5万平方公里计算，每平方公里线路里程8.1公里，为关内1.6公里的5倍。

二 煤炭

（一）煤炭的勘测及开采

煤炭对于铁路本身也是一个重要的需求来源。一些矿的开办本身就是为了向铁路提供煤炭。还有许多其他煤矿大部分销路也依靠铁路。"铁路用铁在1900年还是微不足道，1915年上升到100万吨，30年代中期将近300万吨，这个增长率与近代煤矿产量的增位是近乎平行的。1932年，京奉、胶济、京包、京汉、正太、津浦、道清、陇海、湘鄂九路沿线产煤1544万吨，比九路及不产煤的京沪、沪杭两路当年消煤量为125.7万吨。在大部分时期里，铁路用煤相当于近

---

① 李振泉、石庆武：《东北经济区经济地理总论》，东北师范大学出版社1988年版，第153页。

代煤矿产出的大约10%。"①

铁路的大量运输为大量采煤提供了有利条件，而大量采煤又促进机械的使用。这是由于铁路所提供的是大量集中的运输服务，对于现代大矿比传统的手工小矿更为有利，一旦铁路建成，大的现代煤矿就能利用集中的装载设备，这些设施的建设和运行成本低于旧式小矿，促进了现代煤矿的创办和发展。随着铁路的延展，总采煤量中机械采煤的比重呈现提高的趋势，土法采煤的产量虽然也增加很快，但在总采煤量中的比重却不断下降，1911—1937年，机械采煤的比重从57%上升到84%，土法采煤的比重从43%下降到16%。②

铁路从以上几方面促进了煤炭工业的发展，随着铁路的修建，旧中国煤炭产量逐渐增加，使用机械采煤的现代煤矿产量增长更为迅速。"1911—1937年，全国铁路通车里程从9600多公里增加到21000余公里，增加1.2倍，而全国煤产量从1912年的907万吨增加到1936年的3990万吨，增加3.4倍，其中现代煤矿机械采煤的产量从531万吨增至3379万吨，增加了5.4倍，土法采煤的产量仅增长0.6倍。"③

煤炭工业在我国国民经济中地位十分重要，它是中国最大和最重要的工业部门之一，按产值计算，在1933年只有棉纺织业和烟草工业能与之并列，1930年煤炭在我国动力消耗中的比重将近90%（估算为89.5%）④，煤炭工业的发展对整个经济都有着极其重要的意义。煤炭工业的发展当然取决于多种因素，铁路的推动作用并不是唯一的原因，但两者之间关系的密切是不容否认的，唯有依靠铁路，中国的煤炭方能得到大规模的开发。与此同时，煤矿的开发也促进了铁路的建设。我国许多铁路最初的创办目的就是运煤。中国第一条铁路——唐胥铁路就是适应开采开平煤矿的需要而着手兴建的，这以后因开发

---

① 复旦大学历史地理研究中心：《港口—腹地和中国现代化进程》，齐鲁书社2005年版，第47页。
② 严中平：《中国近代经济史统计资料选辑》，科学出版社1955年版，第103页。
③ 严中平：《中国近代经济史统计资料选辑》，科学出版社1955年版，第180页。
④ 洪瑞涛、潘起陆：《我国铁路煤炭运输研究报告》，1935年版，第7页。

潞泽煤矿、修筑泽清铁路；为开发山西煤铁，建成正太铁路；萍乡煤矿开发，而建株萍铁路等。煤炭运输在铁路运输中的地位极为重要，我国煤炭运输量占铁路货运总量的比重，自1915—1933年，均在60%以上；按吨公里计，则在45%以上，1933年、1934年超过50%；按铁路货运收入计，煤的运价虽列为最低等，然而运煤收入亦在总收入的30%左右，某些年份超过40%。① 煤矿和铁路互相促进、相辅相成、共同发展，引导和促进了整个经济的进步。

据资料记载："全中国煤炭产出额1912年13000000吨，1913年14000000吨，1914年15000000吨，1915年15440000吨，1916年15584000吨，1917年17205000吨，1918年18033000吨，1919年19387000吨，1920年20381000吨，1921年19872000吨，1922年19954000吨，1923年22681000吨。"② 基本呈现逐年递增趋势，1912年至1923年十二年间煤炭出产量增长近一倍。

东三省煤炭的出产量，除二三煤矿以外，没有统计表可以考证。所以，我们很难知道它的确切数量。但我们可以依据年份稍近且确实的报告书查得出产量。吉林和黑龙江两省没有可依据的报告知道其确切的出产额，唯有综合各表详情如下：

表4.2　　　　吉林、黑龙江两省部分煤矿产量统计表③　　　　单位：吨

奉天省	抚顺	1343198
	本溪湖	100000
	暖地塘	48000
	赛马集	40000
	烟台	39326
	五湖嘴	10000

---

① 洪瑞涛、潘起陆：《我国铁路煤炭运输研究报告》，1935年版，第2页。
② 东亚经济调查局：《极东の矿产业》，载自《经济资料》第14卷第6号，1928年6月，吉林省社会科学院满铁资料馆藏，资料号：07606。
③ 许家庆：《满洲之石炭》，《东方杂志》第10卷第12号，1913年，第28页。

续表

	杉松岗	24000
	西沟子	30000
	牛心台	20000
	此外煤田	60000
	合计	1714524
吉林省	五龙屯	10000
	缸窑	10000
	此外煤田	未详

黑龙江省，除扎赉诺尔15万吨外，其他煤田数据无从考证。

输入东北的煤炭多来自中国本土及日本，关于煤炭的输出量及输入量，如下：

表4.3　　　1909—1911年东北煤炭输入量及输出量统计表　　单位：吨

年份	1909	1910	1911
输入量	53319	56112	81534
输出量	176668	409712	294068

从表中我们可知，虽然有逐渐增长的趋势，但是所有输出的煤炭都来自抚顺，1911年输出量之所以大幅度减少，主要是因为当时鼠疫盛行，导致交通不便。

表4.4　　　　　　吉林省煤矿注册采矿商一览表[①]　　　单位：亩

矿权者	所在地	矿别	面积	给照年月	备考
郝懋祥	永吉马家沟	煤	754000	1915年2月	面积栏内最末之点以上系亩数，下同。此煤东原公司采

---

① 李澍田主编：《吉林新志》，吉林文史出版社1991年版，第367页。

续表

矿权者	所在地	矿别	面积	给照年月	备考
张子亨	磐石五道沟	煤	962500	1917年7月	—
袁喜成	桦甸苏密沟	煤	315000	1917年10月	—
刘琨	磐石四道沟	煤	1603000	1918年1月	—
邹太升	东宁大佛爷岭	煤	1989000	1918年3月	—
徐鹏志	密山小黄泥河	煤	5400000	1918年9月	—
王澍霖	额穆滥泥沟子	煤	1495000	1919年2月	—
邓湖声	磐石三道沟南山岗	煤	2695000	1919年2月	—
朱尧佐	永吉火石岭子	煤	610000	1919年7月	裕吉公司
老头沟煤矿公司	延吉老头沟	煤	5378570	1919年9月	中日合办
董广祥	磐石仙人洞	煤	80000	1919年12月	—
李广祥	伊通长背子沟	煤	3455000	1920年3月	—
王鸿钧	东宁大佛沟西山	煤	540000	1920年3月	—
阎庆祥	舒兰阎家沟	煤	510000	1927年6月	—
初醒斋	桦甸苏密沟	煤	364500	1921年7月	—
隋乃斌	延吉榆树川	煤	1001000	1921年9月	—
阎泽博	舒兰地局子风光顶子	煤	5385200	1922年9月	—

注：1930年2月农矿厅调查。

奉天省全省煤炭产量统计如下：1907年23.5万吨，1908年51.1万吨，1909年73.3万吨，1910年98.7万吨，1911年144万吨，1912年172.5万吨，1913年254.3万吨，1914年255.8万吨，1915年262万吨，1916年258.9万吨，1917年293.9万吨，1918年309.1万吨，1919年334.6万吨，1920年381.7万吨，1921年36.8万吨，1922年453.3万吨，1923年583万吨，1924年656.4万吨，1925年700.9万吨，1926年824.3万吨，1927年881.3万吨，1928年963.3

第四章 掠夺之心 昭然若揭

万吨，1929 年 994.5 万吨，1930 年 959 万吨，1931 年 886.7 万吨。[①] 在奉天省内尤数抚顺煤矿、本溪湖煤矿、烟台煤矿三处煤矿产量为最多。"抚顺煤矿 1907 年产煤 233329 吨，到 1930 年，年产煤已达到 6550060 吨。烟台煤矿 1908 年产煤 2684 吨，到 1930 年，年产煤已达到 175000 吨。1905 年至 1931 年，抚顺煤矿总产量 88622643 吨，本溪湖煤矿总产量 7955817 吨，烟台煤矿总产量 2236482 吨。三处煤矿总产量 98814942 吨。"[②]

（二）煤炭流失的数量与价值

据"满铁"资料记载："全中国煤炭出产量 1912 年 13000000 吨，1913 年 14000000 吨，1914 年 15000000 吨，1915 年 15440000 吨，1916 年 15584000 吨，1917 年 17205000 吨，1918 年 18033000 吨，1919 年 19387000 吨，1920 年 20381000 吨，1921 年 19872000 吨，1922 年 19954000 吨，1923 年 22681000 吨。"[③] 从数据中可知，中国煤炭产量基本呈现逐年递增趋势，1912 年至 1923 年十二年间煤炭出产量增长近一倍，而当时全国的煤炭大部分来自东北地区。

表 4.5　　　　1926—1931 年东北煤矿出产量统计表[④]　　　　单位：吨

省份	煤种	1926 年	1927 年	1928 年	1929 年	1930 年	1931 年
奉天	无烟煤	384138	473293	496960	502590	526660	459737
	有烟煤	6821382	8327119	7762591	8067082	7998057	7046882
吉林	有烟煤	251953	373213	474387	570100	523279	530158
黑龙江	有烟煤	195400	410250	370400	308500	177800	320926
总计		7652873	9583875	9104338	9448272	9225796	8357703

---

① 《辽宁省志·煤炭工业志》，辽宁民族出版社 1999 年版，第 123 页。
② 虞和寅：《东北矿产物之分布》，《东北矿业记手稿》，1928 年版，吉林省社会科学院满铁资料馆藏，资料号：23594。
③ 东亚经济调查局：《极东的矿产业》，《经济资料》第 14 卷第 6 号，1928 年 6 月，吉林省社会科学院满铁资料馆藏，资料号：07606。
④ 满铁经济调查会：《昭和六年满洲产业统计》，1933 年 4 月，东北师范大学图书馆东北文献中心馆藏，资料号：605/001，第 54 页。

近代中国东北路矿资源流失问题研究

本溪煤铁公司"九·一八"事变前拥有两座高炉。由于该地藏有低磷煤和低磷矿石,以生产低磷铁而著称。它是军工不可缺少的材料,日本帝国主义自当特别重视。1936 年本溪生产的低磷煤,已完全代替了输入品。1937 年,根据第一次"产业五年计划",在本溪和太子河之间的宫原,建设大的钢铁连续生产的工厂。"另外,还把试验工厂分离独立,在宫原建立本溪湖特殊钢股份公司。原来计划,将生铁产量从 15 万吨提高到 100 万吨,并以自己生产的生铁炼钢 60 万吨。但是,计划建设的两座高炉,直到 1941 年末和 1942 年末才建成投产,在第一个'产业五年计划'期间根本未形成生产能力,到了伪满洲国即将寿终正寝的 1944 年,生产百万吨生铁的大计划,也只是实现了三分之一多一点,即 37 万多吨。"①

此外,奉天省千金寨、杨柏堡和老虎台三矿区煤炭出产量也十分惊人,为全省的煤产量贡献巨大。

表 4.6　　　　1907—1910 年千金寨、杨柏堡和老虎台
三矿区煤炭出产量统计表②　　　　　　单位:吨

年份 \ 矿区	千金寨	杨柏堡	老虎台	合计
1907 年上半年	37993	29219	27684	94896
1907 年下半年	65330	35294	37808	138432
1908 年上半年	100421	51619	52490	204530
1908 年下半年	138448	75697	72087	286232
1909 年上半年	152457	79363	92719	324539
1909 年下半年	171857	96745	99950	368552
1910 年上半年	173247	92761	133217	399225
1910 年下半年	197176	125067	145824	468067

---

① 姜念东:《伪满洲国史》,大连出版社 1991 年版,第 294 页。
② 《抚顺炭坑》,东京印刷株式会社大连出版社 1909 年版,第 296 页。

第四章 掠夺之心 昭然若揭

分析以上数据可知，东北地区尤其是奉天省产煤量巨大，该省承担了东北煤炭生产的主要任务，也因此成为日本掠夺东北煤炭的首要目标。1907年至1931年，奉天省产煤量共计10852.9万吨，而这些煤矿当时被日本全权控制，由此可以预想，日本在我国东北地区通过煤矿所得利润同样十分惊人。

（三）日本所得利润及去向

"九·一八"事变前，在我国东北煤炭生产中，日本经营的煤矿处于垄断地位，并且在日本经营的煤矿中，抚顺煤矿又处于绝对的优势地位。据抚顺煤矿统计，"九·一八"事变前，抚顺煤矿的煤产量已达七八百万吨，1929年为最高峰，达8519000吨。中国自资煤矿的产量虽有很大增长，但是从比重上看，1929年抚顺煤仍占东北煤炭总产量的69%，烟台占1.6%，本溪占5%。日本经营煤矿所产之煤，特别是抚顺煤在东北基本上处于垄断地位，但是在东北市场上的销售量并不算大，抚顺煤中很大一部分是输出和运往关内各地销售，其中主要是运往日本。据"满铁"经调会统计，在"九·一八"事变前几年，抚顺煤运往日本国内的数量，占该矿总输出量的50%，而占日本煤炭进口总量的60%—70%。1929年运往日本的抚顺煤达188万多吨。① "九·一八"事变后，"满铁"抚顺煤矿系统的煤炭生产持续增长，1937年达到1034万吨的最高峰。增长的根本原因在于，以军需工业为中心的产业界的空前膨胀，特别是以"七七"事变为转机，经济军事化的进程已经完成。第一个产业五年计划，每年都是1000万吨以上的高指标。但是，经过1937年的最高峰之后，开始下降，特别是从1939年起显著下降。而到1943年和1944年，下降到大大低于"九·一八"事变前产量的最低水平。

减产的原因是资材和人力不足，这是侵略战争造成的。1939年抚顺煤矿需要普通钢材65000吨，但该年度"物动计划"只分配34000吨，实际进货仅为23000吨。1940年，巷道加固用旧钢轨需

---

① 姜念东：《伪满洲国史》，大连出版社1991年版，第301页。

近代中国东北路矿资源流失问题研究

要 8500 吨,结果是基本没有什么进货。采煤工人每月缺少 6000—1 万人。① 此外,由于采煤转向深部,通风、安全等问题接踵而来,再加上工人流动性日益增大,技术人员和工人的技术水平下降也成为无法改变的事实。这就不能不引起劳动生产效率的下降。抚顺大山矿等六个矿井,1935 年井下就业的常雇矿工每人平均采煤量为 1.89 吨,1939 年下降到 0.9 吨,即下降一半还多。在这种情况下,除了像蛟河煤矿那样的新矿区之外,其余不仅不能增产,而且日益减产。

抚顺煤的减产直接影响其他经济部门。如前所述,昭和制钢所生产下降,决定性因素是抚顺煤的短缺。另一方面,抚顺煤的减产对日本煤炭的供应和国内某些部门的生产,影响也很大。据统计,1933—1936 年,每年运往日本的抚顺煤,都在 200 万吨以上,最多时达 272 万吨(1934 年)。当时日本国内产量为 4000 多万吨,200 多万吨看来好像数字不大,但影响却很大。"当国内自身的生产处在能否满足需要的青黄不接时期,这一为数不多的进口煤乃是左右市价的关键。"② 就是说,抚顺煤在一定程度上起着调节国内煤炭价格的作用。另外,从煤质上说,抚顺煤被日本誉为"东洋的标准煤",以致不管什么煤,都必须以抚顺煤作标准来判定优劣。很早以前日本海军就有使用抚顺煤的特别规定。日本最大的海军工厂——吴工厂,几乎全部使用抚顺煤。据称,制造大炮和军舰甲板用钢,除使用抚顺煤来冶炼,用其他煤都不行。当时,日本八幡制铁所炼钢用煤气发生炉 20 余座,如果使用抚顺中块煤,开动 12 座就足以够用,而且煤气性质稳定。总之,抚顺煤被认为是最好的工业煤。1937 年,向日本运销抚顺煤的计划量为 264 万吨,实际只达 171 万吨。由于煤炭减产,1940 年计划量压低到 143 万吨,而实际只达 54 万吨。等于 1934 年的五分之一。③ 这样,只好转而实行重点供应。1940 年这一年,抚顺煤集中供应于

---

① 姜念东:《伪满洲国史》,大连出版社 1991 年版,第 302 页。
② 姜念东:《伪满洲国史》,大连出版社 1991 年版,第 302 页。
③ 姜念东:《伪满洲国史》,大连出版社 1991 年版,第 304 页。

第四章 掠夺之心 昭然若揭

京滨重工业地带、日铁八幡制铁所、中京与阪神重工业地带以及吴工厂等五个地方。

为了阻止生产下降,在劳动力不足和劳动生产率下降的情况下强行生产,只能造成生产的不平衡,从而使生产走上更加困难的绝路。1939年至1941年,抚顺煤矿作为准备工程的掘进,按计划每年完成率在60%以下,而采煤计划量的完成率则为70%—80%以上。实际采煤工作面总长也在减少,1938年为5569米,1941年下降到3342米。露天矿的情况也是一样,1937年到1941年五年间,剥离作业推迟了1384万立方米,相当于一年的剥离量,而煤炭则增产114万吨。① 这就是说,无论井下或露天,都是把人力物力集中到采煤作业,牺牲准备作业。日本侵略者这种杀鸡取卵,只顾眼前掠夺,不顾均衡生产的做法,只能导致生产的更大倒退。如前所述,自1939年起,抚顺煤矿的生产一蹶不振,产量逐年下跌。

"满炭"系统的情况与"满铁"抚顺系统情况大同小异。日本帝国主义既然在整个东北进行战争资源的掠夺,违背与破坏生产规律,也就必然全面受到客观规律的惩罚,使生产陷入绝境。不过"满炭"较之"满铁"抚顺煤矿稍具特点,这就是增产幅度较大,增产持续时间较长一些。原因之一是,抚顺煤矿的采掘被认为是进入老朽阶段,而满炭系统所属煤矿多半是尚未开发或很少开发的新矿;原因之二是,日伪当局把增产希望主要寄托在"满炭"系统,因而倾注了主要财力。然而,这些因素也只能有限度地发挥作用于一时,到了伪满后期就完全失灵了。

东北的煤矿资源为"满铁"的经营乃至日本国内的发展都提供了巨大的能源和资金的支持。日本通过"满铁""满炭"掠夺的这些煤炭按照需要,有的就地使用,有的售往关内和境外,换取资金用于其他事业的发展。

---

① 姜念东:《伪满洲国史》,大连出版社1991年版,第304页。

表4.7　　　　　1914—1924年"满铁"售卖煤炭量统计表①　　　　单位：吨

年份＼用途	东北内卖炭	"满铁"内用炭	东北外卖炭	船焚料卖炭	合计
1914	661243.19	582042.64	1005015.17	227097.50	2475398.50
1915	766287.86	581027.84	742668.60	196552.30	2286536.60
1916	870755.26	586785.86	939630.45	182580.00	2579751.57
1917	970632.36	763128.95	811237.83	173270.70	2718269.80
1918	1202677.98	1037363.63	803923.10	232570.50	3276535.21
1919	1437702.41	1314673.50	770709.95	184218.55	3707304.36
1920	989241.41	1218296.75	746955.62	240236.50	3194730.28
1921	1203618.63	987357.31	985478.48	436259.50	3612713.92
1922	1339559.61	891424.37	1578671.28	745354.50	4555009.76
1923	1742316.23	983191.73	1940012.59	681254.00	5346774.55
1924	1753751.96	1140442.61	2414338.17	593441.00	5901573.74

由上表可见，1914—1924年十一年间售出的煤炭量多出一倍有余，1921—1924年各项卖炭量都较之前有明显的增加。这说明从1921年开始"满铁"就已经扩大了在东北地区煤炭生产和销售的规模，对东北煤炭的控制力量也逐渐增强。

按照煤炭种类划分，这十一年以抚顺炭、烟台炭、本溪湖炭和牛心台炭数量较多，具体卖炭量详见图4.1。

除了以上四个炭种外，还有其他一些炭种被售出。如裕信炭、古城子炭、淄川炭、抚顺二号炭、瓢尔屯炭以及新邱炭。因各地炭质不同，卖炭量也有所差异，以抚顺、烟台、本溪湖的炭质为最佳，销售量一直居高不下且逐年数十万增加，1924年较1914年卖炭量足足高出2.5倍，其中抚顺炭的出售数量占全东北卖炭量的85.6%。可见，对抚顺煤炭的掠夺是日本侵占东北煤炭资源的重点。另据资料记载，本溪湖炭的产量由1911年的9.03万吨增加到1930年的62.31万吨。

---

① 满铁兴业部贩卖课：《自大正三年度至大正十三年度石炭贩卖高累年比较表》，吉林省社会科学院满铁资料馆藏，资料号：20374。

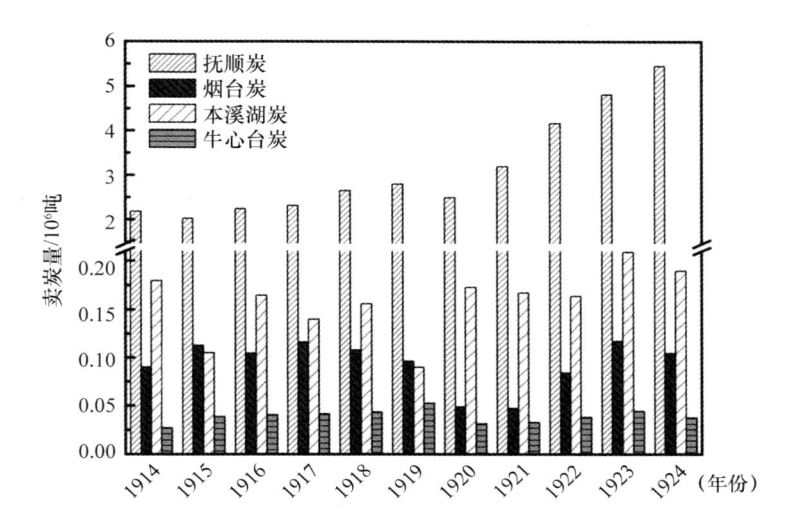

图 4.1 1914—1924 年抚顺炭、烟台炭、本溪湖炭和牛心台炭卖炭量统计图①

1911—1930 年,日本大仓财阀从本溪地区共掠夺原煤 740.75 万吨,大部分运回日本国内。"1904—1945 年,日本帝国主义从本溪湖煤矿掠夺煤炭达 2236 万吨,榨取利润 3962 万银元。"②

大连、长春和哈尔滨是当时东北的重要城市,"满铁"对这三个城市出售的煤炭数量远超出其他地区。从图 4.2 我们可以清晰地了解到这三大城市在 1914—1924 年十一年间销售煤炭数量的走势情况。

由于大连是"满铁"在东北的总部所在地,因此如图 4.2 所示,"满铁"售往大连的煤炭数量基本每年都多于长春和哈尔滨,可见"满铁"公司内部的用炭量不容小觑。除大连、长春、哈尔滨外,东北其他主要城市销售煤炭数量统计如下:

---

① 满铁兴业部贩卖课:《自大正三年度至大正十三年度石炭贩卖高累年比较表》,吉林省社会科学院满铁资料馆藏,资料号:20374。
② 《辽宁省志·煤炭工业志》,辽宁民族出版社 1999 年版,第 301 页。

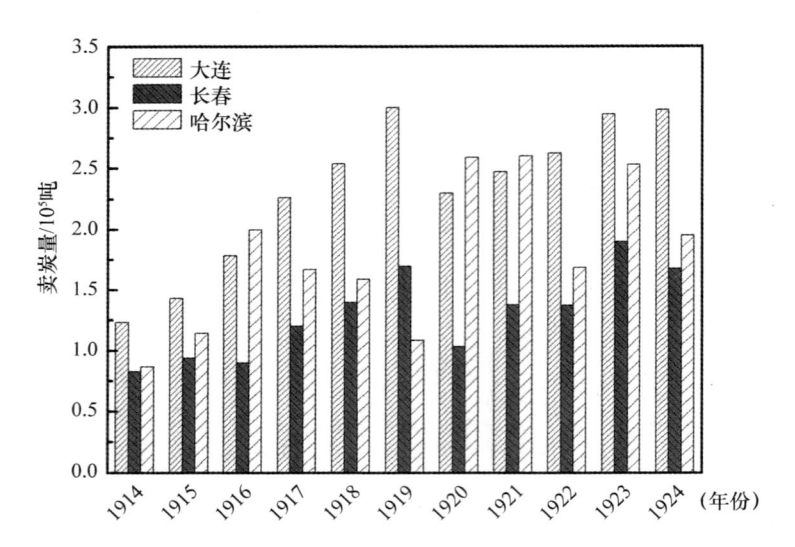

| 近代中国东北路矿资源流失问题研究

图 4.2 1914—1924 年"满铁"售往大连、长春、哈尔滨煤炭数量走势图①

表 4.8　　1914—1924 年东北相关城市销售煤炭数量统计表②　　单位：吨

年份＼城市	旅顺	营口	奉天	锦州	四平
1914	20638.00	71371.80	91102.41	32776.50	33461.10
1915	20946.68	80906.90	86368.72	30056.00	38917.60
1916	21815.15	80789.20	112872.69	25648.00	29736.40
1917	25859.22	82355.00	129823.20	10239.00	35276.30
1918	27954.70	90196.70	209283.20	6562.00	55200.86
1919	31260.85	95745.60	241953.60	6682.50	77012.53
1920	27620.75	48375.10	122058.10		31286.24
1921	32286.50	74197.50	176553.60		69005.46

① 满铁兴业部贩卖课：《自大正三年度至大正十三年度石炭贩卖高累年比较表》，吉林省社会科学院满铁资料馆藏，资料号：20374。
② 满铁兴业部贩卖课：《自大正三年度至大正十三年度石炭贩卖高累年比较表》，吉林省社会科学院满铁资料馆藏，资料号：20374。

续表

年份\城市	旅顺	营口	奉天	锦州	四平
1922	32951.80	87794.00	317648.90		82737.60
1923	33494.50	102751.40	434592.20		129490.68
1924	34756.00	102759.10	494402.70		157823.10
合计	309584.15	917242.30	2528623.32		739947.87

年份\地区	辽阳	吉林	本溪湖	安东	抚顺
1914	54177.60	6493.14	6189.10	21620.50	6356.00
1915	62406.40	6192.10	5744.90	25366.50	4503.00
1916	54642.00	5710.00	8164.00	28521.30	7667.00
1917	68520.40	8024.00	14408.50	40477.80	9652.00
1918	100079.00	9168.00	21886.00	54964.10	30480.00
1919	123949.80	11678.30	27678.30	79581.30	38370.00
1920	41820.90	4898.00	11326.00	57550.00	16561.00
1921	71149.50	5893.00	12319.50	67807.00	7064.25
1922	86591.60	7851.50	14439.00	80645.20	8314.70
1923	119777.20	14455.50	23469.50	80589.21	12028.50
1924	111434.60	15222.00	22834.38	75947.55	18322.50
合计	894549.00	95585.54	168459.18	613070.46	159318.95

由大仓财阀开采的本溪湖煤矿所产生焦煤是冶炼低硫低磷铁的必需原料，因此日本将大部分焦煤经过洗透炼成焦炭，供给本溪湖煤铁公司和鞍山昭和制钢所等使用，然后将所炼钢铁用于东北地区的军工和机械制造工业或运往日本。其余部分的焦煤则运往朝鲜的兼二浦和日本国内的八幡制铁所等企业使用。田师付和牛心台生产的无烟煤则由"满铁"销售作为民用。

近代中国东北路矿资源流失问题研究

表4.9　　1923—1931年本溪矿区煤炭销售地及卖炭量统计表①　　单位：吨

年份	满铁自用	外销				
		东北各地	鞍山昭和制钢所	朝鲜兼二浦	日本	东北及朝鲜零售
1923	124247	110627	43587	61137	18900	38828
1924	194745	113883	40368	30956	9869	33249
1925	184619	127683	40311	34116	26923	10810
1926	189655	98937	56334	27902	254141	7068
1927	154704	107852	75813	37732	23774	35031
1928	173825	135862	82371	54287	14479	1503
1929	218469	160246	92898	69897	11757	713
1930	293640	82759	135315	40591	6276	2337
1931	180100	55611	148591	41692	—	13480

由表4.9可见，质量上乘的本溪湖矿区煤炭，"满铁"除自用外，其余煤炭主要外销他地赚取利润。而在对外销售的价格上，"满铁"实行"因地制宜"的政策，对日本国内销售的价格远低于其他地区，尤其对东北，价格抬高更甚。

表4.10　　1925—1931年本溪湖煤铁有限公司煤炭
销售实收单价表②　　单位：银元/吨

年份	售煤单价	
	日本	东北地区和朝鲜
1925	5.7	8.4
1926	6.2	8.6
1927	5.2	8.7
1928	6.9	8.8

---

① 《本溪市志》，大连出版社1998年版，第302页。
② 《本溪市志》，大连出版社1998年版，第302页。

续表

年份	售煤单价	
	日本	东北地区和朝鲜
1929	6.8	8.8
1930	5.8	7.8
1931	4.3	6.1

注：售煤单价全是精煤价格，不包括粗煤；实收单价＝销售单价－销售手续费单价。

本溪湖煤矿的优质主焦煤是日本钢铁工业所急需的原料，以1927年为例运往日本及朝鲜、本溪湖煤铁公司以外的产品共8.65万吨，占当年矿产量的21.7%。从1926—1927年东北输往日本煤炭情况来看，1926年为2410379吨，价值18924955关两；1927年为2413830吨，价值12876819关两，其中1926年输日煤占东北输日总值的16.98%。①

自1913年至1921年，奉天省煤炭每年出口量90万吨左右。1926年至1931年，出口煤炭超过400万吨，是奉天省煤炭出口最多时期，主要销往日本、朝鲜、新加坡、菲律宾和中国香港等国家和地区。②而通过"满铁"将煤炭向日本"输出"，其实质就是日本将掠夺的煤炭运往日本国内。奉天省煤炭的出口主要是抚顺煤，专门供应日本海军兵工厂和八幡制铁所使用。

表4.11　　　　1919—1931年抚顺煤炭出口情况表③　　　单位：万吨

年份	抚顺出口量	其中运往日本
1919	64	11.4
1920	69	17.4
1921	139	29.6
1922	260	92.1

---

① 娄向哲：《民初中国对日贸易论》，南开大学出版社1994年版，第162页。
② 《辽宁省志·煤炭工业志》，辽宁民族出版社1999年版，第290页。
③ 《辽宁省志·煤炭工业志》，辽宁民族出版社1999年版，第290页。

续表

年份	抚顺出口量	其中运往日本
1923	260	94.3
1924	298	118.7
1925	324	124.9
1926	380	145.4
1927	409	165.9
1928	433	187
1929	409	189
1930	419	171
1931	438	187

"满铁"在东北所得的煤炭资源，不仅用于"满铁"内部用炭，而且对外销售。根据资料显示，"满铁"除了对东北各主要城市出售煤炭也向关内、台湾和境外出口。1914年向台湾地区出售煤炭量为29845吨，1915年32997吨，1916年23197吨，1917—1919年均没有交易，1920年11143吨，1921年8514吨，1922年11850吨，1923年21200吨，1924年16706吨。"满铁"对境外出售煤炭以邻国为首要考虑对象，主要售往朝鲜和日本国内各大城市。1914—1924年"满铁"运往朝鲜的煤炭总量为4155075.82吨，主要供应朝鲜铁道、平壤、仁川、京城、釜山、木浦、镇南浦、群山、元山、新义州等地用炭，其中以运往朝鲜铁道、平壤、仁川、京城四地数量最多，占总量的92.3%。1914—1924年，运往朝鲜铁道煤炭量增加了15.3%。[①] 平壤十一年间增加了三倍，仁川和京城增长了约一倍。除此之外，"满铁"还将在东北掠夺的一部分煤炭运回日本国内，涉及的机构和城市主要有铁道省、神户、大阪、清水、横滨、东京、釜石、新潟、直江津、伏木、七尾、境、德山、门司、若松、佐世保、伊势湾、鹿儿岛、广岛地方、敦贺、酒田、大泊、舞鹤、八幡、真冈等地。

---

① 满铁兴业部贩卖课：《自大正三年度至大正十三年度石炭贩卖高累年比较表》，吉林省社会科学院满铁资料馆藏，资料号：20374。

表4.12　　　1914—1924年"满铁"运往日本主要机构和
　　　　　　城市煤炭量统计表①　　　　　　　　　　单位：吨

年份＼机构城市	铁道省	大阪	横滨	门司	伊势湾
1914	229083.50	10625.00	19981.00	14120.00	52575.54
1915	2820.00	3805.00	37703.38	8120.00	46790.22
1916	—	4130.00	56428.61	7730.00	67049.20
1917	—	870.00	96558.50	10117.00	40495.95
1918	99169.00	—	40836.00	5780.00	13511.25
1919	48268.00	—	42414.00	7960.00	15826.95
1920	—	2151.00	—	3000.00	7807.79
1921	19719.20	133911.35	68194	7590.00	49631.68
1922	—	308816.04	148241.43	310.00	74112.13
1923	328939.88	226647.89	1076.70	180449.49	
1924	—	359953.75	284974.97	7000.00	20455.80
合计	399059.70	1153202.02	1021980.78	72803.70	548250.20

1914—1924年"满铁"运往日本国内煤炭总量为4139088.32吨。运往五大机构和城市的煤量占运往日本全部煤炭总量的77%。

从日俄战争后到1931年"九·一八"事变发生，"满铁"对全东北煤炭使用情况统计详见表4.13。

表4.13　　　1907—1931年东北煤炭使用情况统计表②　　　单位：吨

年份＼用途	"满铁"内用	就地出售	输出 日本	输出 朝鲜	输出 海外	输出 合计	总计
1907	145688	53146	—	—	—	—	—
1908	275603	130090	1861	205	18569	20635	426328

---

① 满铁兴业部贩卖课：《自大正三年度至大正十三年度石炭贩卖高累年比较表》，吉林省社会科学院满铁资料馆藏，资料号：20374。
② 《南满洲铁道株式会社三十年略史》，满洲日日新闻社印刷所1937年版，第453页。

续表

年份\用途	"满铁"内用	就地出售	输出 日本	输出 朝鲜	输出 海外	输出 合计	总计
1909	299283	218017	2687	39761	120505	162953	680253
1910	324086	347675	9271	86926	228243	324440	996201
1911	411023	455380	69555	5015	170145	244715	1111118
1912	373417	568597	128758	141334	298546	568638	1510652
1913	503647	581363	434673	233509	563303	1231485	2316495
1914	582043	661243	390552	210267	404196	1005015	2248301
1915	581028	766289	155399	252630	334639	742668	2089985
1916	586786	870755	202858	298671	438102	939631	2397172
1917	763130	970632	148881	362029	300327	811237	2544999
1918	1037361	1202681	159296	458268	186359	803923	3043965
1919	1315254	1437701	114488	522576	133645	770709	3523664
1920	1218295	989245	74992	522167	149794	746953	2954493
1921	987358	1203618	296098	345480	334901	976479	3167455
1922	891424	1339559	621544	412969	544158	1578671	3809654
1923	983192	1742316	943122	410276	586614	1940012	4665520
1924	1140443	1753752	1187585	351375	875378	2414338	5308533
1925	1052456	1677025	1249708	330347	1158594	2738649	5468130
1926	1226858	1817701	1454663	375931	1367555	3198149	6242708
1927	1323451	2002389	1698282	416967	1285410	3400659	6726499
1928	1338389	2202278	1859226	445189	1329577	3633992	7174659
1929	1402244	2089982	1897610	404985	1497613	3800208	7292434
1930	1362424	1705540	1752520	376080	1517723	3646323	6714287
1931	1256837	1481162	1871130	318276	1541816	3731222	6469221

综上所述，日本对东北煤炭的掠夺数量巨大。根据表4.9和表4.13数据统计，1914—1924年"满铁"共售出东北煤炭总量近4000万吨。其中37.36%用于"满铁"内部自用，10.77%运往朝鲜和中国台湾地区，10.34%掠往日本国内。这些部分加起来已经超出了总数的一半有余。由此可见"满铁"对东北煤炭资源的"开发"

极具掠夺性，并且数量之大令人震惊。

并且，对东北的煤炭工业形成垄断。抚顺、本溪湖和烟台三处煤矿是当时东北煤炭的重要产区。1907年后，"满铁"陆续接管了这三处煤矿生产。三处煤矿在"满铁"统治期间不断地扩大生产和销售规模。根据图4.1数据计算，1914—1924年这三处煤矿的售出炭量占东北全部卖炭总量的92.5%。如图4.2和表4.12所示，当时"满铁"已控制了东北大部分城市煤炭的生产和销售。因此，日本侵略者对东北煤炭工业的垄断地位是显而易见的。

日本对东北煤炭资源的掠夺是具有军事侵略性质的经济掠夺。日本对东北煤炭资源的掠夺并非单纯的经济掠夺，而是通过武装占领和不平等条约实现的。日本无视中国主权，将在东北掠夺的煤炭大量运往海外殖民地及日本国内，而这种疯狂的经济掠夺完全是在日本政府和日本军方的干预下进行的。

综上所述，日本攫取东北煤矿，掠夺资源，一方面为充实日本国内内需，另一方面则是服从于对外军事侵略的目标。日俄战争后，日本侵略者在东北势力不断扩张直至"九·一八"事变的爆发，充分暴露了日本想独占整个东北的野心。

三 铁矿

（一）铁矿的勘测及开采

东北地区的铁矿资料不仅十分丰富，而且开发的历史也很悠久。"据考古发掘和文献资料的记载，早在秦汉时期鞍山地区已存在着土法治铁业。到了辽代，太子河流域的本溪、辽阳和鞍山一带的土法治铁业已有相当的规模，官府还设置了专门机构管理当地的治铁业。这种土法治铁业一直沿续到明清时代。"[①]

东北的铁矿以奉天省为最多，根据资料记载：

[①] 四川省中国经济史学会、《中国经济史研究论丛》编辑委员会：《抗战时期的大后方经济》，四川大学出版社1989年版，第352页。

1. 奉天省

（1）鞍山矿区——鞍山在辽阳南20公里，有矿区12处，以鞍山市街为中心，包括樱桃园、王家堡子、一担山、关门山、眼前山、小岭子、铁石山及大孤山等矿，发掘甚早，至今西鞍山尚有矿坑遗迹，民国前三年日本人偶然于铁石山发现硫铁矿石块，后急需发现各矿区，1916年以中日合办方式创立振兴铁矿公司加以采掘，并获得石灰石、黏土、苦土等制铁原料之矿区，"满铁"于1925年复创设昭和制钢所，1929年合并鞍山制钢所，成为东北最大的钢铁炼制所，伪满实行所谓"产业开发五年计划"，将该所大事扩充，成为东北钢铁产制中心。

鞍山矿区内矿石多为贫矿，含铁成分为30%—40%，60%以上之富矿为数甚少，储量据民国十年（1921）"满铁"调查仅7亿吨左右，后经调查，知其储量为286900余万吨，即鞍山铁山、大孤山铁山及樱桃园三处富矿约为268万吨，贫矿为286700余万吨。

樱桃园、王家堡子、一担山区富矿的采掘，以樱桃园王家堡子为主。关门山、眼前山区抗战期间年仅产15万吨含铁35%的矿砂，大孤山富矿已采尽，只露天开采山顶的贫矿。抗战期间，年产矿砂200万吨，含铁成分平均为36%，铁石山区有局部小规模赤铁富矿，至于小岭子区，则以运输不便，只采平均50%之富矿。

（2）本溪湖矿区——清初本区一带为东北土法制铁中心，咸同年间土法采掘仍极盛行，1940年俄国人曾从事试掘，日俄战后，日本人大仓于1911年设制铁所，属矿有庙儿沟、梨树沟、卧龙村、歪头山、载金谷、马鹿沟、青山背、骆驼背子、王子岗、八盘岭、太子河沿及道远堡等地。

庙儿沟铁山，位于安沈线南坟车站南约7公里，为矿脉极广的磁铁矿床，南北两端伴有大量赤铁矿，矿脉延长在8000米以上，倾斜约45度，矿床厚70—200米，平均约100米，截至1945年，已知该区藏有含铁成分在60%—65%的富矿900余万吨，含铁34%的贫矿68200余万吨。

八盘岭铁矿，在辽阳、本溪两县交界处金家堡子区，矿脉自东北至西南延长 250 余米，厚 15—30 米，其中富矿已经确定者为 150 万吨，露头附近大部为赤铁矿，到深部则以磁铁矿为主，其采掘法系露天与凿洞并用。

大河沿铁矿，在太子河与细流河合流点下流约 4 公里，矿石为磁铁矿，储量约为贫矿 9700 余万吨。

歪头山铁矿在安沈线姚千户屯及大连寨一带，矿床大部为磁铁矿，成分甚低，富矿极少，贫矿成分约为 35%，估计储量为贫矿 23900 余万吨。

本区其他主要铁山为北台沟、道远堡及财神庙等处，所有各处矿藏量共计富矿 1300 余吨，贫矿约 106400 万吨。

（3）弓长岭矿区——位于辽阳东南 48 公里处，并分为苏家堡子、弓长岭及黄泥沟三区域，1919 年中日合作成立弓长岭铁矿无限公司从事开采，后并入昭和制铁所继续采掘，矿脉自东南向西北延长约 5 公里，东北倾斜约 60 度，成分较高含铁量为 60%—65%，藏量经确定者计有富矿 2700 余万吨，贫矿 38200 余万吨，另经估计富矿 2400 余万吨，贫矿 100200 余万吨，共计富矿 5100 余万吨，贫矿 140400 余万吨。

2. 安东省

东边道矿区——本区以通化为中心，由西南之七道沟、三道沟铁山附近，傍鸭绿江至东部之大栗子沟铁山附近东西约 50 公里，南北 15 公里，中部为老岭、八道江、大扬子沟等铁山，伪满于 1938 年成立"东边道开发株式会社"，其主要矿区为大栗子沟、七道沟及老岭等三铁矿。

（1）大栗子沟矿在临江县苇沙河村，位于临江西南约 7 公里，山岳重叠，矿脉较多，矿层高达 30 米，主要矿石为赤铁矿，余为磁铁矿、褐铁矿及菱铁矿，矿藏量富矿 3300 余万吨，贫矿 5000 余万吨。

（2）七道沟铁矿在通化东南约 40 公里，1918 年曾经用土法开采，其矿床分东山及南山二区，东山区为赤铁矿床，西山区为磁铁矿床，含铁成分平均为 40%—43% 的富矿，较大栗子沟富矿稍差，惟含有 3.5%—4% 之锰为他矿所不及。

（3）老岭铁矿在大栗子沟采矿所西北部，矿床架于八道沟三道沟煤矿与煤筒沟煤矿之间，南北延长约7公里，层厚在20米以内，含铁成分为30%，储量甚大，计27800余万吨。除辽宁、安东两省铁矿特别丰富外，其他各省则相差甚远。

3. 松江省

本省铁矿主要产地为阿城，阿城小岭铁矿生于奥陶纪灰岩与基性火成岩之接触地带，此接触交代矿床以赤铁矿为主，褐铁矿、菱铁矿及磁铁矿次之，赤铁矿含铁为22%—59%，褐铁矿含铁成分较低，矿磝子储量为65万吨，南台子储量约1万吨。

4. 吉林省

本省磐石玻璃河套有赤铁矿，其储量约20万吨，又二道河站等地有以磁铁矿为主之铁矿，储量约500万吨。

5. 合江省及嫩江省

据以前白俄地质家安聂特调查报告，本省铁矿仅见于通河县境，大部为冶铁铁矿、磁铁矿及赤铁矿。后根据据日本人记载，除通河外，在嫩江省更有产于煤系地层内之褐铁矿，如巴山28沟，巴彦江山布西山北及嫩江北部等地，估计储量约15万吨，其他地区合计约为35万吨。

6. 热河省

本省的七家子、二道河子、铁马土沟与承德骆驼沟等地产岩浆分化所成之磁铁矿床，铁矿生于变质斑枥岩或变质斜长岩中，呈扁豆状或块状，含钛15%—16%，含铬在黑山约1%，本区铁矿因含稀金属钛及钒，为提取钛、钒两金属曾有一部分开采，铁矿储量约为1100万吨。

"东北铁矿储量根据资料的增加而有变动，有些较为保守，有些过于扩大，不过一般趋势，重新预估的储量数字均在增加，而东北铁矿在全国总储量中的百分数，也愈加扩大。"[①]

---

① 王大任：《东北研究论集》，中华文化出版社事业委员会1957年版，第384页。

表4.14 东北铁矿储量相关信息统计表①

全国储量 （单位：公吨）	东北储量 （单位：公吨）	东北储量与 全国总储量 之百分比 （单位：%）	估计数发表 年份	备注
	1221000000	—	1938	伪满矿业协会发表
2151000000	1417590000	65.8	1942	中央地质调查所发表
	5827350000	—	1944	南满铁路会社统计
2554896000	1847980000	72.3	1953	台湾地质调查所何春荪估计
5300000000	4000000000	75.6	1954	陈秉范估计

日本侵略者对东北铁矿资源的掠夺大体分为两个阶段：前一阶段是从日俄战后到1931年"九·一八"事变，这一阶段主要是侵占开采铁矿，设立炼铁厂，掠夺东北的生铁；后一阶段是从"九·一八"事变后1945年日本投降，这一阶段除了继续大量掠夺东北的生铁之外，还实现了在东北就地炼钢，开始了对钢坯和钢锭的掠夺。

"九·一八"事变前，控制东北铁矿开采和生铁生产的两大侵略势力是日本的大仓财阀和"满铁"，生铁产地集中于本溪湖和鞍山。

大仓财阀是掠夺东北铁矿资源的急先锋，早在日俄战争时期，就已派人勘察了本溪湖附近庙儿沟铁矿。大仓在夺取了本溪湖煤矿后，于1911年又攫取了开采庙儿沟铁矿和在本溪湖建立炼铁厂的特权。1912年初，"本溪湖煤矿公司"改名为"本溪湖煤铁公司"。1915年，本溪湖一号高炉投产，日产生铁130吨，这是东北第一座新式炼铁高炉。同年大仓又进一步夺取了本溪湖附近的歪头山、梨树沟和通远堡等12处铁矿的开采权。1917年本溪湖二号高炉投产。此后，大仓又建成日产生铁20吨的两座小高炉。"九·一八"事变前，本溪湖煤铁公司建成了上述四座高炉。②

紧接大仓财阀之后染指东北铁矿资源的是"满铁"。1909年"满

---

① 王大任：《东北研究论集》，中华文化出版社事业委员会1957年版，第385页。
② 四川省中国经济史学会，《中国经济史研究论丛》编辑委员会：《抗战时期的大后方经济》，四川大学出版社1989年版，第353页。

铁"派人调查了鞍山铁矿，次年又探查了大孤山铁矿。与此同时，"满铁"开始了夺取鞍山地区铁矿的侵略活动，先后与土豪秦日汉和汉奸于冲汉勾结，向中国政府申请矿权。1916年4月，在"满铁"和于冲汉的大肆行贿下，北洋政府农商部终于将鞍山八矿区的矿照发给了"满铁"；7月，假合办的"振兴铁矿公司"成立。同年8月，"满铁"向日本政府申请在鞍山经营炼铁业，10月获得日本总理大臣的批准，11月，张作霖同意"满铁"在鞍山建炼铁厂。1918年5月，"满铁"鞍山制铁所成立。1919年4月，一号高炉建成投产。到1930年鞍山制铁所共建成了三座高炉。

"九·一八"事变后，东北成为日本的殖民地，日本侵略者为了大规模地掠夺钢铁产品，满足日益扩大的侵华战争的需要，决定进一步在东北建立炼钢厂，实行钢铁连续生产。1933年6月，经日本政府批准，"满铁"在鞍山成立"昭和制钢所"，将鞍山制铁所并入昭和制钢所。接着昭和制钢所又吞并了振兴铁矿公司和收买了弓长岭铁矿。1937年12月，日产财阀扩大资本进入我国东北成立"满洲重工业开发株式会社"（简称"满业"）。1938年"满铁"将昭和制矿所移交"满业"经营。伪满时期，昭和制钢所的建设规模不断扩大，到1943年共拥有炼铁高炉9座、炼钢平炉10座、混铁炉3座、预备精炼炉7座，炼铁设备能力为年产133万吨，两个初轧厂的开轧能力为年产100万吨。[①]"九·一八"事变前，日本控制的本溪湖煤铁公司和鞍山制铁所垄断了东北的生铁生产。

本溪湖煤铁公司的一号高炉从1915年1月开始出铁，当年产铁近3万吨。此时正值第一次世界大战期间，由于战争使生铁需要量增大，铁价暴涨，这给当时东北唯一一家生产生铁的公司带来高额利润。于是加快了高炉的建设，生铁产量逐年增加，1961年生铁产量达7.8万吨。但好景不长，随着第一次世界大战结束，生产需要量锐减，铁价暴跌，许多用户废止了订购合同，因而使该公司的生铁生产走了下坡路，一度高炉也被迫停产。后来由于日本军方一直依靠进口

---

① 解学诗、张克良：《鞍钢史》，冶金工业出版社1984年版，第137页。

的低磷铁在本溪湖试制成功，才使该公司的炼铁生产又逐步有好转，到1930年生铁年产量达8.5万吨，这是"九·一八"事变前的最高年产量。

鞍山制铁所在1931年之前的生铁生产大致可分为三个阶段："第一阶段是1919年至1925年，一、二号高炉交替生产，高炉技术和作业状况不够稳定，年产量在10万吨以下，但从1924年起年产量已超过本溪湖煤铁公司。第二阶段是从1926年至1929年，两座高炉同时生产，年产量倒破100万吨，从1927年起一直保持在20万吨以上。第三阶段是1930年以后，三号高炉投产，取代了生产能力较低的一号高炉，年产量达到28万吨。"①

表4.15　　　　1915—1931年东北生铁产量统计表②　　　　单位：吨

年份	鞍山制铁所	本溪湖煤铁公司	合计
1915	—	29439	29439
1916	—	49211	49211
1917	—	37971	37971
1918	—	44966	44966
1919	32126	78841	100967
1920	76094	48845	124939
1921	58107	31018	89125
1922	67492	—	67492
1923	73461	24339（145）	97800
1924	96022	51950（420）	147972
1925	89676	50000（2902）	139676
1926	165054	51000（1241）	216054
1927	203445	50500（4438）	252945
1928	224461	63030（4275）	287491

---

① 四川省中国经济史学会，《中国经济史研究论丛》编辑委员会：《抗战时期的大后方经济》，四川大学出版社1989年版，第358页。

② 解学诗、张克良：《鞍钢史》，冶金工业出版社1984年版，第113页。

续表

年份	鞍山制铁所	本溪湖煤铁公司	合计
1929	210443	76300（8850）	286743
1930	288433	85060（6039）	373493
1931	269494	65620（10196）	335114
总计	1854308	838090（38506）	2692398

注：（）数字为低磷铁产量。

从表 4.15 可以看出，本溪湖煤铁公司从 1915 年开始出铁。到 1931 年共产铁 83.8 万吨，鞍山制铁所从 1911 年开始出铁，到 1931 年共产铁 185.4 万吨，两家企业合计出铁 26.92 万吨。

表 4.16　　　　　　部分矿山历年铁矿石产量表[①]　　　　　单位：吨

年份	弓长岭 富矿	大孤山 富矿	大孤山 贫矿	樱桃园 富矿	樱桃园 贫矿	东鞍山 富矿	东鞍山 贫矿	西鞍山 富矿	西鞍山 贫矿	合计
1918 1919	—	—	44799	—	—	—	—	49200	—	93999
1920	—	28675	14062	78398	—	—	—	29095	—	150230
1921	—	19559	—	90819	—	12976	—	32817	—	156171
1922	—	18525	—	80555	—	17306	—	34299	—	150685
1923	—	23691	—	112769	—	19665	—	32093	—	188218
1924	—	19596	—	105996	—	10922	—	18592	—	155106
1925	—	16015	2240	94439	—	2519	—	20086	—	135299
1926	—	—	377233	93527	—	—	—	20916	—	491767
1927	—	—	545000	114382	—	—	—	22164	—	681546
1928	—	—	498000	115586	—	—	—	—	—	613586
1929	—	—	499645	116138	—	—	—	—	—	615783
1930	—	—	502740	168812	—	—	—	—	—	671552

---

① 解学诗：《满铁档案资料汇编·第 8 卷》，社会科学文献出版社 2011 年版，第 490 页。

第四章 掠夺之心 昭然若揭

续表

年份	弓长岭 富矿	大孤山 富矿	大孤山 贫矿	樱桃园 富矿	樱桃园 贫矿	东鞍山 富矿	东鞍山 贫矿	西鞍山 富矿	西鞍山 贫矿	合计
1931	—	—	531323	144552	—	—	—	—	—	675875
1932	—	—	670361	142114	—	—	—	—	—	812475
1933	—	—	713099	132016	—	—	—	—	—	845115
1934	62002	—	778378	134190	—	—	—	—	—	947570
1935	121238	—	1080916	137403	—	—	—	—	—	1339557
1936	261145	—	1347789	137802	—	—	—	—	—	1746736
1937	423643	—	1809733	126060	—	—	—	—	—	2359436
1938	735979	—	1756614	211710	—	—	—	—	—	2704303
1939	823008	—	1251978	91954	56191	—	32029	5744	171238	2432142
1940	728814	—	1423667	87447	103452	274	137107	6	289396	2770163
1941	884179	—	1510455	136669	176461	3632	260238	25241	502625	3499500
1942	905767	—	1497226	156686	257444	—	—	7436	365981	3190040
1943	924126	—	1711499	156686	474727	—	—	369	—	3267407
1944	1004000	—	390591	256174	—	—	—	2208	—	1652973

日本侵略者以振兴公司的名义，在鞍山一带一共攫取了11个矿区，其中1916年攫取8个矿区，即樱桃园、王家堡子、关门山、大孤山、西鞍山、东鞍山、小岭子、铁石山、新关门山、一担山、白家堡子等。这些矿区，都分布在以鞍山市区为中心的16公里半径的半圆形范围之内。其中樱桃园、王家堡子、白家堡子、一担山、新关门山和关门山，大体成一直线，坐落在市区的东北至东的方向，起伏绵延；大孤山恰如它的名字，孤立于市区的东南方；形如马鞍的东、西鞍山，中间夹着南满铁路，东西对峙；小岭子和铁石山在汤岗子的东西两侧，是整个鞍山铁矿矿区的最南端。所有这些矿区的总面积，共400多万坪，即1200多万平方米。伪满时期，据1939年的调查，鞍山铁矿和弓长岭铁矿的合计铁矿埋藏量达27.3亿吨，占东北铁矿总储量之半。但在"九·一八"事变前，鞍山制铁所调查估算的藏量则为7亿吨。"九·一八"事变前不仅没有全面勘查储量，更没有全

近代中国东北路矿资源流失问题研究

面开采。特别是鞍山制铁所建厂初期，为了供应市场对生铁的急需，采矿作业采取了杀鸡取卵的掠夺方法，主要开采极少数藏有富矿的矿山；后来，又由于经营困难、贫矿处理问题不得解决，开采一直限于个别几个矿山。

东、西鞍山是1916年鞍山制铁所着手建厂时就已开采，但其开采带有试验性质和培训职工的目的。正式开采是1918年7月开始的。因这两个矿区距铁路较近，交通方便，故开采较早。东鞍山矿区长2500米，西鞍山矿区长3500米，矿床宽为100—200米，向东北倾斜50度，下盘为花岗岩，上盘为砂岩，极不规则。矿石大部分是赤铁矿，磁铁矿较少。

樱桃园采矿所包括两个矿区，即樱桃园矿区和王家堡子矿区，它们是鞍山一带11个矿区中最北部的两个矿区，站在立山车站向东北瞭望清晰可见，距市区12公里。矿藏中的富矿几乎全是二次成矿，因而矿床形状极不规则，而且与贫矿相比，富矿藏量极少。矿床走向是北、西北至南、西南，总长为850米，宽3—13米，倾斜83度。"樱桃园和王家堡子这两个矿区是于1918年初和1919年开采的，主要生产富矿石，到1929年为止，11年间两矿共采富铁矿石80万吨。在井下采至60米深处，尚可采130万吨，估计60米以下还有储量。贫铁矿的藏量仅王家堡子矿床走向长达2000米，宽180米，水平线以上埋藏8000万吨。"[①]

大孤山矿区大规模开采稍晚一些。1921年5月，美国专家对鞍山铁矿石进行研究之后，于第二年提出报告认为，东、西鞍山的铁矿石几乎无磁性，而樱桃园和大孤山的矿石较好，特别是大孤山，大部分矿藏是磁铁矿，易于富集。此后，便把主力倾注于大孤山进行开采。鞍山贫矿处理法解决之后，大孤山仍是继续提供贫矿的主力矿山。"该矿区位于鞍山市区南9公里，面积达32万坪，即100万平方米左

---

① 中国人民政治协商会议鞍山市委员会文史资料研究委员会：《鞍山文史资料选辑第2辑》，中国人民政治协商会议鞍山市委员会文史资料研究委员会出版，1983年版，第53页。

第四章 掠夺之心 昭然若揭

右。山高海拔287.4米。据1920—1921年调查，该矿区埋藏量达一亿多吨。以每年开采80万吨计算，可连续开采120年。矿床共长约1000米，平均厚度200米，下层是片麻岩质花岗岩，上层则由绿色片岩所构成。矿石为赤铁、磁铁石英片岩，为缟状组织，平均含铁量为37%。1926—1931年共开采400余万吨。"①

由上可见，"九·一八"事变前，11处矿区中，已开采的矿区为东鞍山、西鞍山、大孤山、樱桃园、王家堡子5处。

关于开采方法，不外露天、竖井和斜井三种。最初为了寻找富矿，在各个矿区普遍地进行了试掘钻探。当时使用金刚石钻机五台，钻孔能力为100米。正式开采之后，主要开采40%左右的中等矿，一般都采取下向阶段式手掘方法进行开采，全部开采都是人工作业，劳动十分艰苦。这个阶段的开采仍带有试验性质和培训工人的目的。1920年以后，几乎全部转向富矿开采，为了将夹在或压在贫矿下面的富矿采出，开始采取井下采掘的方法进行开采。"1920年首先在樱桃园开凿竖井一口，深60米，1923年在王家堡子第一区开凿斜井一口；1924年在王家堡子第二区开凿竖井一口，深52米，第三区开凿斜井一口，倾斜22度，延长105米。与此同时，各采矿所均实行井下作业，方法有下向阶段式和上向阶段式。除大部分的手工作业外，一部分井下作业开始使用凿岩机。为此，在大孤山，樱桃园和王家堡子三个矿区各设40马力空气压缩机一台。后来，到1929年，樱桃园和大孤山采矿所，空气压缩机分别增加到三台，最大者为100匹马力。"②

由于采矿技术的进步，尤其是"满铁"在鞍山经营炼铁业，即鞍山制铁所成立后，日本侵略者对鞍山铁矿的掠夺规模越来越大。铁矿石的产量，1918年为88364吨，1919年一号高护投产后，产量突破

---

① 中国人民政治协商会议鞍山市委员会文史资料研究委员会：《鞍山文史资料选辑第2辑》，中国人民政治协商会议鞍山市委员会文史资料研究委员会出版，1983年版，第53页。

② 中国人民政治协商会议鞍山市委员会文史资料研究委员会：《鞍山文史资料选辑第2辑》，中国人民政治协商会议鞍山市委员会文史资料研究委员会出版，1983年版，第54页。

十万吨，达 167155 吨，1926 年产量猛增到 491676 吨；1927 年破 50 万吨大关；到 1931 年增加到 920982 吨，即比 1918 年投产时增长了 10 倍。从铁矿石的生产情况看，在最初的八年中，一直徘徊在十几万吨之间，并且主要是开采富矿，而以 1923—1925 年间尤为明显，如 1925 年共采矿石 136000 吨，其中富矿为 133760 吨，贫矿只有 2240 吨。只是在鞍山制铁所第一期扩建工程，也就是选矿厂完成之后，矿石生产才扶摇直上，猛增起来。"而富矿不仅没有增加，还显著下降，如 1928 年的矿石产量共计 575231 吨，其中贫矿产量为 499645 吨，富矿产量只有 75586 吨。1928 年的产量若与 1927 年相比，贫矿增加 1645 吨，富矿减少了 20960 吨。后几年矿石产量的大幅度增长，全靠贫矿。如 1930 年产矿石 834608 吨，其中贫矿为 665796 吨，富矿只有 168812 吨。"①

再从各个矿区的生产情况看，"九·一八"事变前投产的五个矿区，1925 年以前投入主要力量开采富矿，从 1918 年至 1925 年共采富矿 999477 吨，采中等矿 204850 吨，贫矿未采。在富矿产量中，王家堡子共产 388154 吨、樱桃园共产 244417 吨、西鞍山共产 152797 吨、大孤山共产 127585 吨、东鞍山产富矿最少，不足 10 万吨。由于实行竭泽而渔的掠夺政策，上述五个矿区除樱桃园外，不得不在富矿开采殆尽之后，先后停产。中等矿的开采主要集中于西鞍山矿和大孤山矿，但到 1922 年以后也都停止开采。1926 年以后的贫矿增产，主要依靠大孤山矿和樱桃园矿，从 1926 年至 1931 年，大孤山矿共产贫矿 4123701 吨、樱桃园矿 4143701 吨。②

（二）铁矿流失的数量与价值

1918—1923 年，大连、金州、辽阳、鞍山、奉天、本溪湖、抚顺铁矿出产数量及价格统计如下：

---

① ［日］上加世田成法等：《满洲ノ矿业》，经济调查会第一部，1933 年版，第 50 页。
② ［日］上加世田成法等：《满洲ノ矿业》，经济调查会第一部，1933 年版，第 52 页。

表 4.17　1918—1923 年奉天省部分地区铁矿出产数量及价格统计表①

年份	数量（吨）	价格（日元）
1918	671211	1012251
1919	271780	15171726
1920	431950	3795361
1921	204547	1311191
1922	225567	1294285
1923	184883	1239121

表 4.18　1926—1931 年中国东北地区的铁矿、铣铁、硫化铁出产额统计表②　　　单位：吨

年份＼矿别	1926	1927	1928	1929	1930	1931
铁	1117215	959011	710286	985671	832229	963529
铣铁	197327	243390	283667	294158	348054	342270
硫化铁	2756	2917	4266	5057	3028	3919

东北地区的铁矿产量虽然没有煤矿产量丰富，但它同样是炼钢不可缺少的原材料，为工业发展及生产武器装备所必需。若这些资源不被日本人所获，则可以大大增强东北及全中国的生产力量。

从东三省各省铁矿出产量来看，奉天省的铁矿出产额最多，也是日本帝国主义掠夺铁矿的主要对象。"鞍山铁矿自 1917 年 5 月该矿开始开采以来，日币所下的资本共计日币 5000 万元。1930 年 3 月 9 日，最新的熔铁炉开设后，每年出产生铁达 21 万吨。本溪湖煤矿公司有炼铁高炉两处，每炉可出铁 100 吨，1915 年 1 月 1 日开炉正式生产。此外还有两炉正在筹备中，每炉可出铁 150 吨。当时该公司拟设一处钢厂，以

---

① 关东长官官房文书课：《关东厅第十八统计书（大正 12 年）》，1924 年 11 月，吉林省社会科学院满铁资料馆藏，资料号：04460。
② ［日］南满洲铁道株式会社地质调查所：《主要鑛山出産額統計表》，1929 年，吉林省社会科学院满铁资料馆藏，资料号：04460。

便采铁炼钢。至 1915 年 5 月时,该铁厂两炉已能日出铁 180 吨。"[1]

表 4.19　　　　　　　　东北新式铁厂产铁能力[2]

公司名称	铁厂地点	化铁炉座数	每炉每日出铁吨数	共计每日产铁吨数	每年产铁能力
本溪湖公司	本溪湖	4	两座 140 两座 20	280	90000
振兴公司	鞍山	2	250	500	180000
共计	—	6	—	780	270000

表 4.20　　　　　1926—1931 年奉天省铁矿出产量统计表[3]　　　　　　单位:吨

产地		年份	1926	1927	1928	1929	1930	1931
鞍山铁矿	西鞍山(富矿)		21241	33512	6362	—	—	—
	东鞍山(富矿)		4865	—	—	—	—	—
	大孤山	富矿	3158	191	—	—	—	—
		贫矿	924473	734000	528000	739954	523894	673380
	樱桃园(富矿)		21735	27784	6591	—	167274	—
	王家堡子(富矿)		71743	98524	63333	97071	—	143589
	总计	富矿	122742	155011	76286	97071	167274	143589
		贫矿	924473	734000	528000	739954	523894	673380
	合计		1047215	889011	604286	837025	691168	816969
庙儿沟铁矿	富矿		70000	70000	106000	148646	141061	105680
	贫矿		—	—	—	—	—	40880
	合计		70000	70000	106000	148646	141061	146560
统计			1117215	959011	710286	985671	832229	963529

---

[1] 雷麦:《外人在华投资》,商务印书馆 1959 年版,第 367 页。
[2] 彭维基:《铁业与保护关税之关系》,《东方杂志》第 21 卷第 23 号,1924 年,第 59 页。
[3] [日] 南満洲鉄道株式会社地質調査所:《満洲主要鉱山出産額統計表》,1929 年,吉林省社会科学院满铁资料馆藏,资料号:04460 号。

东北的铣铁及硫化铁也长期被日本人觊觎，它们也是冶炼钢材不可多得的重要原料。1926—1931 年鞍山与本溪湖铣铁出产量统计如下：

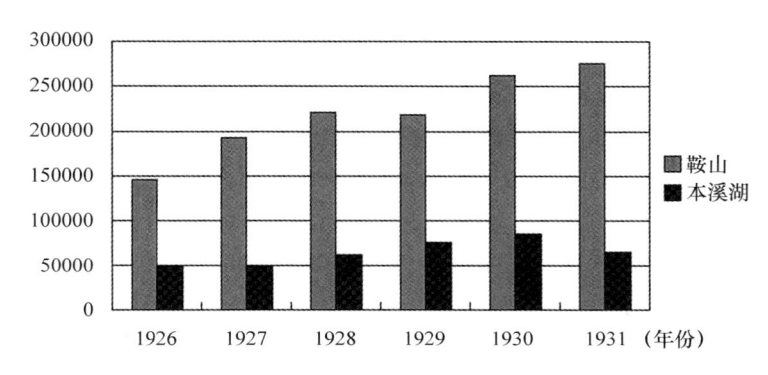

图 4.3　1926—1931 年鞍山与本溪湖铣铁出产量示意图（单位：吨）

表 4.21　　　1926—1931 年奉天省硫化铁矿出产量统计表①　　　单位：吨

产地＼年份	1926	1927	1928	1929	1930	1931
本溪湖	947	890	1155	1046	789	588
烟台	495	627	1050	1017	1369	3241
林家台	—	—	1823	2994	870	90
杨木沟	1314	1400	238	—	—	—
共计	2756	2917	4266	5057	—	3919

本章节出现的各表中单位数量均使用原来的数量单位，没有进行换算。表中的横线表示停产，或是生产量不明确需要日后判明后再进行补充。

---

① ［日］南満洲鉄道株式会社地質調査所：《満洲主要鉱山出産額統計表》，1929 年，吉林省社会科学院满铁资料馆藏，资料号：04460。

（三）日本所得利润及去向

日本本土铁矿并不富足。除较大的釜石铁山蕴藏300万吨之外，其他仅零星贫矿数处而已。朝鲜作为当时日本的殖民地，有若干处铁矿产地，最著名者为价川铁山，所藏矿石约500万吨。其次是载宁、安岳两处，储藏量50万—100万吨。总体合计，日本领土内所蕴藏的铁矿石千万余吨。日本历年铁矿区数目统计：1906年末1437个，1911年871个，1912年761个，1913年776个，1914年775个，1915年751个，1916年780个，1917年795个，1918年883个，1919年1116个。1922年前后，每年所得铁矿产量约363000吨。据日本财政经济调查所发表，依照当时的生产设备，到1924年最多可得生铁1039000吨，钢材1288325吨，仍有60万吨生铁及40万吨钢材短缺。因矿量有限，并不能长久维持这样的生产额。"即令如万国地质学所发表，日本本邦含有6000万吨之铁矿，加朝鲜之能采掘量5000万吨，合计仅11000万吨。依其农商务省调查，全国每年需铁材约130万吨，即生铁150万吨。改算矿石，则为300万吨，故约三十七年间，消费殆尽。或谓日本沿海各出，砂铁甚钜，制铁前途殊可乐观。"[①] 而实际情况是该矿含铁分量过少，制铁十分困难，经济方面也比较难合算。

表4.22　　1905—1917年日本本土各铁矿山出产量统计表[②]　　单位：吨

年份	釜石矿山	虻田矿山	仙人矿山	栗木矿山	其他矿山
1905	70065	2460	10076	2838	17263
1906	75915	18193	11619	2558	6341
1907	68473	14230	13274	2400	5666

---

① 陈世鸿：《我国煤铁矿与日本国防及工业之关系》，《东方杂志》第19卷第18号，1922年，第89页。
② 陈世鸿：《我国煤铁矿与日本国防及工业之关系》，《东方杂志》第19卷第18号，1922年，第90页。

续表

年份	釜石矿山	虻田矿山	仙人矿山	栗木矿山	其他矿山
1908	75402	12742	9728	2937	16967
1909	87810	7786	6519	792	6953
1910	103192	—	4149	756	5203
1911	111494	—	4491	3472	5238
1912	130471	—	5240	3112	14360
1913	136351	—	3869	6023	6858
1914	99515	10579	6130	3668	1744
1915	79572	20794	6364	3786	8439
1916	97067	22660	7710	7157	5359
1917	148421	27550	6192	5512	41776

表4.23　1905—1919年日本本土及朝鲜地区出产量统计表[①]　　单位：吨

年份	日本本土合计	朝鲜	总计
1905	102702		
1906	124626	—	—
1907	104043	1800	105843
1908	117776	58485	176261
1909	109860	109042	218902
1910	113299	150395	263694
1911	124695	101374	226069
1912	152983	122503	275486
1913	153101	142049	295150
1914	121636	182034	303670
1915	118955	209937	328892
1916	139953	245418	385371

① 陈世鸿：《我国煤铁矿与日本国防及工业之关系》，《东方杂志》第19卷第18号，1922年，第90页。

近代中国东北路矿资源流失问题研究

续表

年份	日本本土合计	朝鲜	总计
1917	229457	140653	370110
1918	359902	430787	790689
1919	363000	417000	780000

表4.24　　1916—1919年日本本土需要制铁原料铁矿量①　　单位：吨

年份	1916	1917	1918	1919
日本本土生产量	139953	239457	359902	363000
输入及移入量	470016	417788	598773	958986
合计	609869	647245	958675	1321986
输出及移出量	7301	10228	8339	2657
两抵实在需要量	602668	637017	950336	1319330

据"满铁"统计，制铁原料的输入额中铁矿部分1916年279791吨，1917年296881吨，1918年396163吨，1919年621086吨。1929年日本铁砂和生铁进口价值达5420万日元，1930年达3980万日元。大约十分之一的铁砂和三分之一以上的生铁是从中国输入。生铁大半来自东北。鞍山与本溪湖生铁运往日本国内数量统计如下：

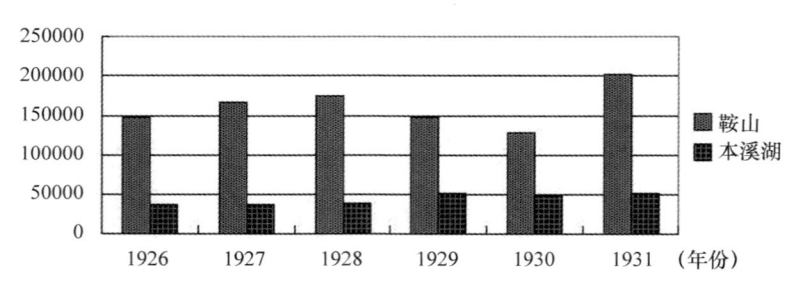

图4.4　鞍山与本溪湖生铁运往日本国内数量示意图②（单位：吨）

---

① 陈世鸿：《我国煤铁矿与日本国防及工业之关系》，《东方杂志》第19卷第17号，1922年，第94页。
② 中央档案馆、中国第二历史档案馆、吉林省社会科学院合编：《东北经济掠夺》，中华书局1991年版，第312页。

第四章 掠夺之心 昭然若揭

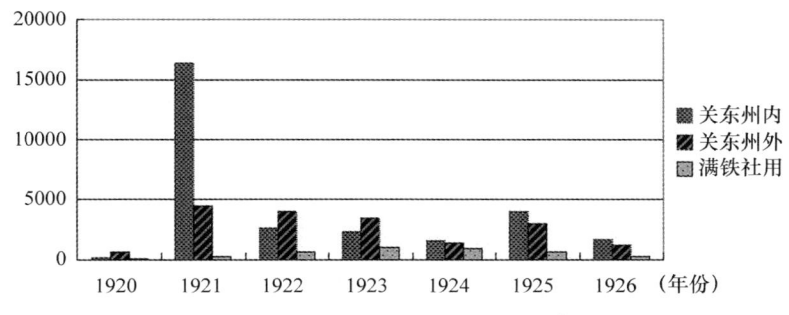

图4.5 "满铁"贩卖东北铣铁数量示意图①（单位：吨）

表4.25　　　　1905—1917年输入日本铁矿国别表②

单位：数量/吨，价格/元

国别 年次	中国 数量	中国 价格	英吉利 数量	英吉利 价格	朝鲜 数量	朝鲜 价格	其他各国 数量	其他各国 价格
1905	95690	672151	—	—	1263	10343	24	540
1906	107021	764473	789	22100	12427	92858	29	841
1907	104321	753242	254	6867	17870	149055	56	393
1908	133287	913257	57	1298	56836	415464	32	1332
1909	88906	590672	62	1343	98417	565286	196	7625
1910	107712	710563	1251	35203	134924	712228	41	977
1911	122849	716356	1550	40873	107361	583637	50	487
1912	195625	1100748	2485	75877	123405	636452	101	1518
1913	277883	1537012	1991	47978	142420	723770	23	221
1914	297183	1671428	1682	57613	162044	832135	3	27
1915	308074	1789324	669	25618	201978	1044936	54	369
1916	279216	1642467	561	30153	190225	1016242	14	120
1917	295688	2382011	—	—	120907	960895	1193	77117

① ［日］佐田弘治郎：《南满铁道株式会社二十年史》，满洲日日新闻社印刷所1928年版，第214页。
② 陈世鸿：《我国煤铁矿与日本国防及工业之关系》，《东方杂志》第19卷第19号，1922年，第90页。

近代中国东北路矿资源流失问题研究

1905年至1917年十三年间各国总计输入日本铁矿，中国2413455吨，价值15243704元；英吉利11351吨，价值344923元；朝鲜1370077吨，价值7743301元；其他各国1816吨，价值91567元。① 由此可见，中国输入日本的铁矿无论是数量还是价值都远高于其他国家，而这其中大部分都来自东北地区。这一时期的中国尤其是东北地区，是日本对外扩张和掠夺的主要地区。从历史发展中我们也能看到当时的日本企图把东北变成像朝鲜一样的殖民地任其宰割，疯狂掠夺各种资源以供其发展壮大。

综上所述，我们可以看出日本对东北铁矿的掠夺数量巨大。从表4.17、表4.18和表4.20等数据中我们可以看到，东北铁矿的生产量是巨大的，1905—1931年这二十多年间东北数百万吨铁矿全部被日本占有。而这其中大部分被运往日本国内。根据资料显示，1930年本溪湖地区的生铁就全部被"满铁"运往日本国内，掠夺数量十分惊人。

并且，在掠夺过程中通过不平等合约将利益最大化。由于当时中国政府软弱无能，给了日本假借"中日合办"进行官商勾结的可乘之机。日本通过一系列不平等条约、合同攫取东北的铁矿资源，对目标企业形成最大限度的权利控制，从中谋取巨额利益。

"满铁"对东北铁矿生产和销售市场形成垄断。自1906年"满铁"成立以来，该公司就成为日本在中国东北的大本营，是日本政府一切侵略计划的实施者。"满铁"处心积虑把东北铁矿从生产到销售全部控制权掌握在手中，无论是中国政府还是华商皆难以插足。

铁与国防及工业的关系极其密切，20世纪初，日本政府已经确立对外扩张的殖民性发展战略，需要大量的铁资源来满足发动侵略战争的需求。事实证明，八幡制铁所就是在战争需要的背景下成立的，而八幡制铁所的原料正是"满铁"源源不断地从东北输送而得。

---

① 陈世鸿：《我国煤铁矿与日本国防及工业之关系》，《东方杂志》第19卷第19号，1922年，第90页。

第四章 掠夺之心 昭然若揭

四 金矿

(一) 金矿的勘测及开采

中国东北地大物博，矿藏丰富，采金历史可追溯至1400年前。东北地区金及砂金多分布在北部，奉天省和吉林省曾探索开发百余金矿产地。但因矿林狭小没有扩大开采的价值，当时民众仅限于在农暇之余略试采取而已。清末民初，因矿林大、产量丰富而著名的有松花江东源流域的夹皮沟，鸭绿江上游通化附近的大庙沟、五凤楼、北山城子，东南方的香炉碗子，以及"满铁"沿线铁岭站东的柴河堡等。黑龙江畔所产的砂金因矿质上乘最为知名，尤数黑龙江省的黑河道。民国初年，有人曾对东北金矿做了勘查与分析，并提出："金矿可分为四种：1.新冲积层。2.古冲积层。3.第三纪沙石。4.花岗片石与变形岩中之石英矿脉。此四种内第一种最为重要，满洲及外蒙古所产皆属之。满洲有四大河，黑龙江、鸭绿江、图们江和辽河，其流域皆甚广。古代生成之花岗石岩等，被水冲蚀。所含金质，沉淀而成矿床。故黑龙江省之数大金矿，皆在江之右岸。在吉林省者，则生成于鸭绿江图们江之支流。在奉天者则生成于辽河流域。民国四年份，全国产金额为二十万盎司，其中十二万盎司采自满洲。"[1] 由此可见，东北的确是地理条件优越、物资丰富的宝地，金矿储量颇丰。

在日本势力侵入东北之前，清政府曾派人调查过东北金矿的储备情况。1905年调查人员进入奉天省境内勘查出通化与怀仁两处金矿。这两处矿脉金矿储量十分丰富，浑河以南、东北一带近海龙县界则金矿储量尚少。"通化县属的岗山二道沟金矿由中国政府自行开采已经三年，日役工夫两千余人，月得砂金约一千余两。"[2] 通化县西南界有七处产金地，其中两处为砂金矿，分别是通化西40公里的通天沟和岗山二道沟。另五处金矿产地分别是通化南7.5公里的大庙沟、通

---

[1] 愈之：《中国之矿产》，《东方杂志》第14卷第9号，1917年，第35页。
[2] 《各省矿务汇志》，《东方杂志》第2卷第2号，1905年，第23页。

近代中国东北路矿资源流失问题研究

化南偏西 30 公里的苇沙河、苇沙河西 10 公里的报马川、霸王槽东北 10 公里的大梨树沟和南岗山岭西 15 公里的富尔江。海龙县界有两处金矿产地——通化北偏东约 75 公里的三合顶及三合顶东偏北 5 公里的大滩平。通化县东部有五处产金地,两处为金矿:通化东 60 公里的林子头和林子头东 30 公里的实聚全。三处为砂金矿,分别是实聚全东南 10 公里的帽儿山头道沟、头道沟东 5 公里的帽儿山二道沟和二道沟北东 10 公里的帽儿山三道沟。在怀仁县东南部有两处产金地,分别是怀仁县南东 50 公里的老黑山和老黑山北东 7.5 公里的滚马岭。

在金矿经营方面,近代以来,东北陆续创办了许多金矿业,黑龙江主要有漠河金矿、呼玛金矿、观音山金矿、吉拉林金矿等;吉林金主要有夹皮沟金矿、吉林三姓金矿等;奉天有柴河沙金矿等。这些金矿业,虽然都受到清政府的管辖和制约,难免不带有许多封建色彩,但其兴办矿业的直接目的(尤其经办人的目的)主要是获取利润;资金来源多数为商业资本的积累,筹集资金方式是招商集股,生产资料表现在劳动手段上尽量采用机器;劳动组织是由几十、几百以至几千人,在同一地点、同一场所,分工协作生产;劳动者几乎都是一无所有,能够自由出卖劳动力的雇佣工人;在经营管理上多数都采用企业公司的形式,设有股东和经理(时称总办);产品主要投入市场销售,注重盈利;产品销售收入除报效国家(清王朝)外,有"官利"(旧中国对股息的俗称,股东从企业的利润中取得)和"红利"(旧中国企业股东由企业所取得的超过股息部分的利润)之分;工人的劳动报酬基本上采用了工资形式,这些无疑都是资本主义生产经营方式的明显表现。[1]

当时东北的金矿资本主要是华商掌握,少数为官商合办。但由于清政府在这一时期对东北的关注度有限,调查活动也草草了之,从调查的结果来看并不详细。加上当时国力衰弱,清政府无法对东北地区的金矿大范围开发,无论人力还是物力的投资,清政府皆心有余而力

---

[1] 东北三省中史学会,抚顺市社会科学研究所:《东北地区资本主义发展史研究》,黑龙江人民出版社 1987 年版,第 66 页。

第四章 掠夺之心 昭然若揭

不足，这就为日本侵略者提供了可乘之机。

（二）金矿流失的数量与价值

1932年日本侵略者开始在黑龙江地区掠夺黄金资源，至1935年，86583两黄金全部落入日本手中。1936年为加快掠夺黄金资源的步伐，在采用手工作业开采砂金的同时，日方在瑷珲泥鳅河的罕达气金矿建成投产了第一只140升全钢结构斗链式采金船。同年，修通嫩江至黑河铁路。1938年，黑龙江地区生产黄金达114752两。到1942年，日本侵略者相继在黑龙江地区建设采金船，同时还在各地建设发电厂为采金船供电。驼腰子金矿局的部分硝（竖井）采用水泵排水，使民国时期手工作业无法开采的大部分黄金资源也被掠夺。"日本侵略者在黑龙江地区共建成采金船24只，其中投入生产18只，直接经营的矿业所多达15个，承办金厂20余个，采金工人约2万人，批准租矿权711件，批准一般采金申请702件。截至1942年共掠夺黄金63.6万两。"[①]

"满洲采金株式会社"的设备，在当时是十分先进的，尤其是采金船的应用，更提高了掠夺的能力。该社在呼玛一带建造11只采金船，在桦南一带造采金船10只，并在桦南石头河子南岗和驼腰子下桦屯两地各建1座飞机场，用飞机把黄金运往新京。1936年3月，该社在沈阳建立了"国立奉天金矿精炼厂"，该厂每年能处理矿石11万吨，其中金矿石7万吨，铜矿及铅矿4万吨左右。1937年秋，在开山屯建立了炼金厂，每天可以处理原矿30吨。到1938年，该社拥有6艘采金船，每艘采金船的价值都达百万元，效率可抵6000个人工劳动。1939年增加到10艘，在业务鼎盛期拥有30艘采金船，该社在砂金地区广泛地应用采金船，而在山金地区则大力架设轨道，以加速矿石的运送。1938年底，"满洲采金株式会社"已发展到拥有6个大型直辖矿区，35个直属金厂，其中年产5万吨以上的金厂有10个。除

---

① 黑龙江省地方志编纂委员会编：《黑龙江省志黄金志》，黑龙江人民出版社1996年版，第37页。

了直接经营采金事业外，该社还利用其特殊权利，采取间接经营的方式谋取利益，对其暂时无力顾及的矿区实行租赁和承包，坐收渔翁之利。据不完全统计，到1937年底，他们就办理了1163项出租和承包事项，设立新矿区128个。"满洲采金株式会社"的产金量，据1934—1937年的不完全统计：1934年为54.1242万元，1935年为367.0848万元，1936年为1002.4138万元，1937年为1211.1197万元。在1937—1941年第一个产金五年计划期间，计划达到的指标为：1937年1480万元，1938年2210万元，1939年3650万元，1940年5580万元，1941年8270万元，合计2.11亿元。[1] 1940年，桦南一带的石头河、驼腰子和四方台3处采金工人多达1.5万人。以上数字充分显示了日本殖民主义者对东北的黄金所抱有的疯狂掠夺的欲望。

1938年，"满洲采金株式会社"将依桦勃、开山屯和土门子矿区转让给"满洲矿山株式会社"经营。日本为了掠夺东北的黄金，确实是不惜巨额投资，仅调查费就由1932年的40万元增加到1935年的145万元，用于产金事业的奖励费，1935年为167万元，1939年增加到200万元。"满洲采金株式会社"创立时资金总额为1200万元，1937年"满洲重工业开发株式会社"成立，"满铁"将其对该社的投资转让给"满洲重工业开发株式会社"。同年，该社资金增加到4000万元。1939年初，伪满洲国政府出资收买了"满洲重工业开发株式会社"和"东洋拓殖株式会社"的全部股份，企业资金总额增加到6000万元，最终实现了由日本政府完全控制东北黄金事业的目标。1942年该社资金达8000万元。

1941年4月7日，"满洲黑河兴业株式会社"成立，经营"满洲采金株式会社"的物资供应和运输，同时经营森林采伐、制材、建筑等业务。资本金总计为180万日元，其中"满洲采金株式会社"资本金为80万日元。至1942年，"满洲采金株式会社"资本金总额达到8000万日元。1942年底，"满洲采金株式会社"解散，它的事业完全移交给"满洲矿山开发株式会社"。该社于1938年成立，资本1亿

---

[1] 关捷：《日本对华侵略与殖民统治》，社会科学文献出版社2006年版，第604页。

日元，管辖面积 136 万平方公里，相当于日本国土的两倍。到 1939 年末发展到 158 个矿区，直接管辖的营业所为 22 个，经营的矿产有金、银、铜、铅等，以金矿为主。①1943 年以后，由于日本侵略者在第二次世界大战中处处失利，黄金无销路，只好关闭金矿，拆船献铁。在中国掠夺黄金 10 年之久的"满洲采金株式会社"也于年末解散。东北地区采金业全部停止。

日本在我国东北从事黄金生产的除"满洲采金株式会社""满洲矿山株式会社"外，还有"热河开发株式会社""东亚矿山满洲采金株式会社""热河矿业公司""金厂矿业公司""东满矿业公司""大满矿业满洲采金株式会社""间岛矿业会社""昭德矿业会社""海城矿业会社""珲春金矿会社""兴安矿业合资会社""天宝山矿业会社"等。②从日本占领东北时期对黄金资源的掠夺，可以看到日本在东方实行殖民地经济统制的一个侧面。东北的黄金为日本帝国主义扩大战争发挥了重要作用。

综上所述，伪满时期日本对中国东北金矿资源的大肆侵夺，为其大规模经济侵略和军事占领东北起到了辅助的作用。日本借着强大的武力，抱着横行世界的野心，积极的实行侵略政策，侵吞我国东北富饶的资源，掠夺工业的原料，逐步加强对这一侵占区的殖民统治，把东北变为"以战养战"的战略基地，奴役中国人民，以达到将中国东北变为任其奴役和宰割的殖民地的目的。

（三）日本所得利润及去向

在进行资源调查后，日本掠夺的野心逐渐暴露出来，在当时的报刊杂志中皆有记载："满洲金矿成分，每一吨约含金重一便尼有另，最多者约六便尼。"③

"东北是天然产物最丰富的区域，每年满蒙贸易总额不下七八万

---

① 关捷：《日本对华侵略与殖民统治》，社会科学文献出版社 2006 年版，第 605 页。
② 关捷：《日本对华侵略与殖民统治》，社会科学文献出版社 2006 年版，第 605 页。
③ 中美新闻社：《中国对外贸易之矿产》，《东方杂志》第 16 卷第 5 号，1919 年，第 201 页。

近代中国东北路矿资源流失问题研究

万日金，而都归日本人掌握。这些贸易品当中，每年纯粹运往日本的矿产物达四五千万元。今日全国之产金额，虽仅为一千二百万元，若得经营南满东蒙之金矿时，则巩固正货准备之基础。而办偿正货之流出，不虑无所凭借也。"①

日本通过"满铁"对东北矿业的资本控制手段主要有两种——"合办企业投资"和"对中国企业的贷款"。当时东北金矿企业的资本形式主要是中日合办、日商独办和华商独办三种。"满铁"资料中有此描述："据进一步勘查发现，铁岭附近地方平土门砂金矿，现系华人采办者计有六所，其中华商王某所采办者稍有起色，他概均未有利益。此外，仍有系日商采办者一所，系中日商人合办者一所。"因当时的生产条件所限，日商的开采也并非一帆风顺，"日商采办一矿，现每日矿工 26 人。但凿地深至一丈二尺余方得砂矿，所采每日不出一钱，受亏可想。现际寒冬，采取甚艰，又因亏折甚多，颇愿另觅他处采办。故近已停止矿工，拟待明年三四月再行开工"。在采矿过程中，受矿量、矿工等影响，采掘速度一定会受到影响。"中日商人合办者，自上月开工两星期之后，始得砂矿而凿地深已至二丈三尺。每日矿工 30 人，采取量止七钱三分，次日止五钱，三日愈少止二钱四分，因此一时停办。自上月间起复行开工，现未达矿苗所在，但较前稍可望起色云。"②

在日本控制东北金矿资源的过程中，不仅资源流失，当时中国矿业独资企业的生存状况也举步维艰，中国矿工的生活也陷入了困苦之中。《盛京时报》中记载了当时铁岭金矿产区矿企形式与矿工生活的情形。"据王某云，自开矿已经三月余，每日矿工 25，采金量约二十钱上下。按时价兑每一钱量约日银四元五角余，即 20 钱量，共得日银 90 元或 100 元不等。矿工每日薪水六角，25 人共日银十五元。此外，税项及一切经费共约若千元，以 90 元或 100 元互相折扣，每日

---

① 《日人调查南满富源之披露》，《东方杂志》第 10 卷第 4 号，1913 年，第 34 页。
② 《盛京时报》，第 55 号，光绪三十二年（1906）十一月十一日。

· 196 ·

第四章 掠夺之心 昭然若揭

得利不下三四十元，最多可得 70 元之谱。"① 矿工所得工钱尚且如此，采掘方法、生产规模等亦无法与日资企业匹敌。"砂金例须规模尚小，不然督工不易间薄不免矿工偷去，且铁岭附近所有各矿苗地气甚，或每日以矿工约四五十人采取续至四月之久，则尽矣。然此地气稍厚，乃如此他不足言，所以采金初不庸大其规模，惟应由一处移一处次第采取。"② 东北的金矿资源虽蕴藏深厚，但因矿量有限且是不可再生资源，如此开采终有资源穷尽之时。

日俄战争结束后，日本在我国东北的南部地区的权利日益巩固。日本方面常借口"日本帝国对于满蒙有特殊地位"之说，对东北调查掠夺"不遗余力"，仿佛是它自己的版图。日本帝国主义以"满铁"为依托，通过调查得到了大量有价值的资料，扩充其在东北的势力，如水银泻地，无孔不入。它们建有极其严密的组织，策划的方案也阴谋重重。对于任何问题，他们总是预先把真相调查得明明白白，进而再研究讨论具体的方策。具体缜密的方策一经决定，朝野上下必互相合作，共同奋斗，以求贯彻。所以他们在中国东北蚕食我们的利权，实足令人惊惧。③ 而对东北金矿的调查也只是日本"经济开发"计划中微小的一部分。日本以"经济开发"的名义，对东北的资源大肆侵占，为其发动"九•一八"事变提供了物资储备。日本政府所谓的"经济开发"就是把中国变为他们的商品市场和原料供应地，以图掠夺东北资源及进一步占领中国东北。在其精心编织的阴谋网下，东北的金矿资源一步步被日本收入囊中。

---

① 《盛京时报》，第 55 号，光绪三十二年（1906）十一月十一日。
② 《盛京时报》，第 51 号，光绪三十二年（1906）十一月初六日。
③ 《日本在我东北举行的满铁地方会议》，《东方杂志》第 28 卷第 7 号，1931 年，第 7 页。

第五章 资源劫掠 后患无穷

一 铁路——在斗争中求生存

东北铁路起源于清政府洋务派李鸿章修建山海关内外铁路,又名京奉铁路。1894年,中日战争之前关内外铁路修到中后所(绥中)65公里。这是东北地区第一条铁路。以后干线延长至沈阳北站,京奉干线经过30年才完成。

1920年,东北铁路营业里程(起止地点)共计3651.4公里。其中有日本政府独资经营的南满路和安奉路,中俄共管的中东路,中日合办的溪碱路和通裕路(锦西大窑沟),中国国有京奉路、吉长路和四郑路。"东北官商合办的齐昂路,从齐齐哈尔至昂昂溪29公里(窄轨),仅占东北铁路0.8%。张作霖用本国资金和技术修筑了打通路、沈海(奉海)路、呼海路、鹤岗路、吉海路、锦朝路、昂齐和齐克路(张学良继续完成),张家父子支持修建的开丰路等,加上张学良创建的洮索铁路共计10条铁路,营业里程总长1521.7公里,投资现大洋8000余万元,占1931年东北铁路营业里程总长的25%,占全中国铁路里程总长10%以上。"[①] 东北自建铁路的数量,在全国首屈一指,奉系自建铁路,打破了外国资本独占东北铁路运输的局面,把日俄英三大系统变为日本独资经营、中苏共管、东北地方当局自建自营东北铁路的三大系统。张作霖对其中两个系统有监督管理权。

---

① 辽宁省政协文史资料委员会:《辽宁文史资料 第1辑》,辽宁人民出版社1988年版,第122页。

张作霖也征调铁路利润作为军饷，征用车辆用于军事运轮。但也把京奉铁路利润用于修建铁路，还用东北财政收入投资铁路。京奉铁路关外段干支线总长889.9公里，其中张作霖修筑的就占363.9公里，占40％。张作霖自建铁路完成了打虎山至通辽和齐齐哈尔的西干线，奉天至吉林的东干线，东北从此有了纵向的三条大干线。

1931年"九·一八"事变前，"东北铁路营业里程总长为6225.9公里。1920年至1931年这12年间增长2600公里，有外国资本关系的增长了1081.8公里，占增长总长度的41.55％。其余张作霖用三省政府和部分商民投资修筑1521.7公里，占增长总长度的58.45％，占东北铁路总长的25％，占全中国铁路总长的10％以上。而当时全国铁路总长的85％是有外国资本关系，只有15％的本国资本，其中有三分之二是东北地区官府和民众的投资"①。

在张作霖统治时期内，借用日本"满铁"资本修筑了洮昂和吉敦铁路，营业里程共长430.6公里，中日合办天图铁路111公里，中俄官商合办穆棱铁路58.9公里，这四条铁路共计600.5公里。② 1925年以后，张作霖全力注重自建自营东北铁路，不再借用外国资本，中日在铁路交涉中矛盾日益深化。

（一）修建虎濠铁路与夺取京奉铁路关外段管理权

虎濠铁路是张作霖使用京奉铁路资金修建的运煤铁路，源起于八道濠煤矿。这是张作霖修建东北铁路的开端。

八道濠煤矿在黑山县西北18公里，是张作霖个人投资开办的煤矿。日产煤可达300吨。张作霖和奉天矿务局总办阎廷瑞计划自办窄轨距铁路运煤，煤炭主要用于供应京奉路。张作霖与京奉铁路局协商，使用路局资金和技术修一条支线，从打虎山（今大虎山）站至煤矿28公里称虎濠铁路。

---

① 辽宁省政协文史资料委员会：《辽宁文史资料 第1辑》，辽宁人民出版社1988年版，第123页。

② 辽宁省政协文史资料委员会：《辽宁文史资料 第1辑》，辽宁人民出版社1988年版，第123页。

该路于 1921 年 9 月开工，因第一次奉直战争影响一度停工。

京奉铁路归北京交通部管辖，是中国国有铁路干线，营业收入和利润逐年增长。"1918 年收入突破 2000 万元大关，利润达到 1398 万元。偿还英国债务后，每年还余 1000 万元。这笔收入被北京政府主要用于直系军饷。北京政府每年从东北收缴国税还提取 30%拨给其他军阀，而张作霖自己每年需军费 2000 万元，也主要靠东北地方税补充，所以与直系军阀控制的北京政府在财政上有矛盾。"①

1922 年 1 月，张作霖扣留京奉路收入款 42 万元，4 月，第一次奉直战争爆发。5 月 5 日奉军战败退至天津、滦州。12 日，张作霖在滦州通电，宣布东北独立自治。26 日，张作霖、孙烈臣、吴俊升联名通电全国，宣布东北独立，实行联省自治。张作霖就任东三省保安总司令，把京奉铁路山海关以东干支线划归奉天省长管辖，省长设立奉榆铁路局管理铁路。关内段仍称京奉局（天津）。奉榆局继续修成虎濠铁路，1922 年 12 月 19 日初步完工，12 月 26 日开始运输八道濠煤矿的煤炭。

东三省独立自治之后，京奉路关外每年的利润，营口盐务稽核处所收的东北盐税，以及东北财政收入全归保安总司令部。东北兴建铁路和东北大学有了资金，奉军的军饷来源也增多了。

（二）修建锦朝铁路与夺取京奉铁路关内段管理权

京奉铁路局每年有 1000 万元利润，关外段每年从开滦运煤用于运输燃料。1921 年 4 月 4 日，锦朝铁路在锦州开工，计划修至北京煤矿，以后再向朝阳县修路。10 月铁路工程修至义县。1922 年春，第一次奉直战争爆发，京奉路车辆用于军运，无法运输建筑材料，锦朝铁路工程停工。奉军战败，直系军阀不供应关外铁路用煤，张作霖遂令奉榆铁路局继续修建义县以北工程，通向北票煤矿。1923 年 7 月 19 日。大凌河铁桥完工，1924 年末，义县至北票煤矿铁路完工。

---

① 辽宁省政协文史资料委员会：《辽宁文史资料　第 1 辑》，辽宁人民出版社 1988 年版，第 124 页。

1924年9月，第二次奉直战争中，奉军占领天津，控制铁路关内段。1925年初，张作霖任命常荫槐为京奉铁路局长，京奉路关内外合并，由东三省交通委员会管辖，总务仍设天津，并设奉天办事处。奉系军阀夺取了京奉铁路全部管理权，使用路局的利润作为军饷和铁路建设资金，用路局的技术和管理经验发展东北铁路事业。"经过常荫槐的认真整顿，京奉路收入不断增加，由1926年的2300万元增加到1927年的3472万元，利润达2000万元以上。1931年，京奉铁路总收入达到4275万元，利润达2065万元，创造了有史以来的最高水平。"①

（三）张作霖自建铁路计划与设立东三省交通委员会

以张作霖为首的奉系军阀集团为了巩固统治地位，计划修建东北的铁路大干线。由于日本南满铁路纵贯东三省腹地，自建铁路干线只能在南满路两侧修建。1922年下半年，奉军参谋长杨宇霆建议修建奉天至吉林铁路，孙烈臣和吴俊升建议修建打虎山至通辽和齐齐哈尔的铁路经张作霖同意，制订了东干线和西干线计划。即用本国的资本和技术力量修建自奉天省城（沈阳）至吉林省城（吉林市）的东干线，同省办铁路连接一起用京奉铁路等国有铁路修建打虎山经通辽至齐齐哈尔的西干线，把北京政府借日本资本修筑的四洮铁路纳入西干线。同时支持商民自建铁路。

张作霖自建铁路干线有军事目的和经济目的，当时主要是从军事目的出发的。有了自建自营的铁路，可以摆脱日本关东军和"满铁"的控制，可以随时调动奉军。可是，吉林和黑龙江两省驻军使用中东路军运，南端只能到长春，还得缴纳运费，或记账后，在年末分得的利润中扣除。长春以南被日本控制运输，只有奉天通往山海关有自己的京奉路，奉天以东、彰武以北就得依靠南满铁路。

"满铁"是日本侵略东北的大本营，关东军利用南满铁路控制奉

---

① 辽宁省政协文史资料委员会：《辽宁文史资料 第1辑》，辽宁人民出版社1988年版，第125页。

军行动。除了当场交付运费之外还有种种附有条件：

（1）奉军在日本驻奉天总领事和关东军司令部批准之后才能乘车。必须临时解除一切武装，枪支弹药另行托运。关东军和铁路守备队有权监督。

（2）奉军的军事物资，必须得到关东军司令部批准才给运输。

（3）日本方面随时可以拒绝张作霖的奉军运输。

张作霖鉴于外国资本控制东北铁路有损于自己的统治地位，决心自建铁路摆脱日本控制。

张作霖自建铁路计划，自建自营铁路，就是想不用外国资本和技术，防止外资控制东干线和西干线，享有自主权。但是，由于缺乏西干线的资金，借助了四洮铁路。所以曾借用日本资金修建了洮昂铁路，为防止日本控制运轮管理权，只留给日本对洮昂的财务管理权。

"自建铁路的经济目的有两个方面，一是吸收关内大量移民开发地方经济，增加政府的财政税收来源，同时人口增长可以增加兵源；二是经营铁路可以获得大量利润，用铁路利润作为奉军的军饷。"[①]

1924年5月，张作霖设立了东三省交通委员会。这是东北交通事业的最高决策机关和执行机关，用此取代北京交通部在东北的交通监督管理权。奉直战争期间东三省实行区域自治，把京奉、吉长、四洮等国有铁路以及邮电航运企业统归交通委员会管辖。尤其是中苏共管的中东路，张作霖和交通委员会代表中国参加共管，取得中国方面应有的一切权利。东三省交通委员会规划和执行自建固有铁路支线、省有铁路和支持商民兴办铁路使东北铁路修建和管理面目一新，省办铁路在这个时期有很大发展。

东三省交通委员会设委员长一人，由奉天省长兼任，主持日常工作。委员计15人，由三省的省长、东三省和奉天省军政官员兼职。委员由保安总司令任命，交通委员会直接受保安总司令张作霖领导。

---

① 辽宁省政协文史资料委员会：《辽宁文史资料 第1辑》，辽宁人民出版社1988年版，第126页。

各省铁路建设由督军和省长具体负责,重大外交事务和铁路计划由三省首脑联席会议决策,外交事务由杨宇霆和王永江具体处理。东三省交通委员会是东北地区交通最高的决策机关,也是执行机关,东北三省最高领导人都是交通委员会委员,实际权力仅次于保安总司令部,能够对东北所有的即保安总司令部所属的军政机关直接下达命令。

张作霖和交通委员会用本国资金和技术修建的国有铁路支线只有锦朝路和打通路,商办铁路只有开丰铁路一条。自建铁路采用的主要形式是政府与商民合办的省有铁路,即官商合办。省有铁路在开办初期都是官商合办,奉海、呼海和鹤岗三路最后仍然是官商合办。吉海和齐克因商股数额少而改为省有官办。昂齐路和洮索路从开办时就是官办的国有铁路。

采取官商合办主要是因为奉军的军费开支庞大而缺少筑路资金,吸收商民资本可补充官股不足。后来影响商民投资的因素主要是东北金融不稳,奉票等纸币跌价。1927年吉海路筹资和1928年齐克路筹资时期,商民投资明显减少。①

(四) 修建打通铁路

打通铁路是张作霖修建的京奉路支线,是虎濠铁路的延长线。它是东三省西方干线的南段,北接四洮、洮昂和昂齐铁路,通向齐齐哈尔。

打通铁路又称大通铁路,从京奉路打虎山(今大虎山)站经过新立屯、彰武,终点至通辽,营业里程长251.7公里,用资金700余万元。该路从1921年虎濠铁路开工起,1927年修至通辽完工止,中间经过7年时间。这条铁路记录了自建铁路的发展过程,也反映了中日铁路交涉中的矛盾日益深化过程。

1925年,常荫槐出任京奉铁路局长,代表奉系军阀管理京奉路。

---

① 辽宁省政协文史资料委员会:《辽宁文史资料 第1辑》,辽宁人民出版社1988年版,第127页。

张作霖和杨宇霆重视京奉路入关线路,指令常荫槐把沟帮子至奉天的旧轨换成新轨,把旧轨分段用于打通铁路。1925年8月,虎濠铁路延长至新立屯,继续向彰武施工。为了防止日本阻挠自建打通路,张作霖等人让常荫槐以京奉路局名义向北京交通部请示修路。9月13日,在《交通公报》公布了打通铁路计划。

1926年8月,延长工程向彰武施工。日本外务大臣币原喜重郎训令驻奉天总领事吉田茂,向张作霖、杨宇霆询问打通路计划,阻止延长工程,日本政府不能默认这条平行线和竞争线。8月30日,吉田茂在杨宇霆来访时质问打通路计划,杨宇霆对日本的干涉表示不满,还否认中日不平等条约中有所谓南满铁路平行线问题。

9月9日,吉田茂访问张作霖又质问此事,张作霖说:"东北当局没有这项计划,即使有计划也没有筑路资金。"含混其词、回避这个问题的目的是拖延时间争取工程进度。9月17日,吉田茂代表日本政府用照会抗议,称打通路是日本南满路"平行竞争之路",张作霖违背中日条约,"实帝国政府(日本)所预想不及之事","不能默视",10月27日,张作霖复照日本:"此项铁路现在并无计划敷设之事。如将来为开发奉省起见,经官府或人民提议兴修,事关内政,届时自当斟酌情形为之。贵国政府对于奉省地方事业夙抱开发之意,贵总领本必能乐于赞助,似无干预之必要也。"[①]

12月28日,代理总领事蜂谷辉雄见杨宇霆,要求东北当局停止彰武以北的计划。杨说:"奉天省政府没有彰武至通辽计划,彰武铁路快完工了,京奉路局把奉天以西换下的旧轨用于何处,这些都与奉天省无关。一切听京奉路和交通部决定,东北当局并未参与打通路计划。"当时双方争论十分激烈,杨宇霆还说:"东三省自建铁路是为了发展地方经济,日本政府不应该只考虑'满铁'会社的经济利益,而阻碍东北铁路连成干线,更不应该向东北当局提出无理抗议。"蜂谷说:"东北当局必须尊重中日之间的条约和一切协定,才能保持双

---

① 辽宁省政协文史资料委员会:《辽宁文史资料 第1辑》,辽宁人民出版社1988年版,第128页。

第五章 资源劫掠 后患无穷

方友好关系。"杨回答说："理由已如上述,这些问题不是本人专职负责,我本人一切听从张作霖上将军指示,今天争论的重大问题,东北当局不能按日本要求答复。至少,我不能答复。"蜂谷说："鉴于以往您是张作霖集团中的决策人物,您不答复实在令人费解,帝国政府要求张作霖答复。"① 蜂谷当场拿出带来的抗议照会交给杨宇霆。照会口气强硬,中日矛盾达到尖锐化程度。可是张作霖和杨宇霆仍然不顾日本抗议和威胁,同时筹办吉海铁路,加快了打通铁路彰武以北的工程进度。1927年初,吉海路工程在中日交涉中进行,张作霖对日本抗议打通路不再回答。日本政府于1927年5月4日训令吉田茂总领事:鉴于东北自建铁路达到高潮,对张作霖和杨宇霆抗议无效,吉田茂建议切断京奉路经过"满铁"附属地一段军事运输等其他施加压力的做法也不见得有效,日本政府只提到严重抗议程度。

1927年10月打通铁路基本完工。10月24日,奉常荫槐命令,打通路与四洮铁路在通辽接通轨道。11月15日,打通铁路正式营业。奠定了自建西干线的基础,发挥了军事运输和开发地方经济的重要作用,而且在货运方面起到了与日本南满路竞争的重要作用。

(五) 官商合办奉海铁路

奉海铁路,又称沈海铁路,它是奉系军阀用本国资金和技术修建的东北第一条官商合办的铁路干线。自奉天大北边门外(今东站)起经过抚顺、清原,终点至海龙县城(今海龙镇)。以后干线延长至朝阳镇(今辉南),全长263.5公里,梅西支线自梅河口(今莲河)经东丰至西安(今辽源煤矿),计73.6公里。

1922年下半年,杨宇霆建议修建本国投资的东干线。王永江积极支持和筹备修建奉海路。可是,奉海路干支线全被日本不平等条约占据借款权和修筑权,"中日满蒙五路"和"满蒙四路"占据东干线预定线修筑权。张作霖和杨宇霆责成王永江与日本交涉,收回修筑

---

① 辽宁省政协文史资料委员会:《辽宁文史资料 第1辑》,辽宁人民出版社1988年版,第129页。

权，以一条模范铁路，发展东北的本国铁路。①

王永江自1923年1月与"满铁"交涉，希望日本方面放弃借款权。经过两年交涉，最后奉天省用借款修筑洮昂铁路作为妥协条件，日本政府在签订洮昂合同的同时，声明放弃奉天经海龙的铁路借款权和修筑权。1925年春，王永江在八王寺设立筹备处。5月14日成立奉海铁路公司，奉天政务厅长王镜寰为公司总理，原四洮路总务处长、技术人员陈树棠为技术长（总工程师）。

奉海铁路公司是奉系军阀设立的第一个官商合办的铁路公司，修建第一个官商合办的铁路干线，具有开创性和典型性。因为财政困难，决定招收商民投资。暂定本国资金为奉大洋2000万元，官商各投资一半。官股由奉天省政府财政厅投资，由官银号支出。商股由各大银行、各地银行和各商民个人募集。商股不足额，或整个投资不足，由省政府随时垫支，保证了筑路资金来源。明确规定，公司股票只准中国人持有，不准抵押或转汇给外国人。

奉海干线于1925年7月开工，1927年8月奉天自海龙线完工，1928年8月延长至朝阳镇，支线于1927年5月开工，12月完工，第二年延长至矿山。奉天省财政厅与东三省兵工厂、奉海铁路公司三方联合兴办西安煤矿，把中日合办的西安煤矿收回自办，为兵工厂和铁路供应煤炭，解决了煤炭供应，摆脱了"满铁"抚顺矿的控制。奉海铁路的施工过程损失于奉票毛荒资金，"由省政府垫付大量资本终于修成铁路，共用资金现大洋1600万元，官股占其中三分之二，商民股金占三分之一。1931年资产超过2000万元，营业利润逐年增多，官商合办企业获得成功"②。

在技术方面，奉海路是用本国技术力量修成的。全是本国工程师主持一切设计和施工。王永江从四洮铁路局调来一大批技术人员，陈树棠任技术长（总工程师），工程师温维湘、韦允裕、齐占一、蓝

---

① 辽宁省政协文史资料委员会：《辽宁文史资料 第1辑》，辽宁人民出版社1988年版，第130页。
② 辽宁省政协文史资料委员会：《辽宁文史资料 第1辑》，辽宁人民出版社1988年版，第131页。

田、邹登明，见习工程师齐荫棠负责具体设计和施工。还任命工程师张国贤为工程课长（科长），工段长史通等四人都是技术人员，聚集了一批铁路工程人才为东北自建铁路的骨干力量。奉海路线路工程比日本技术修建的洮昂路和吉敦路质量好得多，而且比日本节省三分之一、二分之一资金。日本原估价奉海路至少用3000万元，而陈树棠设计的方案较日本估价的同质量铁路节省1000万元。

（六）修建吉海铁路

吉海铁路是张作霖自建东干线计划的北段。奉海路开工时吉林省缺乏资金没有同时筹备。1926年，吉林省财政收入达1800万元，年结余400万元。10月，吉林省商务会和教育会等团体向省议会要求修铁路，当时吉林省境内有中东路和南满路，还有吉长路和正在修建的吉敦路，这四条铁路都有外国资本关系。张作霖和张作相决心修建本国投资本国管理的吉海干线。10月23日，张作霖和交通委员会批准吉海计划，26日张作相任命李铭书为总办，成立筹办处。

日本政府于1913年满蒙五路条款和1918年满蒙四路条款占据吉海路借款权。但是1924年中日奉海和洮昂路交涉中，日本已经放弃海龙及其延长线的借款权，这次还想用吉海借款权限制自办东干线的完成。日本驻奉天总领事和驻吉林总领事分别向张作霖和张作相抗议，还利用东京报刊和在东北报刊宣传吉海路是南满路的并行线和竞争线。"11月28日，东三省交通委员会在奉天专门召开会议商议对策。奉天省长莫德惠、吉林督军兼省长张作相等人根据杨宇霆的主张，决定迅速筹建吉海路，不能让日本把东三省看成是殖民地朝鲜一样而干涉内政。1927年1月，张作霖和张作相在答复日本的照会中，驳斥了日本无理抗议，指出日本政府于1924年已经放弃借款权的字实。张作相更进一步否认中日秘密交涉签订的满蒙四路条款，认为北洋政府出卖吉林省权利，现在吉林省不承认。2月，日本方面提出延长吉敦铁路至图们江，或是借款修筑长春至大赉（今大安）铁路作为交换条件，都被张作霖拒绝。2月18日，满铁大藏公望理事从东京至大连，带来日本外务省决定：鉴于张作霖和东北当局与日本关系发生了一系列变化，日本对吉海铁路采取消极态度，即坚持抗议和拒绝协助运输材料，不干涉开工也不提出交换条件。以后由日本政府与张作霖一起交涉东三省各项交涉悬案。"①

"吉海铁路原定官商合办，但商股资金很少而改为省政府投资，不用外国资本。1930年秋，吉海用资本吉大洋2390万元，以后又增加资本达2700万元（约折现大洋1800万元），由省库拨款，工程质量比其他自建铁路都好，一切桥梁全是永久性的，车辆和材料全是购买美国的新产品，所以资金花费较多。"②

吉海铁路于1927年6月开工，1929年6月，朝阳镇至吉林总站完工，9月吉林东站完工。全长183.9公里，因连接奉海铁路，故名吉海铁路。吉海筹备期间，正是奉海、打通和呼海铁路施工期间，东北境内技术力量都用在这3条铁路建设。吉海路局仿效奉海经验，并且从京绥铁路局（即原京张铁路局）聘请一批技术人才担任工程设计和施工。吉海路局还有突出的特点，以技术人才为主体组成路局，技术人员数量多，待遇高于国内其他局。聘请了原京绥局总工程师赵杰任吉海总工程师兼工务处长。本局有工程师、副工程师16人之多。可谓人才济济、精英聚汇。

日本帝国主义在第一次世界大战后武装干涉苏联失败，加紧了吞并中国东北地区的活动。它制造种种殖民主义的论调，如说什么"大和民族必须首先求生存于满蒙"。它准备首先"倾注全力"迅速完成在东北的铁路"建设"，来"培植好（它的）牢不可破的势力"③。

20世纪初期，日本就一再叫嚷要迅速建成吉会铁路。但是，在当地群众的奋力反抗下，它们的活动都失败了。1921年8月17日，日本驻华公使小幡酉吉利用北洋军阀政府交通总长张志潭与日本一些

---

① 辽宁省政协文史资料委员会：《辽宁文史资料 第1辑》，辽宁人民出版社1988年版，第132页。

② 辽宁省政协文史资料委员会：《辽宁文史资料 第1辑》，辽宁人民出版社1988年版，第133页。

③ 宓汝成：《帝国主义与中国铁路（1847—1949）》，经济管理出版社2007年版，第202页。

第五章 资源劫掠 后患无穷

资本家原有较深的关系，递致照会要求中日合办吉会铁路。张志潭含糊答复"备悉一切"。日本将此复文作为已经获允的凭证，准备在同年10月，正式动工。延吉人民奋起阻止，才迫使日本不敢贸然兴建。日本乃转向东北地方当局活动。同年10月12日，日本驻奉天总领事饭田延太郎挟持吉林省交涉员蔡运升在日本领事馆在一件秘密合同上画押，合同名义上规定吉会铁路由吉林省和饭田各出资本一半，实则全系日资独办。

日本这一强横行为虽似得逞，但它自己也感到心虚。于是饭田延太郎又于1922年8月8日要求吉林省公署签订一份关于天宝山银铜矿的契约，把吉会铁路作为矿山专用铁路先修建起来，并说明该银铜矿于铁路完成后第一、二年度，每年向吉林省当局缴纳"报效金"15000元，第三年度起每年缴纳25000元。日本运用收买吉林地方当局的手段，攫取了建筑吉会这条铁路中的一个区段的权益。

1921年，日本因武装干涉苏联失败，它控制中东铁路的企图也告落空。它想收买奉系军阀张作霖在中国东北北部实行它所说的"强行扩张"。它首先注意于洮（南）昂（昂溪）线，继又要求修建吉（林）敦（化）线。

就洮昂线说，日本鉴于此线的重要性，不但可以对中东铁路起威胁作用，而且若从昂昂溪延展到齐齐哈尔，还可以收到拦腰截断中东铁路的功用。为此，它以同意中国自建奉海等线作诱饵，并向张作霖等提供名曰"筹备费"的巨额贿赂，由"满铁"与东北地方当局于1924年9月3日成立《承办建造洮昂铁路合同》一份。日本认为洮昂与四洮路相连接，不但构成一条对南满铁路极为有利的"荣养线"，而且它在政治和军事上又具有特殊的意义；洮昂不仅可以给予中东铁路以严重打击，同时也是对付苏联在军事上深具战略意义的一条线路。[①]

吉敦线方面，1925年，日本派"满铁"总裁松冈洋右为代表，以突然袭击方式通知张作霖，日本准备修建吉敦铁路。张作霖唯唯受

---

① 宓汝成：《帝国主义与中国铁路（1847—1949）》，经济管理出版社2007年版，第203页。

命，于该年10月24日由北洋军阀政府交通部与"满铁"正式成立《吉敦铁路承造合同》，由"满铁"开工修建。这样，日本蓄谋建筑吉会铁路的最西端一段也落实了。

与此同时，日本对中国在东北地区自建铁路的行动，则多方破坏干扰，务使中国所筑铁路终为日本控制的铁路所利用。

例如，奉天省府在1925—1927年间修建沈海（从沈阳至海龙）铁路，日本由"满铁"出面，百般纠缠，初则迫使辽宁当局同意该路建成后须与南满铁路实行联运，继而又向北洋军阀政府交通部提出"严重警告"，并且凭借借款关系，留洮昂路原拟支援该线的车辆不放。日本如愿以偿后，沈海铁路事实上也就变成对南满铁路提供许多好处的"荣养线"了。

又如，1925年京奉铁路局计划将该路的打虎山至八道壕间运煤支线向西北延展，日本闻讯后百般破坏。日本驻奉天总领事吉田茂照会东北地方当局公开抗议，表示"断难默认"。"满铁"一面要京奉路停止展筑工程，一面派人强行拆除该路与四洮路临时联络设备。最后，日本竟横蛮限制此路"不（得）延长到通辽以北"①。

再如，吉林省府1926年自行筹款修建吉海（从吉林至海龙）铁路，日本也一再抗议，不许中国"擅自进行"修建这条它所"特别重视"的铁路。"满铁"公开宣布不承运该路所需的铁路材料，不准该路与吉长铁路连接。吉海铁路建成后，日本又迫使该路与它所控制经营的吉长铁路联运，转为它所利用。

1922年，全国先后发生了长辛店铁路、粤汉铁路湘鄂段、安源路矿、京奉铁路山海关、京奉铁路唐山制造厂、正太铁路等工人大罢工。1923年2月4日上午9时，江岸工会委员长林祥谦下达了罢工命令，拉开了京汉铁路大罢工的序幕，将第一次大规模的工人运动引向高潮。1924年2月，全国铁路工人第一次代表大会在北京秘密召开，正式成立中华全国铁路总工会。该会成为中国当时唯一的全国性工人

---

① 宓汝成：《帝国主义与中国铁路（1847—1949）》，经济管理出版社2007年版，第203页。

第五章 资源劫掠 后患无穷

组织。会址设在北京,机关刊物为《工人周刊》。

1926年,东北地方当局、奉系军阀准备修建呼(兰)海(伦)线。这一线路其实就是滨黑铁路的一部分。俄国于1916年向北洋军阀政府取得投资修建权后,俄亚银行曾于1919年一度与日本横滨正金银行签订共同投资的协定。俄、日两国向中国交涉时,北洋军阀政府慑于反帝爱国的五四运动蓬勃展开,未敢允准。这时奉系军阀既准备建筑,日本认为这是渗入势力的绝好机会,便通过"满铁"给以全力支持。这条铁路虽短但深具战略意义。它有如从中东路背后插入一刀,使日本的势力往北部作一有力伸展。

1927年6月,张作霖以安国军大元帅身份在日本帝国主义支持下控制了北洋军阀中央政府。其时,日本正在加紧制定侵略中国的所谓"积极政策"。"田中奏折"特别强调确立"以日本海为中心"的侵略中国的国策。作为这一国策的一个重要内容,是加紧建成吉会铁路,并以朝鲜罗津港作为它的"终点良港","一方面可以压倒海参崴,另一方面还可以吸收北满的丰富产物,把满蒙的繁荣引进我们(即日本)国内"。此线完成,势必"将南满、北满和朝鲜形成一个大循环线,不仅便于我(即日本)军队和粮食的运输,同时还可以确保控制北满的富源","如果……敌人的潜水艇不能侵入朝鲜和日本海峡","日本的战时交通经济就能够保持独立自主",免受海上威胁。[①]

[①] 田中奏折,1927年7月25日,见日本历史学研究会编,金铎等译:《太平洋战争史》,第1卷,第224—230页。"田中奏折"向例是指1927年日本首相田中义一奏呈日本天皇的文件。这个文件真的是个奏折并由田中义一出奏的吗?在1929年秋太平洋学会京都会议上,中、日两国出席代表就此交换过意见。田中内阁的海相冈田启介在1946年远东国际军事法庭所作证词中否认有这个奏折,称为"伪物"。其时在外务省工作的重光葵和日驻奉天总领事森岛守一在20世纪50年代初分别在自己所著书(《昭和动乱》和《阴谋、暗杀、军刀》)中也都否认这个奏折的真实性。60年代,日本史学界讨论这个文件的真伪问题出现高潮,说法不一,多数倾向于认为这一文件是假的;因为,就其内容、形式、用语,与作为一个由首相田中上奏的奏折来说,都存在失真、不实和矛盾之处。虽则如此,若把日本当时召开的"东方会议"上最后形成的"对华政策纲要",特别是当时日本关东军司令部拟定的《关于对满蒙政策的意见》所包含的内容与"田中奏折"相比较,则基本精神正相一致。因此,后者确是集中地反映了当时日本部分军国主义分子侵华谋划和日本垄断资产阶级向外扩张的意志,仍是一件重要的史料。这里正是在这个意义上引用这一文件,并沿用习称的"田中奏折"这个名称。

吉会铁路当时对日本确实具有如此重大的军事经济价值。

吉会铁路此时实际上只有中段——敦（化）图（们）铁路尚未修建。在日本为部署全面侵略中国而召开"东方会议"前，田中义一就秘密派遣山本条太郎（新任"满铁"总裁）和町野武马（张作霖的密友兼顾问）于1927年秋到北京向张作霖提出包办包括敦图线在内的"满蒙新五路"的要求。

山本等在北京与张作霖晤谈时以缔结日奉"政治经济同盟"诱迫张作霖完全接受日本的要求。关于这点，张作霖颇有允意；而究竟是形成外交文书，还是仅仅作为私人间的协议更为妥当，尚犹疑未决，此事才一时没有定实下来。从该年年底起到1928年2月，山本等往返于日本、北京之间经几度计议磋商，奉日之间的密约大体就绪。

此时，北伐军正经过济南北上，日本眼看张作霖政权势必崩塌，更是抓紧行动。5月12日，"满铁"代表江藤丰三等到北京逼签五路协定。张作霖政权想用"躲"的办法来对付。可是，尽管交通总长常荫槐走避天津、路政司长刘景山临时辞职，而"满铁"等代表却径向张作霖坐逼。张作霖在束手无策中，临时命令航政司长赵镇以兼交通部次长兼代部务，与"满铁"代表拣定13日深夜在交通部用印了事。5月17日，日本驻华公使芳泽谦吉私访张作霖，口头允诺日本设法阻止北伐军北渡黄河。

到了6月，张作霖鉴于大势已去，决定从北京退返关外。4日，他乘车途经皇姑屯被日本人炸毙。7月17日，日本政府特派林久治郎到沈阳向张学良"祝贺"接任新职、"慰问"父丧时，又软硬兼施，企图迫使张学良同意日本即行包造敦图、长大以及延海、洮索等线。

日本帝国主义步步紧逼，蛮横强暴，早已激起中国人民，特别是东北人民的义愤。在东北人民护路斗争日益高涨的形势下，张学良不敢冒天下之大不韪，又鉴于上述秘密协定原是迫于强力而接受，手续更不完备，所有有关文书又在皇姑屯炸车中失去，更有了给予拒绝的机会。日本帝国主义者从7月起8个月中，至少六次派人向张学良提出包造铁路的要求，并威胁说要"武力测筑"。所有这些，都被张学

· 212 ·

第五章 资源劫掠 后患无穷

良以实行困难、须由"中央做主"为词所拒绝。在此期间，由于日本挑起"济南惨案"而在中、日两国中央政府之间所进行的交涉，既已转入谈判正轨，日本从它的对华总策略出发，不愿以东北一隅几条铁路的问题影响到其侵略中国的全局，于是不作坚持。它企图包造"满蒙新五路"一时也就放缓下来。①

"九·一八"事变前，南满铁路所辖的直系路线，总长不过 1100 余公里，但事变之后，竟长达 3400 余公里，较"南满"本身所统制的多两倍有余，外加中东诸路线，总长达 5400 公里以上。列表如下：

表5.1　　　　　　　　1940 年东北铁路统计表②

路名	性质	起	迄	长度（公里）
奉山线	国有借款（英）	奉天	山海关	887
营通支线	国有	营口	通辽	387
锦北支线	国有	锦县	北票	113
连葫支线	国有	连山	葫芦岛	12
北陵支线	国有	沈垣	北陵	12
四洮线	国有借款（日）	四平街	洮南	312
郑通支线	国有借款（日）	郑家屯	通辽	114
洮昂线	国有借款（日）	洮南	昂昂溪	224
昂齐支线	民有（轻便）	龙江	昂昂溪	29
吉长线	国有借款（日）	长春	吉林	128
吉敦线	国有借款（日）	吉林	敦化	210
奶子山支线	国有借款（日）	蛟河	男子善	11
沈海线	省有自办	奉天	朝阳镇	251
沙西支线	省有自办	沙河	西安	68
吉海线	省有自办	吉林	朝阳镇	177
呼海线	省有自办	松浦	海伦	214

---

① 宓汝成：《帝国主义与中国铁路（1847—1949）》，经济管理出版社 2007 年版，第 206 页。
② 王勤堉：《近百年来之中国铁路事业》，第 96 页。

近代中国东北路矿资源流失问题研究

续表

路名	性质	起	迄	长度（公里）
齐克线	省有自办	昂昂溪	克山	205
洮索线	省有自办	洮南	索伦	141
开丰线	民有（轻便）	开原	西丰	64
鹤岗线	民有（运煤）	连江口	鹤岗	56
双城线	民有（轻便）	双城线	双城站	7
北满线	中苏合办	满洲里哈尔滨	绥芬河宽城子	1727
穆棱线	中苏合办（运煤）	下城子	梨树镇	62

此诸路共长5411公里，自归"满铁"经营之后，事务增多，"满铁"为总揽全权起见，乃于沈阳设铁路总局、总务局及建设局，施行"联合统制"，其组织与日本国有铁路之组织相仿佛。总局之下，设四管理局，更由管理局统制其管辖下之各铁路。一为"奉天管理局"，辖沈海（现改称奉海）与奉山铁路；二为"洮南管理局"，辖四洮、洮昂、营通、齐克铁路；三为"吉林管理局"，辖吉敦、吉海、吉长与新建之敦图铁路；四为"哈尔滨管理局"，辖拉哈铁路、呼海铁路及松花江江运。

除统制已成诸路外，又积极布置其交通网，自"九·一八"事变以后，先后筑成之新路，至少4000公里，如下表所列：

表5.2　　　　　　　　"九·一八"事变后东北新建铁路表[①]

路名	起	迄	长度（公里）	备注
新义	新立屯	义县	132	1937年4月全通
锦承	锦县	承德	436	1936年6月全通
叶峰	叶柏寿	赤峰	147	1935年12月全通
梅辑	梅花口	辑安	244	1937年4月部分开通
四西	四平街	西安	83	1936年9月（平海线）

---

① 王勤堉：《近百年来之中国铁路事业》，第97页。

续表

路名	起	迄	长度（公里）	备注
黑河码头	黑河	黑河码头	4	1935年1月全通
北黑	北安	黑河	303	1935年11月全通
敦图	敦化	图们	190	1933年9月全通（京图线）
朝开	朝阳川	开山屯	58	1934年4月全通
图佳	图们	牡丹江	249	1935年7月全通
图佳	牡丹江	佳木斯	310	1936年11月全通
虎林	林口	虎林	332	1936年11月全通
拉滨	拉法	三棵树	266	1937年4月全通
泰克	泰安	克山	46	1933年12月全通
海克	海伦	克山	162	1933年12月全通
宁墨	宁年	墨尔根	180	1937年4月全通
京白	新京	白城子	333	1935年11月全通
白温	怀远镇	南兴安	239	1936年1月全通
绥庆	绥化	庆城	54	未营业
承古	承德	古北口	106	未营业
汪雪	汪清	雪岭	75	未营业

以上诸路合计共3948公里。从表中可知，东北铁路网深入漠南，密接鲜北。在这一历史时期，东北的铁路网在不断的斗争中发展，为新中国铁路业的发展奠定了基础。

二 日本——称霸亚洲扩版图

我国东北地区幅员广阔，矿产丰富，战略地位重要，各资本主义列强垂涎欲滴，为夺取这块富庶之地而展开狗咬狗的争斗。1894年，日本不宣而战，打败了腐朽无能的清政府，强迫中国签订《马关条约》，提出割让辽东半岛等无理要求，引起了俄、法、德等帝国主义的不满，不得不退出辽东半岛。甲午战争以后，帝国主义列强对中国东北的分割竞争激烈起来。1896年，沙皇俄国迫使日本放弃了辽东

近代中国东北路矿资源流失问题研究

半岛，取得了中东铁路的修筑权。1898年，又强迫中国租借辽东半岛的旅顺、大连地区，并取得了南满铁路的修筑权。沙俄步步紧逼，逐渐排斥其他帝国主义的势力，把侵略的熊掌伸向整个东北，大有独在独霸之势。这就引起了日本及其他帝国主义国家的反对，在英美支持下，1904年，日军偷袭驻东北的俄军，爆发了日俄战争，结果俄国战败，日本取得了南满铁路、旅顺大连港的租让权。

1914年爆发了第一次世界大战，日本利用西方列强忙于应付欧洲战场，无暇东顾之机，对德宣战，占领了中国山东半岛，夺取了德国在山东的所有特权，并提出了全面灭亡中国、独霸中国的"二十一条"。对此，美英虽然感到了日本的威胁，但无力阻止日本。1917年11月2日，日本代表石井和美国国务卿蓝辛签订了关于中国问题的石井—蓝辛协定。在协定中，美国承认日本在中国，特别是在南满的"特殊权利"，但提醒日本不得独霸中国，必须保证中国的门户开放和对各国工商业的机会均等。这既是对日本的让步，又是对日本的限制。[1]

第一次世界大战结束后，日本已在中国，乃至亚洲夺取了空前的特权，经济上已超过美英等国而名列前茅。于是，美英大为不满。一旦它们从欧洲战场脱身之后，便转身给日本一个回马枪。

表5.3　　　　　中国进口额中日、英、美所占比率统计表[2]　　　单位：%

年度	美国和菲律宾	英帝（香港除外）	日帝（包括殖民地）
1911—1915	8.9	19.1	19.7
1916—1920	14.5	15.1	32.8
1921—1925	16.7	15.8	26.9
1926—1930	16.3	14.9	28.2

1921年11月到次年2月，由美国发起在华盛顿召开了九国海军裁军会议和关于远东问题的华盛顿会议。前一个会议规定美、英、日

---

[1] 世界现代史研究会：《世界现代史论文集1》，第356页。
[2] 世界现代史研究会：《世界现代史论文集1》，第356页。

的海军主力舰比率为5∶5∶3。后一个会议缔结的九国公约，否认日本在中国的垄断地位和"特殊利益"，日本所获得的原德国在中国山东的权益被迫交出，公约重申门户开放、机会均等。这是对日本独霸中国野心的当头一棒。

华盛顿会议以后，日本认定美英是它称霸亚洲的最大障碍，决心同它们决一雌雄。1927年，日本首相田中义一给天皇的奏折，就是日本这一意图的集中反映，它是日本军国主义侵略扩张、争霸称霸的总纲领，其要点有以下几个方面。

（一）谋求亚洲和世界霸权

奏折说："明治大帝遗策的第一期征服台湾，第二期征服朝鲜均已实现。""第二期吞饼满蒙，征服中国全土，从而使东方及整个亚洲畏服于我。""如欲征服世界，必先征服中国。""得利用中国的富源，征服印度及南洋群岛，并进而征服中小亚细亚以及欧洲。"① 这就是说，早在明治时期，日本扩张主义者就有了一份征服朝鲜、中国全土及亚洲的侵略蓝图。到了20世纪20年代，日本军国主义者不仅继承了这种扩张主义的衣钵，而且胃口更大，手伸得更长，妄图称霸亚洲乃至欧洲。

（二）要称霸亚洲，必须首先打倒美国势力

奏折认为，日本称霸亚洲的主要障碍是美国。它指出："世界大战期中，美国曾和英国暗中勾结，一举一动都想牵制我国对中国的行动。"第一次世界大战以后，"华盛顿会议签订九国条约以来，我国向'满蒙'的扩展事事受到限制"，九国条约的目的，"英美富国欲以其富力，征服我日本在支势力。即军备缩少案，亦不外英美等国欲限制我国军力之盛大，使无征服广大支那领土之军备能力"。因而，日本要称霸亚洲，"必须首先打倒美国势力"②。

---

① 世界现代史研究会：《世界现代史论文集1》，第356页。
② 世界现代史研究会：《世界现代史论文集1》，第357页。

（三）必须用"铁血"占领东北

奏折认为，中国东北"不惟地广人稀令人羡慕，农矿森林等物之丰富世无其匹配"。用中国东北的铁矿和煤，可以炼出12亿吨钢，使日本在七十余年间钢铁能自给自足。利用东北丰富的矿产资源可使日本获得600亿万日元的巨利。所以奏折提出，"如欲征服中国，必先征服'满蒙'，'满蒙'利权果真归我所有，那么，就可以用'满蒙'作基地"，来征服中国、亚洲、欧洲。因而，奏折把我国东北看作日本侵略扩张的"第一个重大关键"，"是日本的心脏"，叫嚷"必须使用铁血"侵占东北。①

（四）在"反苏"的幌子下，侵占东北

奏折写道："我国首先应该以防止赤俄南下为口实，逐渐向'北满'强行扩张以便攫取其资源，两面，要制止中国势力北上；北面，要制止赤俄势力南下。""同时，还要采取机密手段和赤俄合作"来对付美英势力。这般是说，"反苏"以麻痹美英，"联苏"以牵制美英，"击苏"以独霸东北，据东北以击美英。②

由此可见，日本军国主义的狂妄野心是称霸亚洲直至欧洲，它认定争霸的对手是美英；它的策略是打着"反苏"旗号，它争霸的第一步是侵占我国东北。

1927年，日本爆发了金融危机，中小银行纷纷倒闭，经济发生激烈动荡，法西斯势力逐渐抬头。日本统治阶级为了摆脱危机，决定对外发动侵略战争；对内加强法西斯专政。对革命力量的镇压，是法西斯发动侵略战争的前兆。1928年3月15日和1929年4月16日，日本反动统治阶级发动了两次反革命大镇压，使大批共产党人和进步人士惨遭杀害，革命力量受到严重摧残。1929年，整个资本主义世界爆发了空前的经济危机，很快蔓延到日本。"1929年至1931年，

---

① 世界现代史研究会：《世界现代史论文集1》，第357页。
② 世界现代史研究会：《世界现代史论文集1》，第356页。

第五章 资源劫掠 后患无穷

日本工业总产值下降了32.9%，投月度计算，从危机前的最高点到危机中的最低点，煤产量下降36.7%，钢产量下降47.2%，造船生产下降88.2%。在危机年代里，日本对外贸易，出口下降了76.5%，进口下降了71.7%。"[1]

为了摆脱危机。日本疯狂扩军备战。1930年，在资本主义世界，军费占整个国库开支的比例是：英国是14%，美国是21%，法国为22%，意大利为24%，而日本竟高达29%，比英国高出一倍，居世界第一位。

为了一举侵占我国东北，日本一直在窥测时机。1931年，日本认为国际条件有利于它发动侵略战争：由于经济危机，美英等西方帝国主义者忙于应付国内事务，无力干涉日本；中国国内，蒋介石反动政府正集中大批兵力"围剿"红军，忙于内战。于是，日本侵略者于9月18日夜，突然袭击沈阳北大营的中国军队，五天之内占领了吉林、辽宁的大部分，这就是震惊中外的"九·一八"事变，它是日本同美英全面争夺亚洲霸权的开始，标志着远东战争策源地的形成，从而也就揭开了第二次世界大战的序幕。

曾经担任"满铁"总裁的松冈洋右曾说日本通过战争寻求扩张，"如同孩子要长大一样，是很自然的。有哪个国家，在它的扩张时代，没有使它的邻国恼怒？且问问美国印第安人和墨西哥人，当年的美国是何等令人恼怒吧！日本的扩张如同美国的扩张，就像孩子要长大一样，是很自然的，只有一件事能阻止孩子长大——死亡"[2]。

日本外务省情报部部长河相达夫的愤怒与松冈洋右如出一辙：当今世界存在"占有国"与"非占有国"的斗争，严重地表明原料、资源分配的不公平。这种不公平如果不予纠正，在既得权利方面，"占有国"对"非占有国"拒绝让步，那么，解决的办法就只有诉诸战争。

日本人观点的核心是：这个世界几乎已被列强瓜分完毕。殖民主

---

[1] 世界现代史研究会：《世界现代史论文集1》，第357页。
[2] 袁胜育：《外交角逐》，社会科学文献出版社1995年版，第182页。

· 219 ·

义者在全球抢占地盘的时候，没有遭到过国际社会的任何谴责，怎么轮到日本时就出现了声讨、警告、制裁？而日本人提出的"占有国"与"非占有国"的概念，即指美国、英国、俄国、法国等老牌殖民主义国家，它们都属于"占有国"，它们都已将殖民地占领完毕；只有日本属于"非占有国"，还没有在瓜分世界的过程中捞到什么好处。在如此情形下，如果"占有国"再不给"非占有国"一点方便，那么就只有通过战争成为"占有国"了。问题是：在这个世界上，除了"占有国"和"非占有国"之外，还有中国这样的"被占有国"——谁为"被占有国"的命运着想了，"被占有国"又该如何解决侵略者的"占有"问题？

在国与国之间，决定关系的重要因素往往是利益。因此，中国在1937年面临的严酷现实是：全民族团结起来，独立对日作战。这也是中国共产党与中国国民党达成共识的根本基础。全面战争在即，一个无法回避的问题迎面而来：中国能不能打赢这场战争？战争是物质的抗衡，是交战双方国家综合实力的对决，即交战双方国力和军力的对决。战争也是精神的较量，是交战双方作战决心、作战意志、作战毅力与战争智慧的抗衡。

就1937年的中国而言，面对将会蔓延至整个国土的战争，全民的坚强意志以及胜敌决心是必需的，但显然还是不够的。尽管中国的总人口比日本多数倍，国土面积也比日本大数十倍，可仅从综合国力上比较，当时的世界舆论普遍认为，中国在与日本的全面战争中几乎没有获胜的可能。

"1937年，日本工业增长速度高达9.9%，工业产值占国民经济总产值的80%以上，成为全世界资本主义阵营中发展速度最快的国家。而1937年的中国，仍旧是一个落后的农业国，即使把外国在中国开办的企业算在内，中国的工业产值也仅占国民经济总产值的10%。"[1] 除了沿海部分城市及长江中下游地区拥有少数的轻工业外，中国所谓的"工业"绝大多数仍处于手工阶段，这一阶段在中国至少

---

[1] 青梅煮酒：《太平洋战争1 山雨欲来》，现代出版社2017年版，第322页。

第五章 资源劫掠 后患无穷

已经延续了上千年。而战争，其实更多比的是一个国家的工业能力。

战争开始的1937年，中日两国的主要经济指标是：

工业总产值：日本60亿美元，中国13.6亿美元；

钢铁产量：日本580万吨，中国4万吨；

煤炭产量：日本5070万吨，中国2800万吨；

铜产量：日本87000吨，中国700吨；

石油产量：日本169万吨，中国1.31万吨。[1]

唯一能够掣肘日本工业能力的因素，是岛国本土资源的匮乏，特别是棉花、橡胶、羊毛、铅、锡、钵等有色金属以及石油和煤炭。"日本本土年产铁矿仅为45万吨，加上从朝鲜掠夺来的60万吨，也仅能满足其所需的六分之一。中国的东北地区，煤、铁蕴藏量极其丰富。当时，抚顺年产煤700万吨，本溪年产煤60万吨产量合计居全国第一。东北的铁矿藏量和钢铁产量也居全国第一，辽宁一地的铁矿储量就占全国的79%，鞍山和本溪两处的钢铁产量合占全国的40%。还有石油，东北地区的储量占全国探明储量的52%。"[2] 但是，中国的东北地区已经成为日本统治下的"满洲国"，对于中国来说这"无异于丧失了经济命脉"。"日本本土资源实甚贫乏"的现状，自侵占中国东北地区后"情势为之一变"。

依靠强大的工业生产能力，日本猛烈地扩张军事工业的规模。"1937年，日本军事工业投资高达22.3亿日元，比上一年增加了两倍以上，占到当年日本工业投资总额的61.7%。日本已具备年产各种作战飞机1580架、大口径火炮744门、坦克330辆、汽车9500辆的军事工业水平。"[3] 至于步兵轻武器和小口径火炮的产量，完全可以满足进行大规模战争的年需要量。1937年，如果说中国尚有军事工业的话，其水平与清廷重臣李鸿章、张之洞经办洋务的时代区别不大。整个国家没有生产大口径火炮、坦克和汽车的能力，飞机和舰船

---

[1] 朱成山：《日本侵华史研究2014（第1卷）》，南京出版社2014年版，第49页。
[2] 青梅煮酒：《太平洋战争1 山雨欲来》，现代出版社2017年版，第322页。
[3] 青梅煮酒：《太平洋战争1 山雨欲来》，现代出版社2017年版，第322页。

虽然能够少量生产，但主要的零部件和原材料必须依赖进口，远达不到支持一场全面战争的批量生产规模。中国能够生产的只有步兵的轻武器以及小口径火炮，其生产能力同样无法支撑大规模战争的需要量。

根据日本陆军史记载："中日战争开端的1937年7月，日本总兵员448.1万人，其中战斗兵员199.7万人。除国内常驻的十一个师团外，其余为朝鲜军、关东军、台湾军和中国驻屯军。日本是第一个实行现代征兵制度的亚洲国家，法律规定全国凡年满十七岁至四十岁的男子都须服兵役。1937年7月，日本除了现役的38万官兵外，尚有预备役兵93.8万人，后备役兵87.9万人，第一补充兵157.9万人，第二补充兵90.5万人。日本总人口约为1.05亿，其兵役制的规定意味着日本陆军在战争需要时，可动员兵力能够达到1000万人。"[1]

明治维新以来，日本依托现代资本主义和天皇一统的混合政治体制，建立起一整套完备的现代军事指挥系统。大本营的军事指挥统一而高效，对陆海空三军拥有绝对的权威。日本内阁里陆相和海相的设置，近似于美国的三军参谋长联席制，指挥权的高度集中使之对军队的调度和作战的指导迅速便捷。日本军队已经完全摒弃了幕府时代割据的弊病，成为一支宣誓效忠天皇并以"武士道"为精神支柱的强大的武装力量。日军官兵对内的绝对服从，对外的凶狠顽强，对自身的舍生殉道等基本素质，使"其能征奋战之精神为世界各国军队首屈一指"，是当时世界范围内军力强悍的武装集团之一。

由于历史的原因，中国陆军虽然名义上隶属于国民政府，但实际上组织领导和军事指挥并不统一。国民政府军事委员会直辖部队约七十个师，习惯上被称为"中央军"，其中约四十个师来自第一次国共合作时期由黄埔军校学生组建的国民革命军，后来一直在德国军事顾问的指导下进行训练，装备相对较好，官兵素质较高。其余的三十个师，均来自北伐时期跟随蒋介石或者被蒋介石收编的旁系部队，虽然

---

[1] 姜成娟：《发现滨海：一个八零后中国当代青年对中国革命与抗战的思考》，山东人民出版社2016年版，第94页。

第五章 资源劫掠 后患无穷

仍被叫作"中央军",但无论武器装备还是官兵素质都比较差。中国的地方军阀部队,是近代以来中国社会的一个畸形存在。这些部队基本上是地方军阀的私属军队,他们各有各的招募制度、编制制度和军需制度,武器也是自己筹款购置或是自己土法生产的。财力丰厚的军阀部队武器装备好一些,财力薄弱的军阀军队武器装备就相当原始。特别是,在这些军阀部队的内部,吃空饷、喝兵血的弊端习以为常,一些官兵沾染上吸毒、嫖妓、纳妾等恶习。因此,国难当头之时,尽管地方军阀部队愿意抗日救国,但这终究是两国之战而不是两省厮杀。——面对作战意志极其统一坚定的日本军队,中国军队"无论就编组、训练、装备、补给任何一方面而言,都是杂乱无章的"。而对于一支军队来讲,如果官兵素质、作战能力、武器装备、整体协同乃至统一指挥均陈旧落后,那么在战争来临时就会"不堪一战"或是足以致命。

明治政府在统一整理兵工厂之后,1882年便开始拟定"军备大扩张计划"。第一次中日战争后,伊藤内阁订出"十年计划",由1896年到1905年,计划8亿日元用于扩张军备。兵工业的发展是突出的、领先的。第一次中日战争前的1893年至日俄战争后的1906年,民用工业的职工数不过增加114%,兵工厂职工数则增加了831%,其中属于陆军部分增加908%,属于海军部分增加780%。兵工厂的原动力,由2084匹马力增加到80728匹马力,即增加了3773%。海军工业落后于陆军工业,虽然1890年就有"第一次海军计划",但到1895年日本只能自造水雷艇,其他军舰概由外国输入。1894年至1903年,输入军舰吨数占92.3%,自造军舰吨数就占了80%,1914年至1923年自造军舰625396吨,自造率达95.9%。[①]

日本官营的军事工业,在国家资本中所占比重很大,据1929年统计,国有财产81亿1000万日元,其中属于陆海军两省所管的占27.7%。1933年3月统计,国有财产85亿9300万日元,其中海军所有船舶就占12亿2300余万日元。日本国家资本投放在军事工业、专

---

① 李纯青:《日本问题概论》,世界知识出版社1954年版,第56页。

卖独占事业、殖民地的特殊企业及银行，同其他资本主义国家比较，日本的国家资本比重是大的，这是天皇制官僚政治的物质基础。1931年，日本官营财产收入占总收入的39%，而当时，英、美、德、法等国官营财产收入不过2%—6%而已。但是现代战争的消耗巨大，技术复杂，日益需要各种工业的配合，直到需要全国的经济力量，在这种情形之下，日本官营的军事工业发展到一定程度，便遭遇困难。仅仅依靠官营的军事工业，已不能满足现代战争的要求，官营的军事工业必须依靠所谓"民间工业"的基础；因此，单纯的兵器工业不得不逐渐让位于一般的重工业，官营不得不逐渐让位于"民营"。日俄战争以后，日本军事工业的范围和规模都扩大了。"如以日俄战争时奉天会战日军所消耗的弹药为例，第一次世界大战时凡尔登会战德军所消耗的弹药便是六十。同样数目的军队，第一次世界大战所消耗的弹药比日俄战争要多60—100倍。"[1] 另一方面，军事的科学和技术也进步了，日俄战争没有出现什么新的战争技术，而第一次世界大战则发明了飞机、坦克及其他新的兵器。不管日本统治阶级如何努力发展军事工业，它的基础是薄弱的，数量不多，质量不高。特别是在第一次世界大战以后，日本军事工业已相对落伍了。军事工业必须依靠重工业，而日本的重工业在整个工业中的比重是低的。"1931年，在日本工业生产总值中，纺织工业仍占37.2%，为第一位；食品工业占16.2%，为第二位；重工业，化学工业（包括轻化学）占15.8%，为第三位；机器工业占9.6%，为第四位；金属工业占8.3%，为第五位。拿最重要的机器工业来和其他帝国主义国家比较，这一年，日本机器工业生产值只等于美国的1.5%，德国的6%，英国的8%。由此可见日本帝国主义的脆弱和落后。机器工业落后特别表现在机器工业和汽车工业的落后。1931年日本有飞机工厂20个，生产总值1500万日元，为机器工业生产总值1/31，只合全部工业生产总值1/329。"[2] 所谓飞机工业多数是生产飞机零件，而不能生产飞机引擎。汽车工业也很落后，以

---

[1] 李纯青：《日本问题概论》，世界知识出版社1954年版，第57页。
[2] 李纯青：《日本问题概论》，世界知识出版社1954年版，第57页。

第五章 资源劫掠 后患无穷

1931年为例，日本自造汽车不过434辆，输入装配的达20109辆。自造的都是小汽车，叫作"豆自动车"，重心高，常常翻车。

日本军事工业不但数量少、质量差，而且国内缺乏重要的军需原料。在所谓"钢铁战争"时代，钢铁是兵器必不可少的材料，而日本国内，铁矿极少。"日本第一个钢铁厂是釜石矿山田中制铁所，在1886年建立。在消费钢铁不多的时期，1893年至1895年，铁的输入多于本国产量的1.7倍，钢的输入则多于本国产量的75倍，铁和钢都依靠国外输入。"[①] 1896年3月创立官办八幡制铁所，由于本国缺乏铁矿，没有办法生产，直到第一次中日战争后，以夺得中国的大冶铁矿为基础，始于1901年开工。日俄战争后，又掠夺了朝鲜和我国东北的铁矿资源，并在朝鲜办兼二浦铁厂，在我国东北创办本溪湖煤铁公司和鞍山制铁所。这样不断地对外侵略，才逐渐把钢铁工业建设起来。一部日本钢铁工业史，可以说就是一章简明的日本帝国主义对外侵略史。

这一个军事的封建的帝国主义，过去因为它在东方是一等强的国家，没有第二个国家可以与它争衡，当时在它的周围，都是殖民地与半殖民地，外部条件如此。而内部，由于世界资本主义已发展到帝国主义阶段，日本工业在技术上主要是模仿与输入，而不是创造发明，所以产业革命有条件可以缩短其过程。据上林贞治郎研究说明日本技术史是："利用汽力的原动机革命，因蒸汽机的输入及制造而迅速发展，和工作机革命几乎同时发展，即原动机革命几乎从产业革命的开头就跟随工作机革命。"不但如此，由蒸汽机到电动机的原动力革命，在日本也是早熟的，即"电力革命紧随汽力革命之后而起，其间距离极为接近"。正是这样，所以日本产业资本的确立和转化为帝国主义，乃属同时发生的现象。如上所述，日本国家的内部原因，使它早熟为帝国主义，外部条件又存在可以被它侵略的对象；日本帝国主义踏上世界政治舞台，便首先侵略中国，并由侵略中国扩大到侵略亚洲。它以军事工业为对外侵略的物质基础，它的对外侵略的最高政策，可以拿臭名远扬的所谓"田中奏折"作为证明。1927年7月，日本内阁

---

① 李纯青：《日本问题概论》，世界知识出版社1954年版，第58页。

近代中国东北路矿资源流失问题研究

首先田中义一在上日皇的奏折中曾经这样说:

> 吾人如欲征服中国,则必先征服满洲及蒙古。吾人如欲征服世界,则必先征服中国。吾人如能征服中国,则其余所有亚洲国家及南洋诸国,均将畏惧于我,投降于我。此时,世界各国将瞭然于东亚乃吾人之东亚,而不敢再侵犯我之权利……当吾人得以支配中国全部资源之后,吾人将更能进而征服印度、南洋群岛、小亚细亚以至欧洲。大和民族如欲在亚洲大陆显露身手,则满洲和蒙古之统治权,实为第一步。①

日本帝国主义的侵略野心如此狂妄,和它的物质基础是不相称的,它的军事工业和战争力量,存在致命的弱点。但是,日本天皇制度——对外侵略的发动者,它要发动侵略战争;日本资本家要追求最大限度的利润,日本资本主义工业要扩大无线的市场和掠夺无穷的原料,它们要求战争。1932年共产国际发表的《关于日本形势和日本共产党人物的提纲》指出:"要打倒这个军事的封建的帝国主义,完成日本当时的革命任务,必须:(1)打倒天皇制度。(2)扫除寄生的土地所有制。(3)给工人以政治权利和经济民主。不打倒军事的封建的日本帝国主义,日本人民便不能得到解放,亚洲各民族便不能免于遭受日本的侵略。"②

作为日本一切行动的急先锋,"满铁"及其关系会社的作用同样不可小觑。特殊会社和准特殊会社垄断某一部门或某一行业。1931年到1937年是"满铁"关系会社发展的黄金时代,"满铁"的关系会社由57个增加到80个。"满铁"对关系会社的投资也从11000万元增加到24800万元。"满铁"由于大力发展关系会社,使其关系会社遍布东北经济的各部门。据昭和十二年"满铁"《关系会社统计年报》总括中记载,"1937年'满铁'的关系会社71个,它分布于:林业3个,矿

---

① 李言:《中外七十年大事纪略》,大连理工大学出版社1993年版,第31页。
② 李纯青:《日本问题概论》,世界知识出版社1954年版,第59页。

第五章 资源劫掠 后患无穷

业7个,工业20个,通讯宣传3个,商业12个,电气、瓦斯2个,兴业、拓殖7个,土地、建筑、土木6个,交通、运输、仓库9个,其他2个"。① 由此可见,"满铁"及其关系会社已垄断了东北经济的各部门。尤其是创设和掌握特殊会社的经营权,通过特殊会社统制某一行业。据统计,到1939年末,"满铁"的关系特殊会社有满洲航空、满洲电电、满洲石油、同和自动车、满洲炭矿、满洲采金、满洲电业、奉天工业土地、满洲矿业开发、满洲火药贩卖、满洲拓植、满洲林业、满洲盐业、满洲曹达、满洲弘报协会、日满商事、满洲轻金属17个特殊会社。除伪满中央银行等少数特殊会社外,绝大多数特殊会社都有"满铁"投资,并控制了这些特殊会社的经营权,成为"满铁"的关系会社。如1936年19个特殊会社中,实收资本共计14432.5万元,其中"满铁"资本为2724.4万元。"满铁"正是通过关系会社,尤其是特殊会社,垄断东北的经济,使东北经济变为日本的经济附属。

最后,日本在东北的投资,也主要是通过"满铁"进行的,使东北的经济被日本资本所垄断。东北殖民地经济的形成,主要的特征和标志是日本资本垄断东北经济,只有日本资本全面垄断东北经济,使东北经济成为日本帝国主义的经济附庸,才能完成东北经济的殖民地化的过程。"九·一八"事变后,日本资本大量输入东北,垄断东北经济。而在1937年以前,在东北殖民地经济形成过程中,主要是通过"满铁"来进行的。"据伪满政府编的《满洲建国十年史》统计表明,1932年日本对伪满的投资为9700万元,其中满铁为6500万元,占67%,1933年占54%,1934年占61%,1935年占65%,1936年占51%,1937年占46%。从1932年到1937年,满铁在日本对伪的投资中,所占比重是相当大的,1932年高达67%,而较低年份1937年仍占46%,平均在50%以上。满铁的资本总额,1933年3月由原来的4.4亿元增为8亿元。满铁的总资产,1929年为10亿多元,1937年则增为21亿多元。"② "满铁"的固定资产也在逐年增长,据《昭和十

---

① 孙邦:《经济掠夺》,吉林人民出版社1993年版,第432页。
② 孙邦:《经济掠夺》,吉林人民出版社1993年版,第433页。

二年度"满铁"关系会社统计年报》记载:"1930年为90464.6万元,1931年为91600.9万元,1932年为100579.5万元,1933年为102991.2万元,1934年为115592.0万元,1935年为134557.7万元,1936年为149962.4万元,1937年为163006.7万元。"①

1937年以前,日本是以"满铁"为中心进行投资,垄断东北经济,这就是日本所说的"满铁中心时代"。"满铁"的资本,其中半数为日本政府的资本,"满铁"的活动,代表了日本政府的意志。"满铁"资本的增长,就是日本资本的增长,"满铁"对东北经济的垄断,就是日本资本对东北经济的垄断。总之,"满铁"在东北经济殖民地化的过程中起了重要的作用,日本帝国主义通过"满铁"将东北经济纳入日本帝国主义的经济体,使东北经济沦为殖民地经济。

一个是强盛的资本主义工业强国,一个是半封建半殖民地的农业国,两者之间的差距不仅仅体现在生产能力的统计数字上。当时的中国与日本,还是两个呈现出完全不同面貌的国度。处于现代化经济高速发展中的日本,国民怀有一种狂热追求未来的集体意识,宪政制度带来的社会运转程序的相对合理,不但促使经济不断繁盛,并由此带动了科学技术的进步。仅就教育而言,清末以来,中国派遣或自行留学日本的风潮盛极一时,国民党内军政高层,包括蒋介石在内,都是从日本留学归来的。而遍及全国的各种爱国团体、准军事组织等,使日本积蓄起巨大的驱异求同的潜在能量,使得全民族全社会形同一个坚固的精神整体。

20世纪上半叶却是中国最为混乱的历史时期。尽管孙中山先生在民国创建之初颁布过《中华民国临时约法》,但此后很长一段时间中国是个连一部国家正式宪法都没有的国度。列强的野蛮掠夺和对民族工业的压制,使得中国薄弱的国民经济日益衰败,连年的军阀混战更是在民不聊生的境况下令整个国家于不断的战火中奄奄一息。这个国家曾以文明发祥绝早而自豪,但数千年的文明积累仍是无法挽救当时国民麻木萎靡的状况。没有多少中国人对未来充满热切的渴望,如

---

① 孙邦:《经济掠夺》,吉林人民出版社1993年版,第433页。

同农民无法预测天象收成只能听天由命一样,即便是志士的流血与精英的呐喊,也唤不醒无边无际的死气沉沉的原野。到处是水车在缓慢地转动,牛车在深深的车辙中挪移,还有低矮的草屋和饥饿的孩子。因为有着惊人的忍受精神苦难和肉体痛苦的能力,中国人能"在一个地方一动不动地坐很长时间",无论街巷与乡村,到处都可以看见这种无所事事的沉默,而沉默者脸上"麻木的、呆滞的神情","很容易令人联想到什么叫无助与绝望"。这个古老的国度,已如一个病入膏肓的老人,步履蹒跚地徘徊在永远的日出日落之中。

三 中国——资源流失陷深渊

(一) 中国战略资源严重流失

日本帝国主义一手导演的伪满洲国成立后,于1933年春,迫不及待地公布了《经济建设纲要》,对东北经济制定了所谓"四大根本方针":

1. 以国民全体之利益为主眼,凡开拓利源、振兴实业之利益,务摒除一部阶级垄断之弊,必使万民咸享其利而同其乐。

2. 开发举国内天赋所有之资源,谋经济各部门之综合发达,特于重要之部门施以国家的统制,切实讲求合理之计划。

3. 当开发利源、奖励实业之际,本门户开放、机会均等之精神,广求资金于世界,尤应采取先进各国之技术、经验,并搜集一切文明精华,利用弗遗,以收实效。

4. 以东亚经济之融合与合理化为目标,先审查满日两国相依相辅之经济关系,而置重心于两国之协调,使相互扶助之关系愈益紧密。①

---

① 中央档案馆、中国第二历史档案馆、吉林省社会科学院合编:《东北经济掠夺》,中华书局1991年版,第30页。

从以上"方针"的文字来看，辞藻华美，冠冕堂皇，而其实质则是统制我国东北的经济，为日本帝国主义的殖民政策服务。在金融方面，为了进行统制，首先成立了伪满中央银行。

日本对东北矿产资源垂涎已久。占领东北之后，它采取一系列措施，积极进行矿业"开发"，掠夺矿产资源。1932年8月5日，日本制定了《关于满洲经济统治的根本方案》，其宗旨是：将日满经济融为一体化；扩大对外经济作战能力。在《第一次产业开发五年计划纲要》中规定：开发铁、液体燃料、煤、电力等基础产业。在《关于日满经济统制方针》中规定：要确保原料的来源，特别要确保石油、铝矿、铁、钢、轻金属、亚铅矿和锌矿等的来源。1938年5月，日本对《第一次产业开发五年计划纲要》进行了修改，把其重点放在了钢铁、煤炭和液体燃料上。此外，还要求增加铅、锰、铝、铜、亚铝等。由此可见，日本对中国东北矿产的掠夺采取了一系列措施，其目的是掠夺东北的资源，为其不断扩大殖民战争服务。

"九·一八"事变后，日本在中国东北强占了很多矿区，煤矿40多处以及铁矿、金矿、镁矿、油矿等。"从1931年至1944年，日本在东北开采的煤为22800万吨，生铁为1200万吨。从1935年至1944年，日本从东北掠夺的钢材为1308万吨。东北的金矿主要在黑龙江省各地，吉林省也有一些。仅1931年金矿产量为29890两。"①"九·一八"事变后这些金矿全部被日本所控制，并且还对珲春、安东等地新发现的几个金矿进行开采和掠夺。耐火黏土是钢铁工业和军火工业不可缺少的原料，从日俄战争后，日本就比较重视对此项矿产的开发。"九·一八"事变后，复州矿业会社的耐火黏土采掘量为433126吨。除此之外，日本还对杨家杖子的钼进行了开采，1944年把产量为74%品位的精矿980吨，全部运回日本，供陆海军使用。在掠夺矿产资源时，为降低成本，日本宁愿使用大量廉价的中国工人劳动力，而不愿采用机器。日本帝国主义对东北地区的疯狂掠夺，给他们带来了巨额的利润。"据伪满官方统计，从1932年至1944年间，日本输入

---

① 傅波：《2005·辽东抗战研究》，辽宁民族出版社2006年版，第45页。

第五章 资源劫掠 后患无穷

东北资本约为 90 亿日元,而从东北汇回的利润,竟达 32 亿日元之多,相当于资本额的 35% 以上。"①

苏联经济史学家斯拉德科夫斯基指出,日本占领东北后,大大削弱了中国的经济,因为占全国铁矿藏量的 37%、生铁产量的 79%、石油开采量的 93%、黄金开采量的 55% 的资源悉数被日本掠去。1943 年,国民政府经济部在一份调查报告中写道:"日人自民国二十年'九·一八'占领东四省后,该四省一切煤矿权几全入敌人掌中,以民国二十三年为例,则每年遭其掠夺之煤矿近千万吨,十年则损失千亿吨左右,事实上尚不止此。以抚顺煤矿为例,近年产煤每年为一千五百万吨,即超出二十三年东四省全年产量五百万吨。卢沟桥事发,我国本部各地泰半沦陷,沦陷各区之所有一切煤矿俱受敌人控制……与东四省合计所受损失达千数百亿吨,此实为最低之估计。"②报告还举出日军对我国东北石油资源的掠夺,以煤炼制焦油副产品,每年汽油达 4 万吨,重油 10 万吨,灯油 10 万吨,以及机器油、精蜡副产品,"其量不可胜计,以十年累计,损失实属不赀"。此外,林业资源也遭野蛮掠夺。"东北的森林,日伪时期砍伐的原木达 7500 万立方米,由于采伐不合理又损失了 40%,总共被掠夺的原木就达近 1 亿立方米。这些还不是完全的统计,但已十分触目惊心。在太平洋战争爆发前,日本所需的 38 种重要军用原料,有 24 种是东北提供的。"③ 太平洋战争爆发后,东北供给日本的战略物资更多,据估计,1942 年东北生产的钢材约占日本产量的三分之一以上,日军需要的铣铁一半以上由东北供给,轻金属铝 44% 由东北生产。

为加速战争机器的运转,日本大肆掠夺中国东北的工业资源,并将重点放在钢铁、煤炭、石油等战略物资上。日本早就以"中日合办"为名,将垄断资本注入中国东北本溪以及鞍山的铁矿与冶炼工矿

---

① 傅波:《2005·辽东抗战研究》,辽宁民族出版社 2006 年版,第 46 页。
② 刘广堂、关捷:《以史为鉴 开创未来 "近百年中日关系与 21 世纪之展望"国际学术研讨会文集(下集)》,大连出版社 2000 年版,第 481 页。
③ 刘广堂、关捷:《以史为鉴 开创未来 "近百年中日关系与 21 世纪之展望"国际学术研讨会文集(下集)》,大连出版社 2000 年版,第 481 页。

企业。"九·一八"事变后，"满铁"在鞍山设立了昭和制钢所，垄断了中国东北的钢铁工矿企业，从中国东北掠夺的钢铁数量也急剧增长。这些大量被掠夺的钢铁一部分用于在当地制造武器，更多的则被运送到日本国内用于战争准备。"据统计，1931年至1934年，日本从中国东北掠夺的生铁总数分别为24.2万吨、32.2万吨、45.3万吨和40.9万吨，分别占日本生铁进口总数的61%、73%、71%和67%。"①在煤炭方面，早在日俄战争后，日本就陆续强行取得了中国东北煤矿矿权以及开采权，一直处于垄断地位。1931年后，日本对煤炭的掠夺进一步升级。"满铁"除扩大抚顺煤矿外，还兼并了蛟河煤矿，并取得老头沟等煤矿的开采权。1934年5月，日本"满洲煤炭股份公司"（简称"满炭"）成立。"满铁"与"满炭"两大公司实际垄断了整个中国东北的煤炭，前者统辖抚顺等28处煤矿，后者控制阜新、西安（今辽源）、鹤岗等12处煤矿，开采的大量煤炭均被源源不断地送往日本。仅1935年一年，从中国东北掠夺的煤炭就有1127万余吨。在石油资源方面，1931年前，"满铁"就已在抚顺炼制页岩油。日军侵占中国东北后，迅速扩建炼油厂，全面掠夺中国东北的天然石油、页岩油以及人造石油。1931年，中国东北生产粗油6.3万吨，1935年提升至14万余吨。此外，日本还垄断了中国东北的金矿、铝矿等矿业以及电力工业，疯狂榨取利润，并通过日本"满洲盐业株式会社"垄断了中国东北的盐业生产，每年向日本大量输送海盐。

表5.4　　　　　各国及地区对东北生铁的需要量统计表②　　　　单位：吨

年份	东北	日本国内	朝鲜	中国［关内］	其他国家	合计
1926	20121	184231	6072	—	11301	221725
1927	21692	203935	7069	—	17799	250495

---

① 中共中央宣传部理论局：《纪念中国人民抗日战争暨世界反法西斯战争胜利70周年理论文章选》，学习出版社2015年版，第441页。
② 中央档案馆、中国第二历史档案馆、吉林省社会科学院合编：《东北经济掠夺》，中华书局1991年版，第309页。

续表

年份	东北	日本国内	朝鲜	中国[关内]	其他国家	合计
1928	30026	212533	6750	—	24332	273641
1929	37620	199351	6989	—	21371	265331
1930	22758	176994	4920	—	40089	244761
1931	13082	253141	3360	42276	306	312165
1932	18793	309678	6810	26305	4671	366257
1933	35403	456531	6747	24781	8831	532293
1934	45726	433312	8880	22145	2865	512928
1935	40094	393284	9270	22444	5142	470234
1936	44207	273335	12090	16115	5488	351235

根据上表可知，出口的东北生铁半数以上是运往日本国内，可见东北在供应日本原料用生铁方面所处的地位是何等重要。还可以看到生铁产量与表5.4需要量之间存在很大的差异，这是因为需要包括库存生铁和炼钢用生铁的缘故，特别是从1935年以后这种差异呈现急剧增加的趋势，则是因为昭和制钢所开始炼钢，致使炼钢用生铁的需要有了增加。这种倾向今后随着东北炼钢生产的发展还要日益显著，这一点从表5.4中可以看得出来，从1935年起至1936年，运往日本的生铁数量已经减少。

1935年生铁产量为60.8万吨，除炼钢用生铁以外的需要量为47万吨，从该年起投入生产的"满铁"炼钢设备，1935年在炼钢方面耗用了生铁116597吨，而在1936年却耗用了293969吨，即将近两倍的生铁。将来由于这方面生产设备的扩充，运往日本国内的生铁可能不会与东北生铁生产能力的扩大而同样增长；但从另一方面看，将会以进一步加工的半成品运往日本国内，这无论从燃料或劳动力经济哪方面来看，都应该受到极大欢迎。

其次，从国内生铁需要量来看，1931年为13000吨，而在1936年却飞跃性地增加到44000吨。这个事实说明了东北产业发展与耗用钢铁的重工业的飞跃发展。这些数字尚不包括炼钢用生铁，如将其包括在内，1936 年则为 338000 吨，将来"满铁"和本溪湖的钢铁连续作业扩充后，这方面的需要还会日益增加。如将国内生铁需要量按鞍山生铁和本溪湖生铁的供应分别考察，则如表 5.5 所示，在 1931 年鞍山生铁供应占全部需要量的 55%，而在 1936 年却下降到 36%。

表 5.5　　　　　　东北生铁需要量统计表①　　　　　单位：吨

年份	鞍山生铁	本溪湖生铁	合计	增长趋势
1926	11632	8489	20121	—
1927	12466	9226	21692	+1571
1928	15659	14367	30026	+8334
1929	18234	19386	37620	+7594
1930	9522	13236	22758	-14862
1931	7178	5904	13082	-9676
1932	11936	6857	18793	+5711
1933	23017	12386	35403	+16610
1934	25423	20304	45727	+10324
1935	(116577) 19086	21008	(116597) 40094	-5633
1936	(293368) 13536	30671	(293368) 44207	+4113

注：括号内为炼钢用生铁的数量。

再次，就东北生铁运往日本国内的情况来看，从 1926 年的 184000 吨起一直是增长的，及至 1934 年已达 433000 吨，其增长趋势如表 5.6 所示，这种高速度的增长确实令人惊异。

---

① 解学诗：《满铁史资料　第 4 卷　煤铁篇　第 4 分册》，中华书局 1987 年版，第 1507 页。

表 5.6　　鞍山与本溪湖生铁运往日本国内数量统计表①　　单位：吨

年份	鞍山生铁	本溪湖生铁	合计	增减
1926	146982	37249	184231	—
1927	167445	36490	203935	+19704
1928	174333	38200	212533	+8598
1929	147465	51886	199351	-13182
1930	128634	48360	176994	-22357
1931	202081	51060	253141	+76147
1932	235398	74280	309678	+56537
1933	355131	101400	456531	+146853
1934	305037	125275	430312	-26219
1935	269804	123480	393284	-37028
1936	149526	123809	273335	-119949

不过 1935 年以后的锐减，如前所述，主要是因从该年以后昭和制钢所开始炼钢生产，把鞍山生铁用于炼钢，才不得已减少了向日本国内的出口。从这里可以充分看到，运往日本国内的鞍山生铁出口量与鞍山生铁用于炼钢的数量有关。与此相反，本溪湖生铁却走上逐年增加的道路，1931 年仅为 51000 吨，而在 1936 年则增到 123000 吨，凌驾于鞍山生铁之上，因此本溪湖生铁的作用对于日本内地也就有其更重要的价值。再者，从 1937 年以后的出口情况来看，由于本溪湖尚无炼钢设备，因而这方面的出口可能还会在生产能力允许的范围内更有所增加。

再看向日本以外的国家出口的情况，1931 年的 42500 吨为最高峰，以后便呈现逐年减少的趋势，至 1936 年为 21500 吨，与 1931 年比已减少一半。这种趋势说明了"日满钢铁一元化"统制的方向，即由于国内需要量的增加以及日本生铁需要量的扩大，必须增加东北生铁的对日出口，这也就必然要减少对日本以外国家的出口数量。

---

① 解学诗：《满铁史资料　第 4 卷　煤铁篇　第 4 分册》，中华书局 1987 年版，第 1508 页。

近代中国东北路矿资源流失问题研究

工矿业的发展从地域上看具有广域分布和局地集中的特点。伪满时期的工矿业主要集中分布在以下地区：大连、丹东、营口、锦州等东北沿海地区；沈阳及其周边地区；长春和吉林市；哈尔滨市；黑龙江东部煤矿地域。从投资地区上看，工矿业主要向奉天和吉林两省集中。1941年，工矿业的投资额的86.5%投入奉天和吉林两省（原奉天41.8%、吉林44.7%）。① 从部门上看，奉天省是以金属和机械工业为主，吉林省以矿业和其他工业为主。

吉林省吉林市原名吉林乌拉（俗名船厂），为清代吉林将军住地，山多黑松林。据高士奇《扈从东巡日录》记载："乌稽（窝集）在松花江东可百里许，一曰小乌稽。乌稽者，汉言大林也。中皆乔松及桦、柞树，间有榆椴。鳞接虬蟠，缨山带涧，蒙密纷纠，白昼晻晴，霜旦叶凋，略见曦月。树根乱石，磈砢错落，疑无道路，车马过此，为之踌躇，为之屡顾矣。"② 说明吉林周围山上多黑松林，距其不远处即有原始森林。但到嘉庆二十年（1815），将军富俊曾以吉林山林缺乏，柴价昂腾，奏准许可采掘缸窑等6处煤矿。光绪年间，将军铭安复以口繁薪缺等理由，先后奏准开采煤矿12处，皆在永吉、双阳、舒兰三县境内。可见到了清代末叶，吉林附近已无林可采，不得不开煤矿以解决居民烧柴的困难。"吉林省伊通县，原多荒野森林，清末民初由于乱砍滥伐，森林殆尽，居民燃料困难，多以高粱、粟杆、杂草代之。长白山脉一带，窝集深邃，松树约占全森林之四五。然近日调查，不过十之一二。盖自鸭绿江采木公司成立，而林木大减，且从来樵者必先就森林面积极广处，及交通便利之地，择良材而伐之，林尽则更徙。农民即其地而开垦，亦有不待采樵，竟焚之而开垦者，甚至烧毁全山，一木不留。如濛江、五常等处，无不皆然。毁坏森林，莫此为甚。图们江流域，在吉林东南部，森林茂密，珍贵种树颇多。自朝鲜人越江垦荒以来，沿边森林多被砍伐，或开垦时以野火焚之，

---

① 陈才等：《蒙东地区与东北三省产业对接与跨区域合作研究》，东北师范大学出版社2008年版，第36页。
② 李为：《清代粮食短缺与东北土地开发》，吉林人民出版社2011年版，第276页。

数十年间，砍伐殆尽。自马牌以上至高丽般以下，其间已成童山。惟长白山一带，人民稀少，间有斧斤未入之处。"[1] 以上是清末民国时期吉林山区砍树、焚林、垦荒之情形。其具体情况正如《磐石县志》所述："最先开垦的多为坡岗地，先伐倒树木，取出用材，然后用火烧一遍，再在树根之间用镐头开地，每人每天可开七分地，四年后起掉树根，打拢耕作，即为熟地。"[2]

表5.7　　　　　　伪满工矿业的生产（1930—1944年）[3]

产品	单位	1930	1937	1940	1941	1942	1943	1944
煤	千吨	10041	14387	21344	24632	25811	25398	26527
铁矿石	千吨	1000	2418	3349	4182	4496	4954	3800
石油	千吨	—	221	271	350	297	298	242
电力	百万度	504	1624	2998	3516	4086	4474	4481
生铁	千吨	396	812	1062	1389	1616	1702	1176
钢锭	千吨	—	519	553	576	578	869	474
客货车	辆	178	2741	4513	4057	3984	4798	2823
水泥	千吨	109	861	999	1164	1532	1503	1141
硫酸铔	千吨	—	192	—	191	—	94	58
棉纱	千件	—	174	148	145	180	160	95
棉布	千匹	—	2575	1901	2113	3213	2737	1612
面粉	千袋	—	28668	13425	14391	17397	15254	1463
糖	吨	—	11665	25019	25611	15923	19938	18993
纸	吨	8160	19568	37880	52989	76668	76386	45860
卷烟	百万支	—	14706	21240	24106	24035	24000	—
火柴	千箱	—	402	398	442	387	421	
豆油	千吨	—	114	87	115	140	134	

注：均指工厂生产的产品，不包括雇工5人以下的小厂，不包括公营厂、"满铁"铁道工厂和未公开的军工厂。棉纱、棉布为11家纱厂产量，糖为4家糖厂产量。

---

[1] 李为：《清代粮食短缺与东北土地开发》，吉林人民出版社2011年版，第277页。
[2] 李为：《清代粮食短缺与东北土地开发》，吉林人民出版社2011年版，第277页。
[3] 孙玉琴、申学锋：《中国对外开放史（第2卷）》，对外经济贸易大学出版社2012年版，第295页。

表5.7可见，五年计划中，一些重工业确实发展很快，增产1—2倍，而民生用品的生产则增长缓慢，面粉且大量减产。按重轻工业划分，两者的生产指数变动如下：

表5.8　　　　　　　　伪满时期重轻工业生产指数①

年份	重工业	轻工业	总指数
1937	100	100	100
1938	162.7	100.7	129.3
1939	209.1	101.9	148.2
1940	207.4	91.1	139.9
1941	229.5	91.7	148
1942	277.3	95.8	166.8
1943	313.5	81.4	164.4

从表5.8见轻工业或生活资料的生产竟是下降的。这固然与统计方法和选样有关，但已足以证明，伪满重工业的发展是以人民生活资料的生产为牺牲的。这种计划经济的基础是殖民地统治，即可不顾人民死活来发展重工业。但是，这种否定经济发展规律的计划经济，到头来势必造成工农业脱节，比例失调。1943年以后伪满工业的衰退有战争失利等多种原因，但也反映了国民生产的结构危机。

1943年以后，伪满工业衰退，并因停工、轰炸等略有损失，1945年8月苏联进军东北，日本投降。"苏军占领期间，拆走重要生产设备。以鞍钢言，运走设备和物资7万余吨，约合投资额的30%，选矿、炼铁、轧钢生产能力损失三分之二以上。苏军拆走的全部设备价值有两个估计，一为8.95亿美元，一为12.03亿美元，以铁路、电力、钢铁、机器拆走最多，使东北工业生产力损失50%—80%。"②

---

① 孙玉琴、申学锋：《中国对外开放史（第2卷）》，对外经济贸易大学出版社2012年版，第296页。

② 刘克祥：《简明中国经济史》，经济科学出版社2001年版，第343页。

（二）中国财源被大量劫夺

税收是国家的重要财源，日本劫夺中国财源首先从税收着手。"日本占领东北后，肆意增加税种和数量，从1932年的1.14亿元增加到1940年的4.65亿元，从1941—1943年又进行三次战时增税。第一次每年增幅为1.5亿元，第二次每年增幅为1.6亿元，第三次每年增幅为2.46亿元。到1945年，除修改税制和增税外，又大幅提高了香烟和鸦片的价格，增收金额达3.5亿元。"[1] 日伪所征收的这些税金，有些固然属"节外生枝"，有些税种如统税、烟酒税、房屋税等国民政府统治时期就征收的税也落入日本人之手。另外，日伪巧立名目，超负荷征收，也是对国家正常税源的透支和掠夺。日本全面侵华后，所劫夺的税源主要是国民政府的关税、盐税、统税三大税收。"据不完全统计，1937年国民政府三税收入只有4.1亿元，1939年只有4.3亿元，与1936年的10.14亿元相比，减少了五分之三左右。其中，尤其对关税劫夺最甚。据国民政府估计，关税被日伪劫夺在226亿元以上，而此期间国民政府逐年关税收入总和不到30亿元。此外，日本还通过走私逃税，变相掠夺中国的财源。据统计，1935年初至1936年5月，日本在华北地区走私贸易额达3亿元，损失海关税达1亿元。"[2] 日本全面侵华后，走私更为猖獗。据估算，1938年走私额相当于正式贸易额的60%，1940年上半年竟达到正式贸易额的112%。

日本对中国财源的另一严重劫掠就是套购外汇。日本通过发行伪钞、打击法币、控制关税等手段"收兑"法币，再利用法币套购外汇，致使中国外汇大批流失。"从1939年3—6月短短3个月时间里，用以支持外汇市场的1000万英镑中英外汇平准基金几乎消耗殆尽，其中绝大部分系被日伪套购。同时，日本还通过贸易统制来夺取外汇。如1939年3月，日伪对华北12种商品实行出口统制，使该地区

---

[1] 刘广堂、关捷：《以史为鉴　开创未来　"近百年中日关系与21世纪之展望"国际学术研讨会文集（下集）》，大连出版社2000年版，第481页。

[2] 刘广堂、关捷：《以史为鉴　开创未来　"近百年中日关系与21世纪之展望"国际学术研讨会文集（下集）》，大连出版社2000年版，第481页。

60%的外汇被敌攫取。"① 此外，日伪还通过倾销日货、走私战略物资、掠夺中国黄金和白银等办法，攫取了大批外汇。

（三）中国工农业生产力遭到严重破坏

工农业生产力是最基本的国力。中国工农业生产力在抗日战争期间遭到严重破坏，这一方面毁于日本战火，另一方面毁于日本的经济侵略。从日本经济侵略造成的破坏来看，主要有以下几个方面。

一是中国民族工业被排挤。日本占领东北后，工业资本急剧扩张。据1940年调查，"在全部东北工业中，日资占资本总额的80.8%，中国民族资本仅占17%，其他国家占2.2%，这还不包括日伪垄断的官营工业的军事性工业。1945年日本投降前夕，其资本在东北工业中已占99.15%，基本上垄断了东北的工业"②。此时，民族工业根本不可能在东北寻求什么发展。

二是侵吞中国的工业资本。侵吞方式用得最多的是"军管理"和"委任经营"。例如，仅"兴中公司"在华北、华中、华南实行"军管理"工厂就有54家，包括煤矿、铁矿、电力、钢铁、造船、化学、棉花加工等行业。"委任经营"是日本私商对中国资本的吞并方法。如华中地区，由"委任"吞并的中资工厂有：纺织厂40家、面粉厂18家、造船厂11家、造纸厂9家、树胶厂9家、染织厂6家、金属制品业5家、机器业4家以及其他行业27家。另外，通过"中日合办""租赁"等方法，也吞并了不少中国工业资本。"到1942年，日本侵吞华北、华中、东北的中资工厂为325家，资本额为19685万元，其中有165家的资本未能计入，有26家资本额为战前注册，数字小于统计时价值。"③

---

① 刘广堂、关捷：《以史为鉴 开创未来 "近百年中日关系与21世纪之展望"国际学术研讨会文集（下集）》，大连出版社2000年版，第482页。

② 刘广堂、关捷：《以史为鉴 开创未来 "近百年中日关系与21世纪之展望"国际学术研讨会文集（下集）》，大连出版社2000年版，第483页。

③ 刘广堂、关捷：《以史为鉴 开创未来 "近百年中日关系与21世纪之展望"国际学术研讨会文集（下集）》，大连出版社2000年版，第483页。

第五章 资源劫掠 后患无穷

三是掠夺土地，搜刮农产品。"九·一八"事变后，日本强行将数十万朝鲜移民迁往中国东北。1936年，日本侵略者制订了一个庞大的百万户移民计划，在20年内从日本向中国东北移民100万户、500万人，使日本"开拓民"至少占伪满总人口的10%。按照这一计划，东北要划出16000万亩肥沃土地安置移民，已远远超过了当时东北实际耕地面积。由于太平洋战争和后来日本帝国主义的战败，移民和圈地计划未能全部实现，但截至1944年底，日本移民占有的土地已达到152.1万公顷，相当于当时东北耕地总面积的十分之一。由于日本帝国主义的野蛮侵略，实行经济统制、土地掠夺，加上世界经济危机和自然灾害，导致东北农业生产的破坏和衰退。"1931年全东北出产谷物1845.7万吨，至1935年降至1535.7万吨，1942年只有1513.2万吨；每公顷也由1930年的1344公斤，降至1942年的1029公斤。"[1]

1941年太平洋战争爆发后，日本侵略者对东北农产品需求日增，农产品逐渐成为其在东北的第一号掠夺对象。为此，日伪当局颁布了《促进农地利用》敕令，拟定《战时紧急农作物增产方案要纲》《农产品强制出卖法》等，在东北强力推行增产和收购措施，以及"粮食出荷"（即强迫农民低价售粮）政策，实行赤裸裸地武力掠夺。"据显然缩小了的统计，1940年的粮食出荷总数为600万吨，1941年为680万吨，1942年为720万吨，1943年为780万吨，1944年为820万吨，日本投降的1945年为900万吨。这些粮食按照所谓'物动计划'分别被运往日本、朝鲜、华北等地。"[2]

四是破坏中国的产业结构。这明显地表现在东北地区。日本奉行"原料满洲，工业日本"的掠夺方针，把东北变成其原料供应基地，而工业企业则为日本所控制。"在工业发展上，则以重工业为主，如到1942年，重工业资本额占工业资本额的79.2%，而轻工业仅占20.8%，造成轻重工业比例严重失调。从1937年至1944年，东北煤

---

[1] 刘克祥、陈争平：《中国近代经济史简编》，浙江人民出版社1999年版，第570页。
[2] 刘克祥、陈争平：《中国近代经济史简编》，浙江人民出版社1999年版，第573页。

增长了84.4%，生铁增长了57.1%，电力增长了175.9%。从生产指数来看，1937年至1943年重工业增长213.5%，但轻工业却是负增长，民生用品生产很少增长，有的还大量减产。"① 在重工业内部也出现比例失调。冶金业发展相对较快，而机械工业却很差，到1943年机械工业比重在东北整个工业中只占6.7%，机械生产只能供给需要的40.2%，其中精密机械的自给率为15.9%，蒸汽机仅能供给2.7%。冶金工业内部同样出现比例失调。1943年后伪满的生产衰退有日本侵略战争失利等原因，同时也反映了国民生产的结构危机。近代中国产业结构原本严重失衡，再加之日本的破坏，使中国工业经济更具对外依附性而无法全面合理地发展。

在工矿业方面，日本帝国主义把东北建成它的矿产和动力资源的基地。"1933年，东北共有工厂（不包括矿业）4079家，虽然日本经营者仅占754家，但在总投资额24232万元中，日本即占15437万元，约占总额的63%。"② 同年伪满政府根据日本的指令，公布了所谓《满洲经济建设纲要》，规定"各种主要经济部门须加以国家的统制"，所有重要的经济事业都分类列入"统制"或"半统制"的范围。列入"统制"范围的有金、钢铁、轻金属、石油、煤、电力、军火等主要工业部门，由官营或半官营的公司，即所谓特殊公司或准特殊公司经营。列入"半统制"范围的有棉纺织、汽车、煤气、化肥、酒精、碱、烟草等工业部门，由日伪政府特许的公司经营。除此以外的其他零星工业，是不受统制的所谓"自由企业"，才允许自由经营。

第一，日本垄断资本在东北经营的工业，完全是为日本帝国主义的军事侵略服务的。它只是与军事有关的工业，主要是重工业部门得到了畸形的发展，如在1933—1943年的十年间，电力增长20倍，钢43倍，铁3倍，而且在1943年以前一直保持较快的增长速度。相反，与人民生活有关的轻工业部门则增长较少，仅一倍多或不足一倍，在

---

① 刘克祥、陈争平：《中国近代经济史简编》，浙江人民出版社1999年版，第568页。
② 凌耀伦、熊甫：《中国近代经济简史》，四川大学出版社1988年版，第284页。

第五章　资源劫掠　后患无穷

1937年以后还有下降，轻重工业的比例严重失调。据统计，东北重工业和轻工业资本的比例，1940年为74.5∶24.6，1941年为78.5∶21.5，1942年为79.2∶20.8。① 这种重工业的发展并不能为轻工业和农业的发展奠定技术基础，相反，却是建筑在掠夺轻工业，特别是掠夺农业的基础之上的，是以牺牲轻工业、特别是农业为前提的。其结果只能是消耗社会资金和财富，导致物资供应的贫乏和人民生活的贫困。这种竭泽而渔的办法，就不能不使它的基础日益削弱，从而使它的发展受到很大的局限。所以自1944年开始，各类工业生产都直线下降。这种下降，说明日本帝国主义掠夺计划已经到了山穷水尽的地步。

第二，日本垄断资本在东北经营的工业，完全是殖民地性质的工业。在日本帝国主义统治东北的年代里，重工业虽有较大的发展，但是其中的机器制造工业特别薄弱。据记载1940年机器制造业产值仅占重工业总产值的13.5%。1943年，机械工业主要基础航工作母机，自给能力仅及需要量的8.3%，蒸汽机仅自给2.1%，机器设备仍然完全依赖日本供给。在钢铁工业中，采矿能力大于炼铁能力，炼铁能力又大于炼钢能力，炼钢能力又大于轧钢能力，必须把大量的原料运往日本本土加工，这些情况正是东北工业殖民地性质的集中表现。②

第三，日本垄断资本在东北经营的工业，完全是在残酷剥削中国工人血汗的基础上建立和发展起来的。由于日本帝国主义不允许发展东北的机械工业，中国工人的工资又被压到最低限度。日本垄断资本家自然只愿意剥削大量廉价的中国劳动力，不愿采用机器了。因此，日本垄断资本在东北的投资，获得了惊人的利润。"据伪满官方统计，从1932年至1944年间，日本输入东北的资本大约为90亿日元，而同期从东北汇回的利润竟达32亿日元，相当于资本额的35%以上。"③ 日本帝国主义如此野蛮地榨取中国工人，破坏生产力，势必

---

① 凌耀伦、熊甫：《中国近代经济简史》，四川大学出版社1988年版，第286页。
② 凌耀伦、熊甫：《中国近代经济简史》，四川大学出版社1988年版，第287页。
③ 凌耀伦、熊甫：《中国近代经济简史》，四川大学出版社1988年版，第287页。

导致生产的衰退，这当然是不言而喻的了。

东北产业工人的队伍很庞大。据统计，1941年各种产业工人总数达3886199人，如加上临时工和短工，将达500万人左右。但他们工资待遇低下，往往仅够个人温饱，同一企业的日本工人工资，要比中国工人高二三倍，加上连年物价上涨，名义工资虽有所增加，却远远低于物价上涨幅度。他们的劳动条件十分恶劣，工伤事故迭出，工人连生命都没有保障，矿工尤为突出。1937年，抚顺大山煤矿发生爆炸事件，死了很多中国工人。1943年，本溪湖煤矿也发生大爆炸，夺去了千余名中国工人的生命。不少矿山都留下有埋葬死难中国工人尸骨的"万人坑"，惨不忍睹！在吉林丰满水电站建筑过程中，中国劳工死了四千多人。他们中最痛苦的是一大批强迫征集来的劳工，以及从关内抓来的所谓"特殊工人"，住的是席棚子，吃的是混合面，穿的是麻袋和水泥袋，在日本刺刀威胁下从事繁重劳动，过着非人的生活。一部分从事军事工程的中国劳工，当工程结束时，日本军方借口军事秘密，往往把全部劳工秘密杀害，更加惨无人道。

第四，日本帝国主义占领东北后，把东北经济变成了殖民地经济，它使我国的民族工业遭到了严重的摧残。"九·一八"事变后，日本关东军伙同"满铁"将较大的民族资本经营的工厂企业进行武装占领和掠夺，使这些较大的工厂失去了自主权，而大多数中小企业也受到了不同的冲击。据"满铁"调查报告所记，沈阳市到1931年11月就有210家工厂休业，开业的工厂也只能靠裁减工人，降低工人工资维持局面。另外，由于伪满政府实行经济统制政策，在一些"重要"产业部门不能自由经营，民族工商业多半集中在农产品的加工业和农产品的交易方面，所以油房、烧锅、制粉、粮栈、磨房、粮米加工以及纺织业成为民族工商业的典型行业。"七七"事变后，随着对东北经济统治的进一步加强，民族资本又遭到进一步的削弱，即使有少数幸存者在经营上也受到了多种限制。"据1945年6月统计，中国民族资本在东北工业资本总额中，仅占0.5%，在东北交通业资本总额仅占0.2%，而矿业中根本没有一点民族资本。中国的民族资

第五章 资源劫掠 后患无穷

本在日本帝国主义的摧残之下,逐步走向衰落。"[1]

日本经济战对中国国力的破坏是极为严重的。中国在抗日战争中的财产损失总计约600亿美元,其中相当一部分毁损于日本削弱中国国力的经济战。日本大肆掠夺中国经济资源,如同竭泽而渔,釜底抽薪,给中国造成严重的内伤;日本破坏中国的产业结构,把中国经济变成其殖民经济,加深了中国的半殖民地程度;日本对中国财源的大量劫掠,导致中国战时财政金融严重困难,进而导致战争后期严重的通货膨胀,给中国经济和人民生活造成深重灾难。日本经济战破坏的主要是中国的经济力,而近代中国本来就是一个经济积弱不振的国家,由于日本的破坏更加元气大伤,加重了战后重建的困难。

近代东北的铁路与矿业发展走过了一条荆棘之路。我们牢记历史并不是要延续仇恨,而是要面向未来,维护和平。现今的我们,度过了困难时期,迎来了前所未有的发展机遇。但国际环境纷繁复杂,尤其是世界经济周期的变化和各个国家之间经济政治力量的悬殊、体制政策的差异,使得各国和地区难免会发生利益的冲突和矛盾。我们面临的机遇与挑战并存。唯有以史为鉴,才能更好地开创未来。

---

[1] 凌耀伦、熊甫:《中国近代经济简史》,四川大学出版社1988年版,第288页。

附录：1931年日本关于攫取东北矿权的交涉文件

日中交涉资料[①]

地质调查所长

1931年11月10日

一、宜置于满铁掌握的矿山及矿区权利

阜新煤田（包括满铁新邱矿井、东北矿务局管辖的孙家湾矿井等）

位置、质量、埋藏量等　略

处理：除确定诸矿区日中合办权外，没收属于东北矿务局管辖的孙家湾矿区。还要获得其他藏煤矿区的日中合办权，以便有助于将来统一经营阜新一带煤田。

西安煤田

位置、品质及埋藏量等　略

权利关系：官商合办西安煤矿公司（民间方面五十万元，官银号、奉天兵工厂、沈海铁路各五十万元，计二百万元）。

日中合办（明治矿业会社关系）泰信公司、健元公司、健兆公司。

处理：没收官商合办的官方权利，改为日中合办，与明治矿业的

[①] 辽宁省档案馆、辽宁社会科学院合编：《"九·一八"事变前后的日本与中国东北——满铁秘档选编》，辽宁人民出版社1991年版，第349页。

附录：1931年日本关于攫取东北矿权的交涉文件

日中合办权合并，由满铁统一经营。

田师付沟煤田及耐火黏土

位置、品质及埋藏量　略

权利关系：矿区：中国人的矿区六个、本溪湖煤铁公司一个。其他石本贯太郎、床次正弘等竭力想获取，但归于失败。现在开采中的有富华公司（所有权者：孟凌云）二个矿区及王殿申的三个矿区，据说昭和四年度产煤一三〇〇〇吨。本煤田产粘结性煤和无烟煤两种特种煤，埋藏量大，是满洲的重要煤田。

处理：根据日中二十一条条约，确保日中合办权。同时也要获得耐火黏土的采掘权，以便进行统一经营。

牛心台煤田及耐火黏土

位置、品质及埋藏量　略

权利关系：日中合办复兴公司（日本方面石本贯太郎）、其他中国人矿区十个，经常发生争执。

有烟台煤矿同样的硬质黏土……（其大部分埋藏于中国人掌握的矿区内，小部分埋藏于和日本有关的矿区内）。

处理：根据日中二十一条条约，确保日中合办权。同时也要获得耐火黏土的采掘权，以便进行统一经营。

复州煤矿及耐火黏土矿区

复州煤矿

位置、品质、埋藏量　略

权利关系：东北矿务总局　矿长　王翼臣

处理：此矿交通极为方便，且为无烟煤，为大量满足内地各制铁所需要，满铁会社有必要获得采掘权，没收中国方面的权利。

复州耐火黏土矿区

位置、质量及埋藏量　略

处理：确保复州矿业会社的代卖代采权，尔后使其成为中日合办事业。

尾明山煤矿

位置：烟台采煤所南。品质及埋藏量　略

权利关系：官办天利煤矿公司　座办　王德春

邻接烟台煤矿，矿区纠纷多，而且是烟台煤的竞争者。

处理：作为日中合办，或没收，或与烟台煤矿合并，由满铁统一经营。

烟台黏土矿区

位置、品质及埋藏量　略

权利关系：大部分在满铁煤矿区内，但无权采掘。中国人另外根据山岸关系（日中合同）进行采掘。

处理：在满铁矿区内的粘土采掘权，与土地所有者搞中日合办。

八道濠煤矿

位置：黑山县城西北。品质、埋藏量　略

权利关系：东北矿务总局

处理：是打通线沿线有希望的煤炭，将来有与新邱煤田竞争之价值，故有必要没收，列为日中合办之计划中。

（1）菱苦土矿及滑石

关于菱苦土矿区的处理

①此系振兴公司以于冲汉名义获得许可者。废除于冲汉名义，更换可靠的个人或法人名义。

②将用于冲汉名义的矿区，更换为更可靠的个人或法人名义。

③其他个人名义的矿区也同上处理。

菱苦土矿区所有关系如下

以会社名义所有的矿区：牛心台　满铁附属地

振兴公司所有矿区：

转山子　振兴公司以于冲汉名义获得许可者。

小圣水寺　同上

圣水寺　　同上

小高庄屯　同上

用于冲汉名义的矿区有：

庙儿沟圣水寺　前后红土岭子　郭家堡子　范家峪　前勒马峪　大铧子峪

以其他人名义获得的矿权区如下：

何献廷名义：

官马山 { 第一　李家屯
　　　　 第二　石坑子
　　　　 第三　陈家堡子

王成立名义：

平二房　华兴公司

签订矿石买矿合同者：

曹官屯　大小火石岭子　李家屯南山　白虎山桥台铺村　白虎山石山子村　海城县火石岭子（青山盃）　盖平县西官马山

大岭滑石矿区

位置：海城南　略　品质及埋藏量　略

权利关系：东北矿务局管辖、大岭滑石公司孙显惠所有

处理：作为滑石矿，年产量约七至九千吨，因国内需要不断增加，予以没收。与菱苦土矿矿区一起由满铁会社统一经营为上策。

（2）铁矿

歪头山铁矿

位置、品质及埋藏量　略

权利关系：一部分为日中合办本溪湖煤铁有限公司的矿区，但其位置不明。

处理：因距安奉铁路沿线很近，作为碎石采石场归入附属地内，或满铁以振兴公司名义获取日中合办矿区权。

（3）萤石、锰矿及长石

芦家屯萤石（炼钢冶金用、炼铅用）

位置：属盖平县　略　品质及矿藏量　略

权利关系：

处理：炼钢事业完成之际，作为原料供应地，仍有必要获得采掘权。

沙岗台萤石

位置：属盖平县　略　品质及矿藏量　略

权利关系：聚义利　曹鸿文

处理：与中国方面签订买矿合同。

黑松林：锰矿

位置：属兴城县　略　品质及矿藏量　略

权利关系：一部分昭和二年六月属于福井组，一部分属于东北矿务总局管辖。作为炼铁炼钢原料供给地是必需的。中国方面的矿区未调查，但从每年上缴本溪湖利润来看，似乎颇有前途。

处理：应没收东北矿务总局管辖的矿区。

上鹰窝矿区的长石（制陶用　耐火材料）

位置：海城东　略　品质及埋藏量　略

权利关系：振兴公司　于冲汉

处理：确保这一权利，使其可以采掘。

杨家南沟的长石

位置、质量及埋藏量　略

权利关系：振兴公司　于冲汉

处理：确保这一权利，使之可以采掘。

（4）金及金砂

夹皮沟金矿

位置：吉林省城东南　略　品质及埋藏量　略

权利关系：矿业权，属韩文卿所有。满铁作为韩家枕木用材伐木资金融通的担保者，拥有其开发权。

处理：先在矿井内下底进行排水作业，然后实行调查，根据情况，按日中条约改为日中合办，其或可行。

黑龙江省砂金

位置：吉拉林、奇乾河、漠河、呼玛、法别拉河、观音山、都鲁河、梧桐河、汤旺河、嫩江上流。品质及埋藏量　略

权利关系：法别拉河附近为商办，其他为官银号一部分，广信公司所有　略

处理：今后伺机与广信公司及商办搞日中合办事业。

（5）采碎石场

处理：将以下十五处采碎石场作为铁道用地，纳入附属地，或确

认日人和中国人间现存的合同。

风推山采石场

位置：吉林省伊通县哈什马沟　石种、石量　略

权利关系：昭和三年四月，大薮钲太郎与地主签订合同进行开山。昭和五年六月，该人收买了采掘权及轻便铁道。

牧养山采石场

位置：奉天省开原县青阳堡　石种及石量　略

权利关系：昭和三年五月由吉川康收买了采掘权。

山头堡山采石场

位置：铁岭县山头堡　石种及石量　略

权利关系：大正十年三月会社由永田平介收买了采掘权及运石线用地权。

珠子山采石场

位置：沈阳县南二乡子营子村　石种、石量　原空

权利关系：大正十三年一月，由吉川康收买了采掘权。

东盘龙山采石场

位置：大石桥东　略　石种、石量　略

权利关系：东山南部硅石部分由兴业部购入，大正十五年八月移交铁道部管辖。

小红嘴河采砂场

位置：四平街火车站北　略　品质及数量　略

权利关系：属桥本房吉占有

得利寺采石场

位置：属复县，得利寺火车站一英里

石种：硅石　石量　原空

权利关系：山下正美？

　　　　　赵俊川？（得利寺矿务公司）[①]

[①] "山下正美?""赵俊川?"其"?"为原档所有。

山头堡川采石场

位置：铁岭县山头堡　略

石质：淡青硬岩　石量　原档空

权利关系：永田平介

刘通土屯采石场

位置：沈阳县李石寨、瓢儿屯间　略

石质、石量　略

权利关系：平尾关太郎因砂砾残存量少，正在请求地主同意开采其邻接地，但官宪绝对不准，因此交涉出于停顿状态。本产地涉及抚顺线及奉天、辽阳附近一带。作为唯一产地，尤为重要，有必要获得附近一带采掘权利。

泉头山采石场

位置、石种及石量　略

权利关系：鬼武律藏承包采掘。

东鞍山采石场

位置：辽阳县旧堡　石种、石量　原档空

权利关系：昭和二年一月，三浦源七根据每三年需要更新合同之新条约，与村内有力者签约。昭和五年三月续租手续结束，至本年四月，中国官宪根据新条约提醒申请方注意，因此，着手办理手续等，本年七月四日中止采掘。

唐王山采石场

位置：属海城县，唐王山信号所后山

石种：硅石。石量　原档空

权利关系：尚厚温

许家屯采石场

位置、石种及石量　略

权利关系：多田组　昭和六年一月正式以当地有势力者原秀山名义获得许可。

石桥子采石场

位置、石种及石量　略

权利关系：吉川组上田吉松与地主邢富江签订合同正式开采。
万家岭采石场（刘家沟、唐家沟、庙沟之总称）
位置、石种及石量　略
权利关系：刘家沟吉田连、唐家沟多田、庙沟多田
宜列入满铁未来计划的矿山及矿区权利
（6）煤炭
蛟河煤田
位置、品质及埋藏量　略
权利关系：衫松街煤矿　　上钟霖
　　　　　奶子山煤矿　　高启明
　　　　　兰泥沟煤矿　　王树霖

满铁为获取未开掘的五个矿区约五百万坪的日中合办权利，对日方人员资助数万日元。

处理：大部分区域尚未开发，因而不能判断其价值。今后获取日、中合办权后，随着调查进展，应由合办机构进行开发。

北票煤矿
位置、质量及埋藏量　略
权利关系：称北票煤矿公司，表面为官商合办，但实际上是以交通部为主，农矿部给予援助。东北政权不加干预。
处理：使葫芦岛腹地成为有希望的煤田，或将抚顺煤田造成威胁，然东北政权似与此无关。如今立即处理，应有所顾忌。

火石岭子煤矿
位置、品质及埋藏量　略
权利关系：裕东公司、裕吉公司、裕华公司
处理：是吉林沿线有希望的煤矿，刻下正打入北满市场，排挤抚顺煤炭的销路，因之有实行日中合办之必要。

缸窑煤矿
位置、品质及埋藏量　略
权利关系：共益公司　　峰旗良允
　　　　　天仓公司　　阎廷瑞

宏升公司	张文远
东盛公司	何润田
德顺公司	陈少堂
广泰成公司	刘文田
大石顶子	高千清
	李　财
半截河子	杜槽云
小口前	不　明

处理：该煤田为"二十一条"所规定之九矿山之一，埋藏量丰富，且系煤质褐煤，因此将来视其利用情况而决定之，若具重要作用，则中国人所有矿区或所余矿区由日中合办经营。

鹤立岗煤矿

位置、品质、埋藏量　略

权利关系：官商合办鹤立岗煤矿公司。

处理：系北满有望煤矿，可成为与抚顺煤炭争衡的煤田，将来可作为日中合办事业。

二、龙索口煤矿

位置、质量、埋藏量　略

权利关系：在兴安屯垦管辖下，属英俄人关系，有试掘之情报，系逼近洮南腹地唯一新兴煤矿，将来似颇有前途。

处理：暖池塘矿坑，是日中"二十一条"规定的九矿山之一，但暖池塘（地名）本身并不存在煤层，该矿所在，据测在条约的解释上有相当的困难。根据中、日二十一条，应确保日、中合办权。

油田

位置、品质、埋藏量　略

权利关系：油田开发事业的合办权宜由满铁社外日本人获取的主要矿山及矿区权利。

本溪煤矿的扩张区域

位置、品质、埋藏量　略

权利关系：日中合办本溪湖煤铁有限公司。

处理：进一步确定日中合办权，或没收中国方面的权利。且，现今有必要扩张矿区。即矿区的南界、自宫原、以鲍家凹子附近为扩张区，其南至林家崴子及团山子，该扩张区南北约4公里，东西约5公里。

弓长岭铁矿

位置、品质、埋藏量　略

权利关系：属日、中官商合办弓长岭铁矿公司所有。日本人方面饭田延太郎，满铁对本公司从保存矿区的意义上交付资助金。

处理：必须确保以往的日中官商合办合同。

青城子铅矿

位置、品质、埋藏量　略

权利关系：日中合办中日矿业公司（日本方面属久原关系）。

处理：确保以往的日中合办权。

天宝山铜矿

位置、品质、埋藏量　略

权利关系：代表者

　　　　　日本方面　　饭田延太郎

　　　　　中国方面　　刘绍文

处理：确保日中合办权

老头沟煤矿

位置、品质、埋藏量　略

权利关系：中日合办

处理：系间岛附近有望煤矿，当吉会线全线通车之际，在燃料供给上将发挥重要作用。

（计划部80）

参考文献

一 专著

(一) 中文

步平、辛培林:《残害劳工》,黑龙江人民出版社 2000 年版。

陈觉:《东北路矿森林问题》,商务印书馆 1933 年版。

蔡雅正等:《中日贸易统计》,中华书局 1933 年版。

陈真:《中国近代工业史资料》,生活·读书·新知三联书店 1961 年版。

陈重民:《今世中国贸易通志》,商务印书馆 1924 年版。

陈本善:《日本侵略中国东北史》,吉林大学出版社 1989 年版。

蔡谦:《近二十年来之中日贸易及其主要商品》,商务印书馆 1936 年版。

常城、崔丕:《世界列强与东北》,中国大百科全书出版社 1995 年版。

陈丰祥:《近代日本的大陆政策》,金禾出版社 1992 年版。

东北文化社年鉴编印处:《东北年鉴》,东北文化社 1931 年版。

丹东市史志办公室:《清末至解放初期的丹东工业史料(1910—1950)》,内部刊物 1986 年版。

杜恂诚:《日本在旧中国的投资》,上海社会科学院出版社 1986 年版。

丁名楠等:《帝国主义侵华史》,人民出版社 1961 年版。

杜君:《中国近现代史基本问题研究》,吉林大学出版社 2010 年版。

抚顺市政协文史资料委员会、抚顺矿业集团有限责任公司：《抚顺煤矿百年（1901—2001）》，辽宁人民出版社 2004 年版。

顾明义、张德良、杨洪范、赵春阳：《日本侵占旅大四十年史》，辽宁人民出版社 1991 年版。

关捷：《日本侵华政策与机构》，社会科学文献出版社 2006 年版。

侯厚培、吴觉农：《日本帝国主义对华经济侵略》，黎明书局 1931 年版。

何炳贤：《中国的国际贸易》，商务印书馆 1939 年版。

胡荣铨：《中国煤矿》，商务印书馆 1935 年版。

姜念东、伊文成、解学诗、吕元明、张辅麟：《伪满洲国史》，吉林人民出版社 1980 年版。

纪辛：《矿业史话》，社会科学文献出版社 2000 年版。

孔经纬：《中国经济史略》，吉林人民出版社 1958 年版。

孔经纬、朱显平：《帝俄对哈尔滨一带的经济掠夺》，黑龙江人民出版社 1986 年版。

孔经纬：《清代东北地区经济史》，黑龙江人民出版社 1990 年版。

孔经纬：《新编中国东北地区经济史》，吉林教育出版社 1994 年版。

林庆元、杨齐福：《"大东亚共荣圈"源流》，社会科学文献出版社 2006 年版。

刘惠吾、刘学照：《日本帝国主义侵华史略》，华东师范大学出版社 1984 年版。

李季：《2000 年中日关系发展史》，学用社 1937 年版。

李树田：《吉林新志》，吉林文史出版社 1991 年版。

刘培华、程道德、饶戈平：《帝国主义侵华简史》，黄山书社 1985 年版。

凌耀伦、熊甫等：《中国近代经济史》，重庆出版社 1998 年版。

陆仰渊、方庆秋：《民国社会经济史》，中国经济出版社 1991 年版。

吕振涛、刘国华：《伪满科技史料辑览》，黑龙江科学技术出版社 1988 年版。

马尚斌：《奉系经济》，辽海出版社 2000 年版。

马韵珂:《中国矿业史略》,开明书店1932年版。

溥仪:《我的前半生》,群众出版社2007年版。

潘喜廷等:《红色的矿山——本溪煤矿史话》,辽宁人民出版社1962年版。

全国矿冶地质联合展览会:《全国矿业要览》,全国矿冶地质联合展览会1936年版。

瞿林祥:《黄金王国的兴衰——韩边外祖孙四代纪实》,吉林摄影出版社1997年版。

孙邦:《经济掠夺》,吉林人民出版社1993年版。

苏崇民:《满铁史》,中华书局1990年版。

苏崇民、李作权、姜璧洁:《劳工的血与泪》,中国大百科全书出版社1995年版。

宋斐如:《日本铁蹄下的东北》,战时读物编译社1938年版。

史丁:《日本关东军侵华罪恶史》,社会科学文献出版社2005年版。

施良:《东北的矿业》,东方书店1946年版。

孙健:《中国经济通史》,中国人民大学出版社1999年版。

孙敬之:《中国经济地理概论》,商务印书馆1983年版。

守屋典郎:《日本经济史》,周锡卿译,生活·读书·新知三联书店1963年版。

汤尔和著,哈尔滨满铁事务所编:《北满概观》,商务印书馆1937年版。

佟冬:《中国东北史》,吉林文史出版社1998年版。

屠哲隐:《日本在南满》,南京书店1932年版。

樋口弘:《日本对华投资》,北京编译社译,商务印书馆1959年版。

王渤光:《抚顺人民抗日斗争四十年史》,辽宁人民出版社1992年版。

王魁喜:《近代东北史》,黑龙江人民出版社1984年版。

王勇:《中日关系史考》,中央编译出版社1995年版。

王芸生:《六十年来中国与日本》,生活·读书·新知三联书店1982年版。

王继栋：《抚顺西露天矿大事记》，抚顺西露天矿内部印刷 1989 年版。

王承礼：《中国东北沦陷十四年史纲要》，中国大百科全书出版社 1991 年版。

王成敬：《东北之经济资源》，商务印书馆 1947 年版。

万峰：《日本近代史》，中国社会科学出版社 1978 年版。

万峰：《日本资本主义史研究》，湖南人民出版社 1984 年版。

汪敬虞：《十九世纪西方资本主义对中国的经济侵略》，人民出版社 1983 年版。

汪敬虞：《中国近代经济史（1895—1928）》，人民出版社 2000 年版。

伍启元：《中日战争与中国经济》，商务印书馆 1940 年版。

吴承明：《帝国主义在旧中国的投资》，人民出版社 1956 年版。

吴廷璆：《日本史》，南开大学出版社 1994 年版。

徐世昌等著，李树田等点校：《东三省政略》，吉林文史出版社 1989 年版。

解学诗：《隔世遗思——评"满铁"调查部》，人民出版社 2003 年版。

解学诗：《伪满洲国史新编》，人民出版社 2008 年版。

薛子奇、刘淑梅、李延龄：《近代日本"满蒙政策"演变史》，吉林人民出版社 2001 年版。

徐梗生：《中外合办煤铁矿业史话》，商务印书馆 1947 年版。

徐嗣同：《东北的产业》，中华书局 1932 年版。

依田憙家：《日本帝国主义和中国（1868—1945）》，卞立强、陈生保、任情玉译，北京大学出版社 1989 年版。

詹自佑：《东北的资源》，东方书店 1946 年版。

张声振、郭洪茂：《中日关系史》，社会科学文献出版社 2006 年版。

张念之：《东北的贸易》，东方书店 1948 年版。

张辅麟：《伪满末日》，吉林教育出版社 1993 年版。

中央档案馆、中国第二历史档案馆、吉林省社会科学院：《伪满傀儡政权》，中华书局 1994 年版。

中国中日关系史研究会：《日本的中国移民》，生活·读书·新知三联书店1987年版。

张伯英：《黑龙江志稿》，黑龙江人民出版社1992年版。

张雁深：《日本利用所谓"合办事业"侵华的历史》，生活·读书·新知三联书店1958年版。

章鸿钊：《中国地质学发展小史》，商务印书馆1955年版。

朱楔：《日本侵略满蒙之研究》，商务印书馆1930年版。

张洪祥：《近代日本在中国的殖民统治》，天津人民出版社1996年版。

周开庆：《民国经济史》，台湾华文书局1967年版。

张福全：《辽宁近代经济史（1840—1949）》，中国财政经济出版社1989年版。

中央档案馆：《伪满洲国的统治与内幕——伪满官员供述》，中华书局2000年版。

中国社会科学院近代史研究所：《日本侵华七十年史》，中国社会科学出版社1992年版。

郑梁生：《中日关系史》，五南图书出版公司2001年版。

［俄］B.阿瓦林：《帝国主义在满洲》，北京对外贸易学院俄语教研室译，商务印书馆1980年版。

［日］吉田茂：《十年回忆：第3卷》，韩润棠等译，世界知识出版社1965年版。

［日］吉泽清次郎主编：《战后日本同亚洲各国的关系》，上海外国语学院日语专业工农兵学员集体翻译，上海人民出版社1976年版。

［日］江口圭一：《日本帝国主义史研究：以侵华战争为中心》，周启乾、刘锦明译，世界知识出版社2002年版。

［日］井上清：《日本帝国主义的形成》，宿久高、林少华、刘小冷译，孙连璧校，人民出版社1984年版。

［日］铃木隆史：《日本帝国主义对中国东北的侵略》，吉林省伪皇宫陈列馆译，吉林教育出版社1996年版。

［日］铃木隆史：《日本帝国主义与满洲》，周启乾译，金禾出版社

1998年版。

［日］罗曼诺夫:《帝俄侵略满洲史》,民耿译,台湾学生书局1981年版。

［日］浅田桥二、小林英夫:《日本帝国主义对中国东北的统治——以十五年战争时期为中心》,吉林编写组译,东北沦陷十四年史吉林编写组内部资料1933年版。

［日］若槻泰雄:《日本的战争责任》,赵自瑞等译,社会科学文献出版社1999年版。

［日］五百旗头真:《新版战后日本外交史》,吴万虹译,世界知识出版社2007年版。

（二）外文

C. F. Remer, *Foreign Investment In China*, New York: The Macmillan Co., 1933.

［日］阿部武志:《満洲の探検と鉱業の歴史》,東京:學藝社興亞書院1939年版。

［日］阿部勇:《満蒙の石炭と我国燃料問題》,中日文化協会1930年版。

［日］北條太洋:《熱河》,新光社1933年版。

［日］参謀本部:《満蒙資源要覧》,兵用図書株式會社1932年版。

［日］關口壽一:《満洲經濟十年史》,興亜印刷株式會社1942年版。

［日］関東都督府民政部:《満蒙經濟要覧》,1917年版。

［日］江上照彦:《満鉄王国興亡の四十年》,东京:サンケイ出版1980年版。

［日］瀬沼三郎:《満洲国現勢》,新京:満洲國通信社1939年版。

［英］罗素:《中国问题》,学林出版社1996年版。

［日］笠木良明:《极东の矿产业》,東京:丰盛堂印刷所1928年版。

［日］満鐵总裁室监理課:《事变後设立セラレタル満鐵关系会社概要》,1937年版。

［日］门仓三能:《北支铁矿·硫磺矿资源》,丸善株式會社1941年版。

［日］马場明：《日露戦争後の満州問題》，东京：原书房2003年版。
［日］滿洲國史編纂刊行会：《滿洲國史（各論）》，第一法規出版株式會社1971年版。
［日］滿洲帝國政府：《滿洲建國十年史》，东京：原書房1969年版。
［日］滿鐵經濟調查會：《滿洲產業統計（1931—1932）》，1933年版。
［日］満史会著：《満洲开発四十年史》，満洲开発四十年史刊行会1965年版。
［日］《南满洲ニ於ケル帝国ノ矿业权》，满洲日日新闻社印刷所1914年版。
［日］南滿洲鐵道株式会社：《南滿洲鐵道株式会社第三次十年史》，1938年版。
［日］桥本寿郎：《大恐慌期の日本资本主义》，東京大學出版會1984年版。
［日］三上安美：《满蒙に於ける日本の投资状态》，东亚印刷株式会社1928年版。
［日］石關信助：《滿洲資源產業視察便覽》，东京：滿鐵東京支社鐵道課1937年版。
［日］上田恭辅：《露西亚时代の大連》，1918年版。
［日］上加世田成法等：《满洲ノ矿业》，经济调查会第一部1933年版。
［日］田中作：《吉林省の矿产》，东亚印刷株式会社1922年版。
［日］小林龍夫、島田俊彦：《现代史资料・満洲事变（7）》，東京：みすず書房1964年版。
［日］西村成雄：《中国近代東北地域史研究》，京都：法律文化社1984年版。
［日］佐田弘治郎：《南满铁道株式会社二十年史》，满洲日日新闻社印刷所1928年版。
［日］佐田弘治郎：《南满铁道株式会社十年史》，满洲日日新闻社印刷所1919年版。

二 档案资料

保田宗治郎：《南满洲ニ於ケル帝国ノ矿业权》，满铁矿业部矿务课，1914 年，吉林省社会科学院满铁资料馆藏，资料号：14448。

本溪湖煤铁有限公司：《经常费决算书（昭和 6 年度）》，1931 年，吉林省社会科学院满铁资料馆藏，资料号：14567。

《北支矿业一般调查资料》，满铁调查部，1937 年，吉林省社会科学院满铁资料馆藏，资料号：17146。

池田早苗：《锦州省锦西县及兴城县满俺矿产地调查报告》，满铁产业部矿业课第一采矿系，1937 年，吉林省社会科学院满铁资料馆藏，资料号：14478。

池田早苗、池田活夫：《吉林省磐石县烟筒山附近黑铅矿产地调查报告》，满铁产业部矿业课第一采矿系，1937 年，吉林省社会科学院满铁资料馆藏，资料号：14479。

柴部一之：《日本内地ニ於ケル抚顺炭及本邦炭ニ关スル调查》，满铁临时经济调查委员会，1930 年，吉林省社会科学院满铁资料馆藏，资料号：14708。

《东部内蒙古矿产调查复命书》，关东都督府民政部庶务课，1916 年，吉林省社会科学院满铁资料馆藏，资料号：14452。

《抚顺烟台两炭坑ニ关スル细则会议报告书》，1911 年，吉林省社会科学院满铁资料馆藏，资料号：14716。

关东长官官房文书课：《关东厅第十八统计书（大正 12 年）》，1924 年，吉林省社会科学院满铁资料馆藏，资料号：19946。

关东都督府：《满洲产业调查资料（矿产）》，1906 年，吉林省社会科学院满铁资料馆藏，资料号：14449。

关东都督府民政部庶务课：《南满洲矿产调查复命书（第一）奉天、吉林街道两侧地带》，1917 年，吉林省社会科学院满铁资料馆藏，资料号：14450。

古田传一：《鞍山制铁所事业概观》，满铁鞍山制铁所庶务课，1930

年，吉林省社会科学院满铁资料馆藏，资料号：14573。

弓场盛吉：《北满洲の燃料问题》，满铁哈尔滨事务所调查课，1925年，吉林省社会科学院满铁资料馆藏，资料号：14791。

九里正藏：《菱苦土矿ニ关スル调查》，满铁营口驿货物取扱所，1931年，吉林省社会科学院满铁资料馆藏，资料号：14475。

吉沢甫：《北支矿山调查报告（第四队）》，满铁产业部矿业课矿产调查系，1938年，吉林省社会科学院满铁资料馆藏，资料号：14445。

九里正藏：《滑石ニ关スル调查》，满铁营口驿货物取扱所，1931年，吉林省社会科学院满铁资料馆藏，资料号：14474。

菊田直次：《满洲に於ける外人经济势力状况》，满铁庶务部调查课，1924年，吉林省社会科学院满铁资料馆藏，资料号：17670。

《近代中国大事年表（1840—1941）》，吉林省社会科学院满铁资料馆藏，资料号：19561。

久保山雄三：《石炭大观》，公论社，1942年，吉林省社会科学院满铁资料馆藏，资料号：14628。

林廼信、古藤顺次郎：《奉天省清原县清原附近铜矿调查报告》，满铁调查局矿床地质调查室，1934年，吉林省社会科学院满铁资料馆藏，资料号：14472。

满铁抚顺炭矿：《抚顺炭矿概要》，1914年，吉林省社会科学院满铁资料馆藏，资料号：14710。

《满铁矿床地质研究汇报（第1号）附录》，满铁调查局，1944年，吉林省社会科学院满铁资料馆藏，资料号：16789。

《满洲矿业开发株式会社设立方策》，满铁经济调查会，1936年，吉林省社会科学院满铁资料馆藏，资料号：17065。

《满洲国防资源调查第四班（石炭）报告》，满铁经济调查会，1936年，吉林省社会科学院满铁资料馆藏，资料号：13081。

《满洲国防资源调查第五班（铅、银、亚铅矿）报告》，满铁经济调查会，1936年，吉林省社会科学院满铁资料馆藏，资料号：13082。

《满洲国防资源调查第六班（杂矿物）报告》，满铁经济调查会，1936年，吉林省社会科学院满铁资料馆藏，资料号：13083。

满铁经济调查委员会：《火石岭矿调查报告》，1928 年，吉林省社会科学院满铁资料馆藏，资料号：24141。

满铁调查部：《南满铁道株式会社第十回营业报告书》，1911 年，吉林省社会科学院满铁资料馆藏，资料号：10039。

满铁社员消费组合本部：《满铁社员消费组合十年史》，1929 年，吉林省社会科学院满铁资料馆藏，资料号：10124。

满铁地质调查所：《南满洲矿产地及矿产统计一览》，1929 年，吉林省社会科学院满铁资料馆藏，资料号：14457。

满铁地质调查所：《满洲、蒙古、西比利亚、支那矿产物分析表》，1924 年，吉林省社会科学院满铁资料馆藏，资料号：14467。

《满洲矿产资源调查联合会委员会议事录》，满铁产业部矿业课计画系，1937 年，吉林省社会科学院满铁资料馆藏，资料号：14454。

《满洲重要炭矿调查报告》，满铁调查部第四调查室，1940 年，吉林省社会科学院满铁资料馆藏，资料号：14654。

《南满洲铁道株式会社事业成绩》，1912 年，吉林省社会科学院满铁资料馆藏，资料号：20066。

《南满洲铁道株式会社三十年略史》，满洲日日新闻社印刷所，1937 年，吉林省社会科学院满铁资料馆藏，资料号：10234。

《日本矿山总览》，日本书房，1940 年，吉林省社会科学院满铁资料馆藏，资料号：24140。

商事系：《各国の对支投资机关》，满铁庶务部调查课，1929 年，吉林省社会科学院满铁资料馆藏，资料号：17813。

《舒兰炭矿调查》，满铁抚顺炭矿总务局庶务课调查系，1941 年，吉林省社会科学院满铁资料馆藏，资料号：22323。

《世界矿产统计（1925—1940）》，东亚研究所，1942 年，吉林省社会科学院满铁资料馆藏，资料号：24143。

松岛荣美雄：《菱苦土矿工业调书》，地方部商工课，1936 年，吉林省社会科学院满铁资料馆藏，资料号：14453。

トルガシエフ著，军司义男译：《北满之石炭（1928 年）》，哈尔滨事务所庶务课，1928 年，吉林省社会科学院满铁资料馆藏，资料号：14662。

王恒升、侯德封：《辽宁省葫芦岛附近锦西锦县一带地质矿产》，实业部地质调查所、国立北平研究院地质学研究所，1931年，吉林省社会科学院满铁资料馆藏，资料号：14473。

虞和寅：《抚顺煤矿报告》，农商部矿政司，1926年，吉林省社会科学院满铁资料馆藏，资料号：14706。

虞和寅：《东北矿产物之分布》，东北矿业记手稿，1928年，吉林省社会科学院满铁资料馆藏，资料号：23594。

虞和寅：《吉林火石岭子裕东煤矿（第8帙）》，东北矿业记手稿，1928年，吉林省社会科学院满铁资料馆藏，资料号：22254。

虞和寅：《奉天本溪湖煤矿调查报告书》，矿业报告手稿，1928年，吉林省社会科学院满铁资料馆藏，资料号：22260。

《支那地质调查报告类集（第3卷）》，台湾总督官房调查课，1927年，吉林省社会科学院满铁资料馆藏，资料号：16757。

《杂矿物调查资料》，满铁调查部，1937年，吉林省社会科学院满铁资料馆藏，资料号：17165。

《自大正三年度至大正十三年度石炭贩卖高累年比较表》，满铁兴业部贩卖课，吉林省社会科学院满铁资料馆藏，资料号：20374。

中外产业调查会：《全国工场矿业总览》，1931年，吉林省社会科学院满铁资料馆藏，资料号：23587。

福富八郎：《满洲年鉴》，满洲日日新闻社大连支店1939年版，东北师范大学图书馆东北文献中心馆藏，资料号：4-051/002。

《抚顺炭坑》，东京印刷株式会社大连出张所1910年版，东北师范大学图书馆东北文献中心馆藏，资料号：557/005。

黄著勋：《中国矿产》，1930年，东北师范大学图书馆东北文献中心馆藏，资料号：Y-458.9/004。

《满洲国防资源调查第一班（铁矿）报告书》，南满洲铁道株式会社经济调查会，1936年，东北师范大学图书馆东北文献中心馆藏，资料号：4-226.6/008。

《满洲贸易详细统计》，台北：文海出版社1927年版，东北师范大学图书馆特藏馆藏，资料号：K250.6。

《南方统计要览》，东京：东亚研究所，1942年，东北师范大学图书馆特藏馆藏，资料号：4-045/003。

彭琪瑞等著：《中国粘土矿物研究》，1963年，东北师范大学图书馆东北文献中心馆藏，资料号：Y-458.8/031。

《铁矿》，1978年，东北师范大学图书馆东北文献中心馆藏，资料号：P62/003。

总统府统计局编：《第二十三回日本统计年鉴》，东京：日本统计协会每日新闻社，1972年，东北师范大学图书馆特藏馆藏，资料号：046/014。

《昭和六年满洲产业统计》，满铁经济调查会，1933年，东北师范大学图书馆东北文献中心馆藏，资料号：605/001。

《资本主义国家的矿物原料资源》，1956年，东北师范大学图书馆东北文献中心馆藏，资料号：458.9/007。

《抚顺セールセメント會社設立計畫》，東京：アジア歴史資料センター：レファレンスコード，日本國立公文書館藏，资料号：B02031467800。

《関東州金属類回収令ヲ定ム（昭和18年12月09日）》，東京：アジア歴史資料センター：レファレンスコード，日本國立公文書館藏，资料号：A03010140200。

関東局文書課編：《関東局施政三十年業績調査資料》，1937年，東京：アジア歴史資料センター：レファレンスコード，日本國立公文書館藏，资料号：A06033515600。

《関東州重要産業統制令（昭和12年8月26日）》，東京：アジア歴史資料センター：レファレンスコード，日本國立公文書館藏，资料号：A03022125200。

国務院总務廳情報處：《満洲帝国概覧》，1934年，東京：アジア歴史資料センター：レファレンスコード，日本國立公文書館藏，资料号：A06033528300。

經濟部工務司：《満洲国工場統計（康德七年）》，東京：アジア歴史資料センター：レファレンスコード，日本國立公文書館藏，资料号：A06033532100。

經濟部工務司：《滿洲国工場名簿（康德七年）》，東京：アジア歴史資料センタ－：レファレンスコ－ド，日本國立公文書館藏，資料号：A06033531900。

《滿洲產業開發5年計画綱要》，東京：アジア歴史資料センタ－：レファレンスコ－ド，日本國立公文書館藏，資料号：A09050546900。

《〈滿州國經濟建設要綱〉（滿州國政府公布）》，東京：アジア歴史資料センタ－：レファレンスコ－ド，日本國立公文書館藏，資料号：B02030713200。

《戰力增強と金属回收（情報局編辑：〈周報〉第359号）》，東京：アジア歴史資料センタ－：レファレンスコ－ド，日本國立公文書館藏，資料号：A06031052100。

三 报刊及资料汇编

褚德新、梁德：《中外约章汇要（1689—1949）》，黑龙江人民出版社1991年版。

东北物资调节委员会：《东北经济小丛书》，北平：京华印书局1948年版。

《东北经济统计月报（物价篇）》，国民政府东北行辕经济委员会经济调查研究处1946年版。

东北财经委员会调查统计处：《伪满时期东北经济统计（1931—1945）（东北经济参考资料二）》，1949年版。

关捷、谭汝谦、李家巍：《中日关系全书》，辽海出版社1999年版。

革命实践研究院图书资料室：《对日和约》，台北：天一出版社1980年版。

吉林省档案馆：《清代吉林档案史料选编》，内部发行，1985年版。

吉林省社会科学院：《满铁史资料》，中华书局1979年版。

辽宁省统计局：《辽宁工业百年史料》，辽宁省统计局印刷厂2003年版。

参考文献

辽宁省档案馆:《"九·一八"事变档案史料精编》,辽宁人民出版社1991年版。

辽宁省档案馆:《"九·一八"事变前后的日本与中国东北——满铁秘档选编》,辽宁人民出版社1991年版。

雷殷:《中东路问题》,台北:文海出版社1988年版。

辽宁省档案馆:《满铁的设立——满铁档案选编》,辽海出版社1998年版。

李茂杰:《伪满洲国政府公报全编》,线装书局2009年版。

满洲国经济部:《满洲国外国贸易统计年报(1932)》,台北:文海出版社1993年版。

满铁调查课:《满洲贸易详细统计》,台北:文海出版社1988年版。

南满铁道株式会社:《支那矿产时报》,南满铁道株式会社地址调查所昭和年间版。

南满铁道株式会社:《满铁资料汇报》,南满铁道株式会社昭和年间版。

彭泽益:《中国近代工业史资料·第四卷(1840—1949)》,中华书局1962年版。

《清代民国吉林档案史料选编·涉外经济贸易》,吉林文史出版社1995年版。

商务印书馆:《东方杂志》,1905年第2卷第1期—1931年第28卷第24期。

《盛京时报》,1906年10月—1931年12月。

苏崇民:《满铁档案资料汇编·第十卷(工商矿业统制与掠夺)》,社会科学文献出版社2011年版。

世界知识出版社:《日本问题文件汇编》,世界知识出版社1955年版。

外务省:《日本外交年表主要文书》,东京:原书房1976年版。

汪敬虞:《中国近代工业史资料》,科学出版社1957年版。

武汉大学经济学系编:《旧中国汉冶萍公司与日本关系史料选辑》,上海人民出版社1985年版。

严中平：《中国近代经济史统计资料选辑》，科学出版社1955年版。
中东铁路管理局：《远东报摘编》，1910年7月21日—1921年2月27日。
中国银行总管理处：《东三省经济调查录》，中国银行总管理处1919年版。
"中央研究院"近代史研究所编：《中国近代史资料汇编·中日关系史料·路况交涉（中华民国元年至五年）》，"中央研究院"近代史研究所1976年版。
中央档案馆、中国第二历史档案馆、吉林省社会科学院合编：《日本帝国主义侵华档案资料选编·东北经济掠夺》，中华书局1991年版。
中日条约研究会：《中日条约全辑》，1932年版。

四　地方志书

《鞍山市志·鞍钢卷》，沈阳出版社1997年版。
鞍钢史志编纂委员会：《鞍钢志（1916—1985）》，人民出版社1991年版。
《本溪市志》，大连出版社1998年版。
杜景琴主编：《抚顺县志》，辽宁人民出版社1995年版。
《抚顺市志·工业卷》，辽宁民族出版社2003年版。
高士心主编：《通化市志》，中国城市出版社1996年版。
《黑龙江省志·地质矿产志》，黑龙江人民出版社1994年版。
《黑龙江省志·总述》，黑龙江人民出版社1999年版。
《吉林省志 重工业志·煤炭》，吉林人民出版社1993年版。
《辽河志》，吉林人民出版社2004年版。
《辽宁省志·煤炭工业志》，辽宁民族出版社1999年版。
王树才主编：《漠河县志》，中国大百科全书出版社1993年版。
杨守文主编：《长春市志·煤炭工业志》，吉林文史出版社1993年版。
《营口市志》，中国书籍出版社1992年版。

五　论文资料

（一）期刊论文

安生：《满铁"附属地"与日本帝国主义的经济侵略》，《现代日本经济》1990 年第 2 期。

安成日：《略论日本帝国主义在我国东北的"经济开发"》，《东北亚论坛》1995 年第 3 期。

陈勇勤：《〈"满洲国"的终结〉披露的日本"开发满洲产业"》，《长白学刊》2007 年第 2 期。

陈景彦：《论一战至"九·一八"前日本对中国的经济侵略及其特征》，《日本研究》1994 年第 2 期。

崔艳明：《满铁调查与日本侵华战争》，《民国档案》1998 年第 1 期。

陈崇凯：《论帝国主义对近代中国经济的掠夺》，《河北学刊》1990 年第 4 期。

丁晨曦：《日本侵华的重要工具——南满洲铁道株式会社》，《大连教育学院学报》1996 年第 2 期。

杜恂诚：《日本在旧中国投资的几个特点》，《学术月刊》1984 年第 7 期。

杜恂诚：《旧中国的中日合办企业》，《学术月刊》1982 年第 7 期。

丁长清：《从开滦看旧中国煤矿业中的竞争和垄断》，《近代史研究》1987 年第 2 期。

董长芝：《日本帝国主义对东北工矿业的掠夺及其后果》，《中国经济史研究》1995 年第 4 期。

杜艳华：《试析日本长期侵华的经济原因》，《史学集刊》2000 年第 2 期。

傅笑枫：《清末日本在中国东北的工矿业投资》，《现代日本经济》1989 年第 10 期。

高秀清：《"九·一八"后日本对中国东北经济侵略论析》，《社会科学战线》1993 年第 5 期。

高成龙、高乐才：《论日本民族在伪满洲国的地位》，《清华大学学报》2011 年第 3 期。

高乐才：《日本帝国主义对吉长铁路的攫取与侵华战略》，《东北师范大学学报》1989 年第 5 期。

郭念唐、杨文瑞、康士力、孙毅：《帝国主义对中国的经济侵略》，《河北师范大学学报》1985 年第 8 期。

《黑龙江省之金矿业》，《东省经济月刊》1927 年第 4 期。

霍有光：《中国近代银铅矿开发概貌》，《西安地质科学》1994 年第 1 期。

霍有光：《外国势力进入中国近代地质矿产领域及影响》，《中国科技史料》1994 年第 4 期。

何均：《帝国主义在旧中国的资本积累》，《近代史研究》1985 年第 4 期。

侯文强：《张作霖、张学良与东北铁路建设》，《南京政治学院学报》2003 年第 3 期。

井上清：《九·一八事变前后日本对中国东北的侵略》，《历史教学》1956 年第 12 期。

姜茂发、吴伟、李兆友：《"满铁"在华时期经济掠夺问题新探》，《黑龙江社会科学》2010 年第 6 期。

季秀石：《日本对我国东北经济侵略和掠夺政策的变迁及其实施》，《史林》1986 年第 2 期。

荆蕙兰、李浩：《南满铁道株式会社与大连城市港口经济的拓展》，《历史教学》2010 年第 16 期。

焦润明：《日本自近代以来对东北资源与财富的掠夺》，《辽宁大学学报》2005 年第 9 期。

孔经纬：《论东北经济史在中国经济史中的地位》，《吉林大学社会科学学报》1985 年第 4 期。

吕明军、韩雁来：《论近代东北的对外贸易及影响》，《辽宁大学学报》（哲学社会科学版）1991 年第 1 期。

娄向哲：《民初中国东北对日贸易述论》，《南开经济研究》1992 年第

4 期。

娄向哲：《贸易条件与民国初年中日贸易》，《南开经济研究》1993 年第 3 期。

娄向哲：《论近代中日贸易对日本经济发展之影响》，《历史教学》1995 年第 12 期。

娄向哲：《近代中国对外经济关系简论》，《南开学报》1996 年第 2 期。

李海涛：《近代中国第一次全国铁矿调查活动初探》，《中国矿业大学学报》2011 年第 3 期。

吕秀一、聂奎全：《日俄战争后的日本〈帝国国防方针〉与中国东北》，《延边大学学报》2012 年第 2 期。

刘万东：《1905—1945 年日本侵略者对我国东北煤炭资源的掠夺》，《辽宁大学学报》1987 年第 6 期。

卢征良：《近代日本煤在中国市场倾销及其对国煤生产的影响》，《中国矿业大学学报》2010 年第 6 期。

李国平：《战前东北地区工矿业开发与结构变化研究》，《中国经济史研究》1998 年第 4 期。

刘芳：《浅谈"满铁"资料的价值与利用》，《图书馆学研究》2004 年第 4 期。

梁华：《近代外国在华直接投资结构分析》，《西北师大学报》（社会科学版）2008 年第 5 期。

曲从规：《漠河金矿与李金镛》，《中国社会经济史研究》1983 年第 12 期。

苏崇民：《关于 1907—1931 年"满铁"利润问题的探讨》，《现代日本经济》1987 年第 2 期。

苏崇民：《满铁——侵略、掠夺中国东北的机构》，《现代日本经济》1991 年第 2 期。

苏崇民：《满铁设立是日本经略中国大陆的重要开端》，《东北亚论坛》1998 年第 4 期。

孙玉玲：《"九·一八"前日本帝国主义对东北的资本输出》，《社会科学辑刊》1988 年第 2 期。

孙玉玲：《"满铁"资料的整理与研究》，《农业图书情报学刊》2000 年第 5 期。

山本条太郎：《满铁会社经营之基础》，《东方杂志》1928 年第 12 期。

孙石月、宋守鹏：《甲午战争对日本在华投资的影响》，《山西师大学报》1989 年第 1 期。

史桂芳：《近代日本的亚洲观及其对中国的侵略》，《长白学刊》2002 年第 5 期。

苏全有、荆菁：《对近代中国煤矿史研究的回顾与反思》，《河南理工大学学报》2011 年第 1 期。

宋燕：《日俄战后至"九·一八"事变前日本对中国东北的经济侵略及后果》，《东北亚论坛》2003 年第 9 期。

松村高夫：《15 年戦争期にぉける撫順炭鉱の労働史》，《三田学会雑誌》2000 年第 7 期。

佟静、赵一虹：《略述日本帝国主义对东北工矿业的掠夺》，《辽宁师范大学学报》1998 年第 5 期。

王晶、牛玉峰：《日寇对我国东北煤炭资源的猖狂掠夺》，《社会科学战线》1997 年第 1 期。

王力：《20 世纪初期中日煤炭贸易的分析》，《中国经济史研究》2008 年第 3 期。

武向平：《三十年来日本"满铁"研究现状述评》，《日本问题研究》2012 年第 3 期。

王广军：《论近代日本对阜新煤炭资源开发权的攫取》，《辽宁大学学报》2008 年第 5 期。

王渤光：《日本对抚顺煤田的侵占与掠夺》，《社会科学辑刊》1995 年第 5 期。

肖柄龙：《满铁对东北经济侵略的作用及其基本特征》，《学习与探索》1987 年第 2 期。

许毅、隆武华：《近代中国的外国在华投资》，《财政研究》1996 年第 10 期。

谢小华：《日俄战争后东三省考察史料（上）》，《历史档案》2008 年第 3 期。

谢小华：《日俄战争后东三省考察史料（下）》，《历史档案》2008 年第 4 期。

徐绍清：《论"九·一八"事变后日本对东北贸易政策的变化》，《社会科学战线》2001 年第 5 期。

薛子奇、于春梅：《近代日本满蒙政策的演变》，《北方论丛》2003 年第 1 期。

薛毅：《近代中国煤矿发展述论》，《河南理工大学学报》2008 年第 4 期。

衣保中、林莎：《论民国时期东北区域经济发展的基本态势》，《理论探讨》2011 年第 2 期。

衣保中：《论清末东北经济区的形成》，《长白学刊》2001 年第 5 期。

杨宗亮：《清末民初日本对华投资研究拾遗》，《史学月刊》2002 年第 11 期。

叶彤：《九·一八事变前〈盛京时报〉的报道策略》，《新闻传播》2009 年第 9 期。

姚永超：《1906—1931 年日俄经济势力在东北地区的空间推移》，《中国历史地理论丛》2005 年第 1 期。

易显石：《近代日本与中国东北述论》，《日本研究》1989 年第 4 期。

易显石：《东北地区在近代中日关系史上的历史地位》，《日本研究》1991 年第 4 期。

余明侠：《李鸿章在中国近代矿业史上的地位》，《社会科学战线》1990 年第 1 期。

阎伯纬：《历史上的"南满洲铁道株式会社"简述》，《历史教学》1981 年第 6 期。

阎振民、王雅新：《满铁攫取鞍山铁矿基本手段分析》，《沈阳大学学报》2001 年第 1 期。

庄红娟：《近代日本的对华资本输出原理》，《上海经济研究》2005 年第 12 期。

张凤鸣:《九·一八事变前日本经济势力向黑龙江地区的扩张》,《黑龙江社会科学》2001 年第 6 期。

赵兴胜、傅光中:《近代国外对华投资研究述评》,《近代史研究》1994 年第 3 期。

张东刚、柳文:《近代日本投资需求变动的宏观分析》,《文史哲》2003 年第 6 期。

臧运祜:《近现代日本亚太政策的演变与特征》,《北京大学学报》2003 年第 1 期。

赵云鹏:《满铁、满铁档案资料和满铁史研究》,《档案学通讯》1994 年第 5 期。

(二)博士学位论文

范立君:《近代东北移民与社会变迁(1860—1931)》,浙江大学 2005 年。

郭艳波:《清末东北新政研究》,吉林大学 2007 年。

李海涛:《近代中国钢铁工业发展研究(1840—1927)》,苏州大学 2010 年。

王林楠:《近代东北煤炭资源开发研究(1895—1931)》,吉林大学 2010 年。

后　　记

　　本书是在博士论文成果的基础上修改而成的。

　　从2011年读博开始涉足中日关系史、东北地方史领域已整整八个年头。在这八年间，本着脚踏实地的原则，我先后到哈尔滨、齐齐哈尔、长春、吉林、沈阳、大连、北京等地档案馆和图书馆，搜集了大量与近代东北资源相关的资料尤其是原始档案，取得了一些收获，但也存在遗憾，比如有些资料不完备或者遗失，有些档案没有对外开放等。查阅档案之前的忐忑与担心，切实触摸到古籍时的欣喜与满足，我相信每一位从事历史研究的人都能切身体会。我更加荣幸能在今后的工作中继续从事相关研究，感谢生命中的每一次遇见。

　　首先，要感谢引领我进入历史研究的东北师范大学历史文化学院高乐才教授。读博期间，教授是我学术上的领路人。为我创造了一个信任、自由、宽容与支持的学习环境，正是在这样的环境中，我才拥有了奋斗的勇气和信心。可以说，是教授睿智儒雅的学术风范开启了我的专业成长之路。教授更是我精神上的引航者。教授不仅学识渊博、思维缜密、治学严谨，而且性格豁达、心胸宽广。他低调谦逊的人格魅力深刻影响着我的为人处世之道，对我的指导与关怀，成为我工作后重要的物质财富和精神动力。我在研究领域内取得的一点一滴的进步，无不凝结着教授的心血和付出。

　　其次，要感谢在工作中给予我莫大支持的吉林省社会科学院历史研究所所长黄松筠。我十分荣幸毕业后能在黄所长的麾下工作。刚参加工作的我胆怯、懵懂，不知奋斗的方向。黄所长本着提携后辈之心，悉心教导，指引我尽快熟悉工作环境，知晓工作性质及研究的紧迫性，我才得以在不到三年的时间里取得丰硕的研究成果。所长的鼓励与支持将化作我日后无限的工作动力，继续积极进取，再创佳绩。

最后，把我愿把最深沉的感激和爱献给永远在背后默默支持我的亲人们，感谢家人一直以来的鼓励和支持。感谢母亲在我成长中所有的陪伴与付出，感谢父亲在我人生每一次重大选择时给予的引领与支持。我愿将此生所有的成绩敬献于我的父亲母亲，我知道这是他们最引以为豪的回报。

最后的最后，我想把最甜蜜的感谢留给我的亲密爱人武烈。我们在读博期间相识、相知、相恋、相守，组建了我们幸福的小家庭。在论文写作最艰苦的日子里，我们相互鞭策相互督促、彼此鼓励彼此照顾、共同讨论共同进步。在我工作忙碌彻夜赶稿时，有他在身边陪伴，夜不再寒冷寂寞。在撰写社科基金项目成果时，我们迎来了爱情的结晶。压力与喜悦不停地在我的思想中对抗，哺乳期更是游走在崩溃的边缘。感谢他成为全能奶爸，感谢他的每一次分担。此刻，有孩子开心的笑脸做伴，幸福与温暖充盈我心。

李雨桐

2019年6月于长春